開業から現在まで、鉄道と縁の深い地をめぐる

鉄道の歴史を変えた街45

鼠入昌史

イカロス出版

鉄道の歴史を変えた街45

CONTENTS

はじめに

2022（令和4）年は、1872（明治5）年に新橋～横浜間で鉄道が開業してから150年の節目だという。

明治のはじめ、すなわち日本が近代化に向けて歩みはじめたそのときからいまに至るまで、絶えず鉄道があった。鉄道は、単にそれだけで成立しているわけではなく、町と町を結び、人やモノを運ぶことによって成り立っている。

とうぜん、鉄道が通った町は鉄道から影響を受け、またいっぽうでは鉄道のありようにも影響を与えた。互いに影響し合いながら150年の歴史を刻んできたというわけだ。

今回は、そんな鉄道との関係の深い町を歩いた。

だいたい、日本の町の成り立ちは城下町か宿場町、港町である。地方を含めて都市化が進んでいる町の多くは城下町。神戸や横浜のような港町発祥の都市も少なからずあるし、大宮のような宿場町もある。が、やはり基本は城下町といっていいだろう。

そうした城下町において、江戸時代まで町の中心は絶えずお城であった。城を取り巻くように町並みが整い、いまにも通じる都市の原型ができあがった。また、江戸時代には全国各地をつなぐ街道が整備されている。東廻り航路・西廻り航路の開設や参勤交代もあって、人やモノの流れは実に活発に行われていた。

それが近代に入ると城は軍事施設や行政施設となり、鉄道が開業すると駅が町の中心に取って代わった。だいたい町外れに設けられた駅は、人とモノが集まる拠点となり、賑わいが生まれ、周囲の市街地化も進む。近代化に伴う新たな産業が勃興すれば、それらもまずは駅とその周辺にインパクトをもたらす。そうして、新しい町を作り上げてきた。

鉄道は、間違いなくこの150年において、それぞれの町のいまの形を整えるにあたって大きな力を発揮してきたのである。

そんな鉄道も、いまの世ではかつてほどの力を失っているようだ。大都市圏ならまだしも、地方の小都市を歩くと駅前の商店街はシャッター街で、空きテナントだらけの商業ビルも目立つ。真新しい駅ビルだけが存在感を放ち、少し歩いて古い市街地を訪れても似たようなありさまだ。逆に市街地から離れた場所に生まれた大型商業施設ばかりが賑わうようになっている。

かつて鉄道が町の中心を旧来の市街地から奪ったように、またその中心が移ろうとしているのか。それとも……。

今回、45の町を歩いた。ほかにも鉄道と関わりが深い町はいくらでもあるだろうし、なんならかつて一度でも鉄道が通ったことがあれば、それはすべて鉄道の歴史を変えた町である。そんな町をひとつひとつ歩いていけば、鉄道のこれまでとこれから、そして日本のいまも、少しだけ見えてくるような気がするのである。

第1章
黎明期

イギリスで初めて実用化された鉄道は、それから約30年後に日本に伝わった。幕末、列強各国が日本に開港を求めてやってきたその時代、あらゆる西洋技術・文明とともに、鉄道も日本にやってきたのである。

それから明治初期の約30年間は、日本が近代化に向かうための産みの苦しみを味わった時代である。文化面でも、軍事面でも、教育面でも、あらゆるものが変化を求められた。その中で、鉄道の建設もさまざまな角度から試みられており、最終的に結実したのが1872（明治5）年の新橋〜横浜間の開業だったというわけだ。

以後、鉄道の有用性は瞬く間に広く伝わり、鉄道の建設を促進すべきという論調が高まった。

しかし、1877（明治10）年に勃発した西南戦争もあって、政府の財政は窮乏。国の手によって開業した鉄道はわずかな区間にとどまり、本格的な鉄道の延伸は次の時代に民間の手によって担われることになった。

それでも、黎明期においては鉄道連絡船（太湖汽船）が就航したり、都市部に馬車軌道が誕生したりと、のちの“鉄道大国・日本”のルーツはこの時期に生まれている。日本の鉄道が産声をあげた、黎明期なのである。

列車電車の運転が
駅舎内に居る事は
予めご承知くださ

鉄道発祥の地

主な出来事

1853(嘉永6)年	日本に鉄道が伝わる
1854(嘉永7)年	ペリー持参の蒸気機関車模型が横浜で運転
1865(元治2)年	長崎・大浦海岸でアイアン・デューク号運転
1867(慶応3)年	幕府がアメリカのポートマンに敷設免許を受ける
1869(明治2)年	鉄道建設の廟議決定。茅沼炭鉱軌道運行開始
1870(明治3)年	エドモント・モレルらによって新橋～横浜間の測量開始
1872(明治5)年	新橋～横浜間、開業
1874(明治7)年	大阪～神戸間、開業
1877(明治10)年	京都～神戸間、全線開業
1880(明治13)年	釜石鉄道運行開始。官営幌内鉄道手宮～札幌間、開業
1881(明治14)年	日本鉄道設立
1882(明治15)年	太湖汽船によって長浜～大津間の連絡船就航。東京馬車鉄道開業
1883(明治16)年	日本鉄道上野～熊谷間、開業

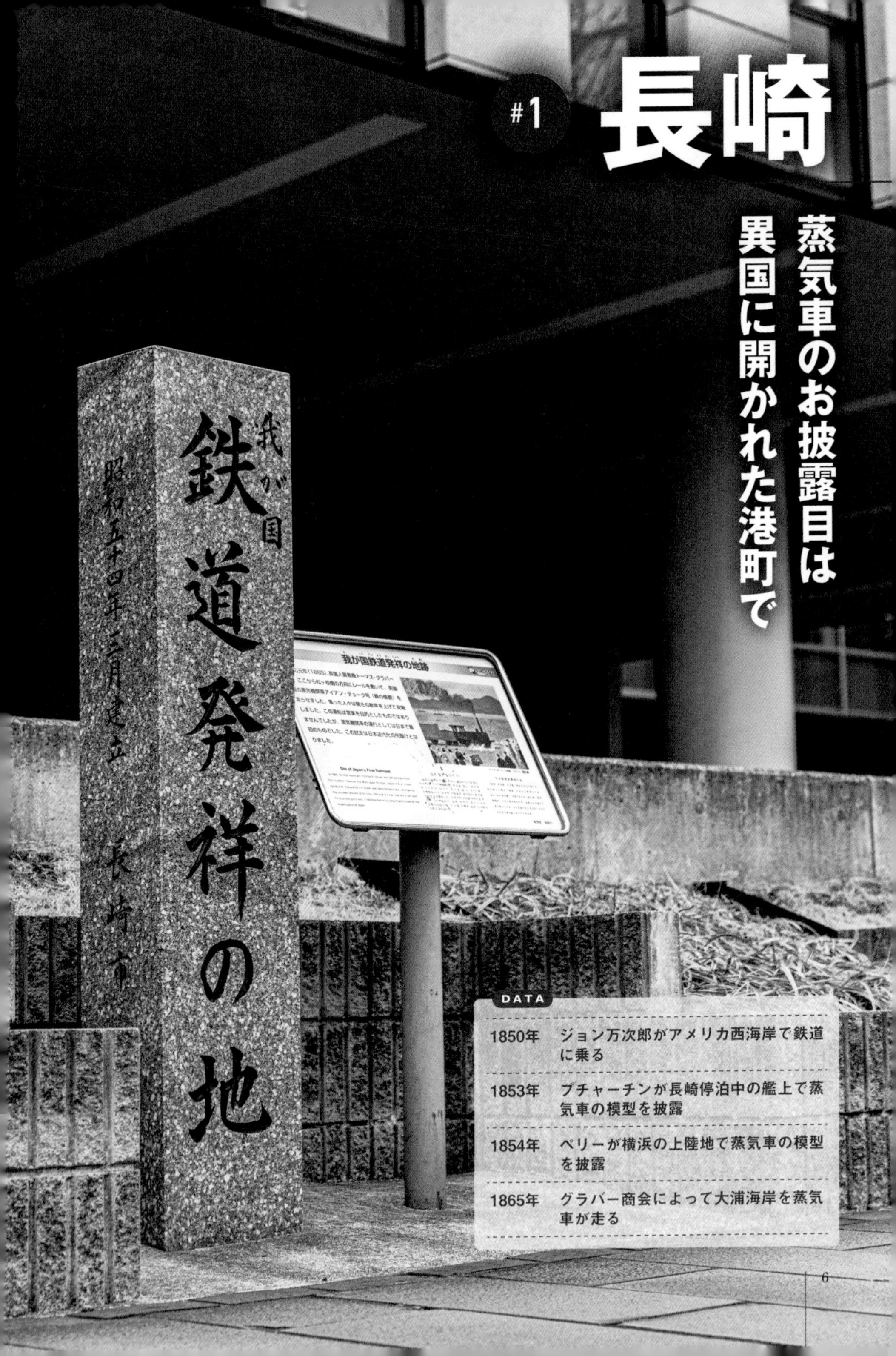

#1 長崎

蒸気車のお披露目は異国に開かれた港町で

DATA

1850年	ジョン万次郎がアメリカ西海岸で鉄道に乗る
1853年	プチャーチンが長崎停泊中の艦上で蒸気車の模型を披露
1854年	ペリーが横浜の上陸地で蒸気車の模型を披露
1865年	グラバー商会によって大浦海岸を蒸気車が走る

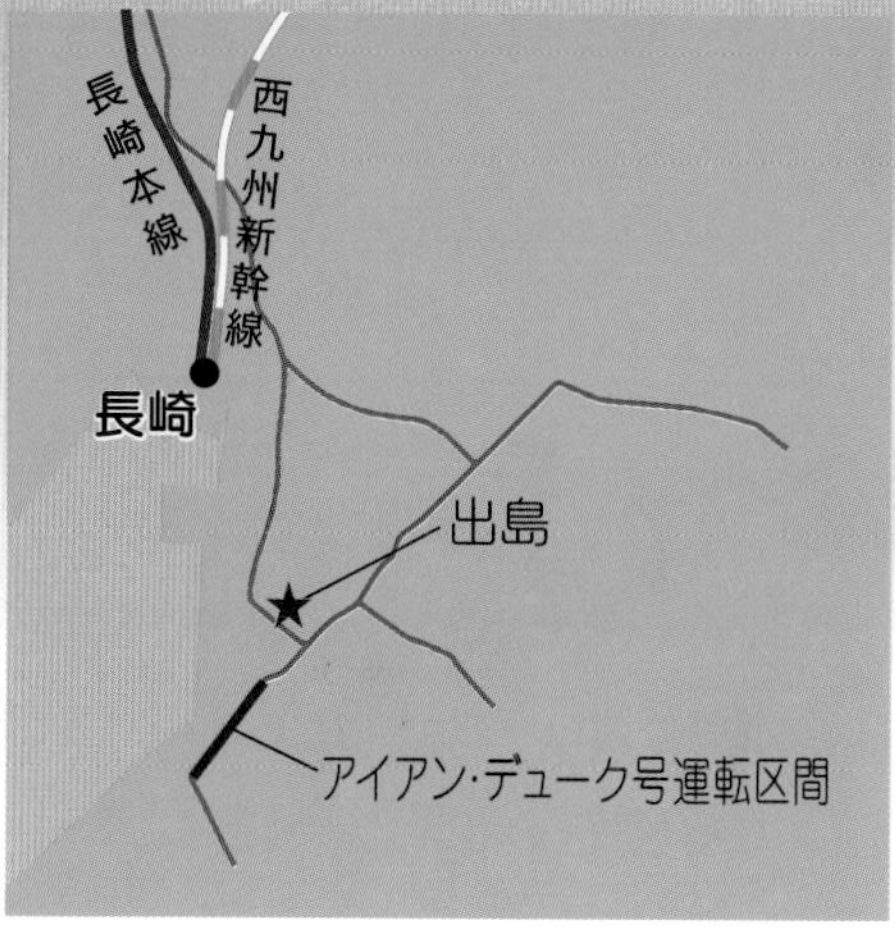

新幹線がやってくる長崎と鉄道のはじまり

長崎――。

西九州新幹線の開業を直前に控えるこの町を歩いた。

長崎は、江戸時代まで西洋に開かれた唯一の町だった。西洋文化と東洋の文化が渾然一体となって独特な文化を育んだ町だけあって、観光という点では見るべき場所に事欠くことはない。

かつて海に突き出した文字通りの出島だったオランダ商館が置かれた地は、いまでは周囲の海が埋め立てられて陸地の中の観光スポットになっている。イギリスの貿易商人・グラバーの邸宅も知られた観光地で、幕末の志士たちも足繁く通ったという。対中貿易の拠点として唐人屋敷が建ち並んでいた時代の面影は新地中華街に残る。ちゃんぽんや皿うどんは、長崎の中華街から生まれた食文化だ。

……と、あれこれ見どころは尽きないのだが、鉄道という点ではいささか語ることが少ない。長崎電気軌道の路面電車が市内を走っていること、長崎駅は頭端式の終着駅のひとつで、新幹線のホームと仲良く並ぶ新駅舎であるということ。まあ細かく挙げればほかにもいくらでもあるのだろうが、やはり新幹線がやってくるということ以上のインパクトには乏しい。

ところがそんな長崎の町の一角に、「鉄道発祥の地」と書かれた碑が建っている。わが国における鉄道のはじまりは１８７２（明治５）年の新橋～横浜間のはず。それが長崎に「発祥の地」とはどういうことなのだろうか。

このナゾを探るまえに、まずはほんの少しだけ鉄道そのものが発明された歴史からたぐってみたい。

馬車鉄道などの類いではなく、蒸気機関に動力を求めた蒸気機関車の発明は

1825年に開業した世界初の鉄道、ストックトン・ダーリントン鉄道

ジョン万次郎が描いたアメリカで体験した蒸気機関車の図

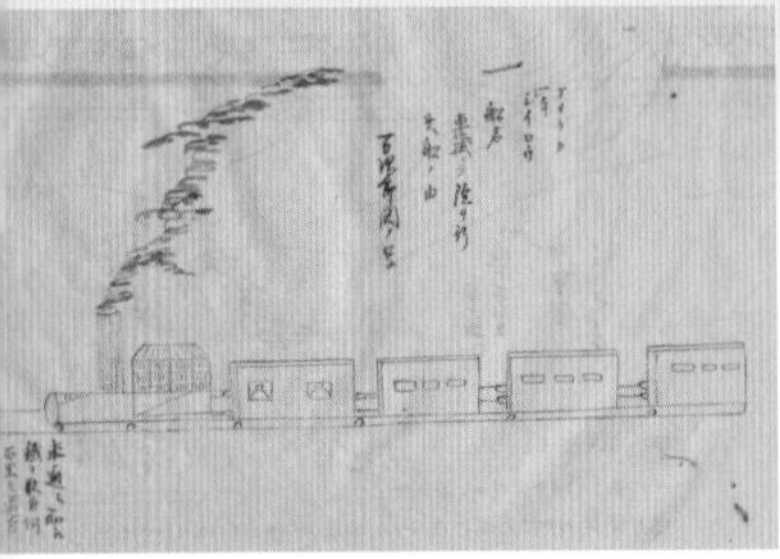

1804年にさかのぼる。以後改良が進められ、1825年に世界で初めての〝鉄道〟が開業。イギリスのストックトンとダーリントンを結んでいた。

時刻表を設けて営利を目的とした本格的な営業用鉄道としては、1830年開業のリバプール・アンド・マンチェスター鉄道がはじまりとされる。イギリス屈指の工業都市と港湾都市を結んだこの路線のインパクトは大きく、あっというまに世界中に広がっていく。そしてその〝世界〟の中に日本も含まれていたというわけだ。

では、日本にはどのようにして鉄道が伝わってきたのか。

日本人ではじめて鉄道に乗った人は、ジョン万次郎だと言われている。土佐の漁師だった万次郎は漁に出た先で漂流、アメリカの船に救助されてアメリカ大陸に渡ることになった。渡米したのは1843年。前年にアヘン戦争が終結し、日本では天保年間、老中・水野忠邦による天保の改革が行われていた時期のことだ。そして鉄道が誕生してから10年ちょっと、という時期であった。

渡米後、万次郎はアメリカにとどまり、捕鯨船の船員として働いている。その間の1850年にはカリフォルニアのサクラメントに赴き、そこで鉄道に乗った。万次郎は鉄道のことを「レイロー」と呼び、石炭を燃焼させて水を熱し蒸気を生んで鉄輪を回し、23〜24の鉄箱（客車・貨車）を引っ張って走るというように、その詳細を語っている。

万次郎は1851（嘉永4）年に琉球に上陸して帰国。幕府の取り調べを受ける前に薩摩藩主・島津斉彬に対して西洋の科学技術について説明している。西洋文明に聡い斉彬のこと、さっそく薩摩藩は万次郎から得た知識などをもとに蒸気機関や蒸気船の製作に取りかかった。このときに、万次郎を通じて鉄道に関する情報がもたらされていた可能性は大いにあるだろう。産業革命下の科学技術は、こうした形で日本にも入ってきていたのだ。

プチャーチンの披露した模型をもとに、佐賀藩精錬方が製造した蒸気車の模型（『日本鐵道物語』）

ロシア軍人のプチャーチンは長崎に来日。艦上で蒸気車の模型を披露した

もちろん情報を持っていたのは薩摩だけではない。幕府はオランダ商館長から海外事情をまとめた「オランダ風説書」の提出を受けており、かなり詳細に国際情勢を把握していたという。その中に鉄道の情報も含まれていたことは想像に難くない。

現に、東アジアを含めて国際情勢が緊迫化していた幕末には、インドネシアのバタヴィア（現・ジャカルタ）に置かれていたオランダ東インド政庁からも別段風説書が提出され、１８４６（弘化３）年のものにはパナマ地峡に鉄道敷設計画があることが記されている。ちなみに１８５２（嘉永５）年の別段風説書ではペリー艦隊の来航も伝えられており、ペリーとの対面時に「パナマの鉄道は完成したか」と尋ねて驚かせたという逸話もある。

佐賀藩士が見た長崎艦上の蒸気機関車とグラバーの運転

このように、少なくとも知識としての「鉄道」は江戸時代後期、つまり世界各地に鉄道が建設されはじめた時からそれほど遅れずに日本にも伝わっていた。どれくらい現実的なものとして認識していたかはともかく、知っている人は知っている、といった具合だったのだ。

ただ、まだ国内において鉄道を直接目にした人はいなかった。漂流民以外ではじめて鉄道を目にした日本人は誰だったのだろうか。ここで長崎が登場するのである。

１８５３（嘉永６）年、ペリーが浦賀沖に来航してからおよそひと月半後、長崎にはロシアのプチャーチンがやってくる。プチャーチンの目的もペリーと同じく日本の開国で、長崎奉行に国書を渡して幕府の全権がやってくるのを待っていた。そのとき、佐賀藩士の本島藤《もとじまとう》大夫《だゆう》が検使の同伴者としてプチャーチンの船に乗り込んだのだ。この出来事を、『鍋島直正公伝』は次のように記している。

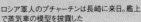

ペリーが献上した蒸気機関車の絵図（『日本鉄道史』）

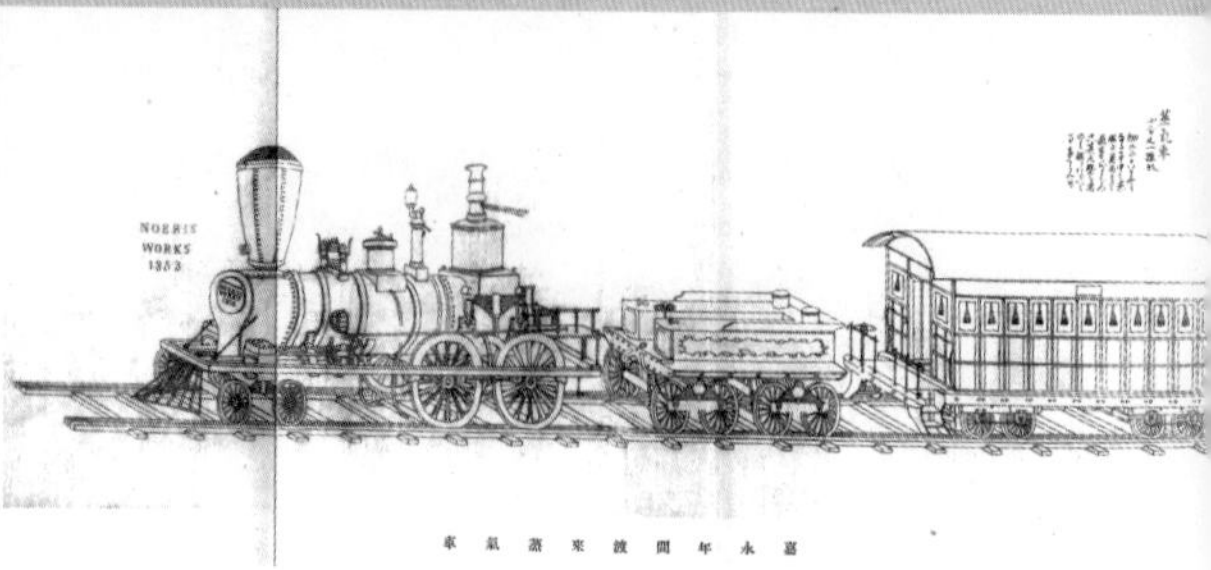

運上所跡の碑と並んで鉄道発祥の地が長崎であることを示す

「佐賀より出崎したる精錬方雇の中村奇輔も同道したりしが、検使の艦長と応接せる間、彼等は士官室にて円台に回送する七寸許《ばか》りの蒸気車の雛形を観、更に艦内の各砲を視察して帰れり」

つまり、本島らは蒸気機関車の模型をプチャーチンの艦上で目にしたのだ。日本在住の日本人が初めて鉄道を目撃した瞬間である。『鍋島直正公伝』は続ける。

「蒸気車の雛形は、之《これ》に熱湯を注入しアルコホル器に点火し、その沸騰の音起こりて煙突より煙を生ずるに及び手、前に施せる螺旋を捻れば、車輪忽《たちま》ち転じて盤上を回り、而《しこう》して押へて捻金を捻れば忽ち止む装置なりき」

模型であるから石炭ではなくアルコールを燃やしているが、仕組みとしては蒸気機関車そのものだ。

そして本島や彼に同行していた中村奇輔は、帰藩すると藩主・鍋島直正に報告。直正は精錬方に命じて蒸気機関車の模型を製作することになり、見事に成功している。これは〝はじめて日本人の手で作られた鉄道〟であった。

またプチャーチンの艦上では、幕府全権の川路《かわじ》聖謨《としあきら》も同じものを約4か月後に目撃している。川路は日記にもこのことを書き残している。

このプチャーチンが長崎にもたらした蒸気機関車の模型が、日本人と鉄道の本格的な出会いといっていい。

その後、ペリーが日米和親条約締結のために1854（嘉永7）年に再び浦賀沖に来航すると、蒸気機関車の模型を横浜村に陸揚げして走らせている。このように〝模型〟からはじまったわが国の鉄道ことはじめ。

そして日本が外国に開かれてから約10年、1865（元治2）年にはついに模型でない本格的な鉄道が日本の国土にお目見えする。その場所はまたも長崎だった。トーマス・グラバーが、大浦海岸に約600mの線路を敷設。蒸気機関車「アイアン・

大浦海岸沿いのこの場所を、江戸時代の終わり頃にグラバーの蒸気機関車が走った

西九州新幹線開業を受けて、長崎駅前では再開発が行われている

デューク号」に2両の客車を連結して運転したのである。

軌間は762㎜のいわゆる軽便鉄道の規格で、中国に輸出するためにグラバー商会がイギリスから輸送したもの。本来は直接中国に輸出する予定だったが、清国政府が購入しなかったので日本に一端移しており、その間に運転されたという。運賃を受け取る一般的な営業とは違い、デモンストレーションの意味合いが強いが、このときに長崎の人々もアイアン・デューク号に乗ったという。

実際に運転された場所を明確にするのは難しいが、現在の出島海岸通の長崎税関付近から、長崎みなとメディカルセンター前の大浦海岸通りを松ケ枝橋の交差点あたりまでだったと推察されている。長崎の「鉄道発祥の地」の碑は、ちょうどその大浦海岸通りに建っているものだ。

このグラバーによるアイアン・デューク号の運転に前後して、日本から海外に渡る人も増えていった。万延遣米使節の一行も鉄道に乗っている。遣米使節のメンバーながら鉄道には乗れなかった福澤諭吉も、のちに渡欧してロンドンで鉄道に乗った。帰国後に福澤は『西洋事情』の中でも鉄道を詳しく取り上げており、その知識・概念を広めた功績者のひとりである。

ともあれ、このようにして日本に鉄道は入ってきた。その起点を鉄砲の種子島のごとく一点に定めるのは難しい。ただ、風説書などによる情報がもたらされ、現物としても日本人がその模型を初めて目撃し、本格的な鉄道も走ったという長崎こそ、〝鉄道伝来の地〟とするにふさわしい。

それを示すのが「鉄道発祥の地」の碑なのだが、それほど目立っているわけでもないのがいささかむなしい。ようやく長崎にも新幹線がやってくる鉄道開業150年目の2022（令和4）年。長崎と鉄道の深い関係が改めて注目されることになるのだろうか。

#2 泊村

それは鉄道なのか、それとも——北海道の隅っこの炭鉱軌道

DATA

1856年	茅沼炭鉱が発見される
1869年	茅沼炭鉱と海岸を結ぶ軌道が完成
1931年	岩内までの架空索道完成に伴い軌道廃止
1946年	発足～岩内間の専用鉄道が開業
1962年	専用鉄道廃止
1964年	茅沼炭鉱閉山
1989年	泊原子力発電所1号機運転開始

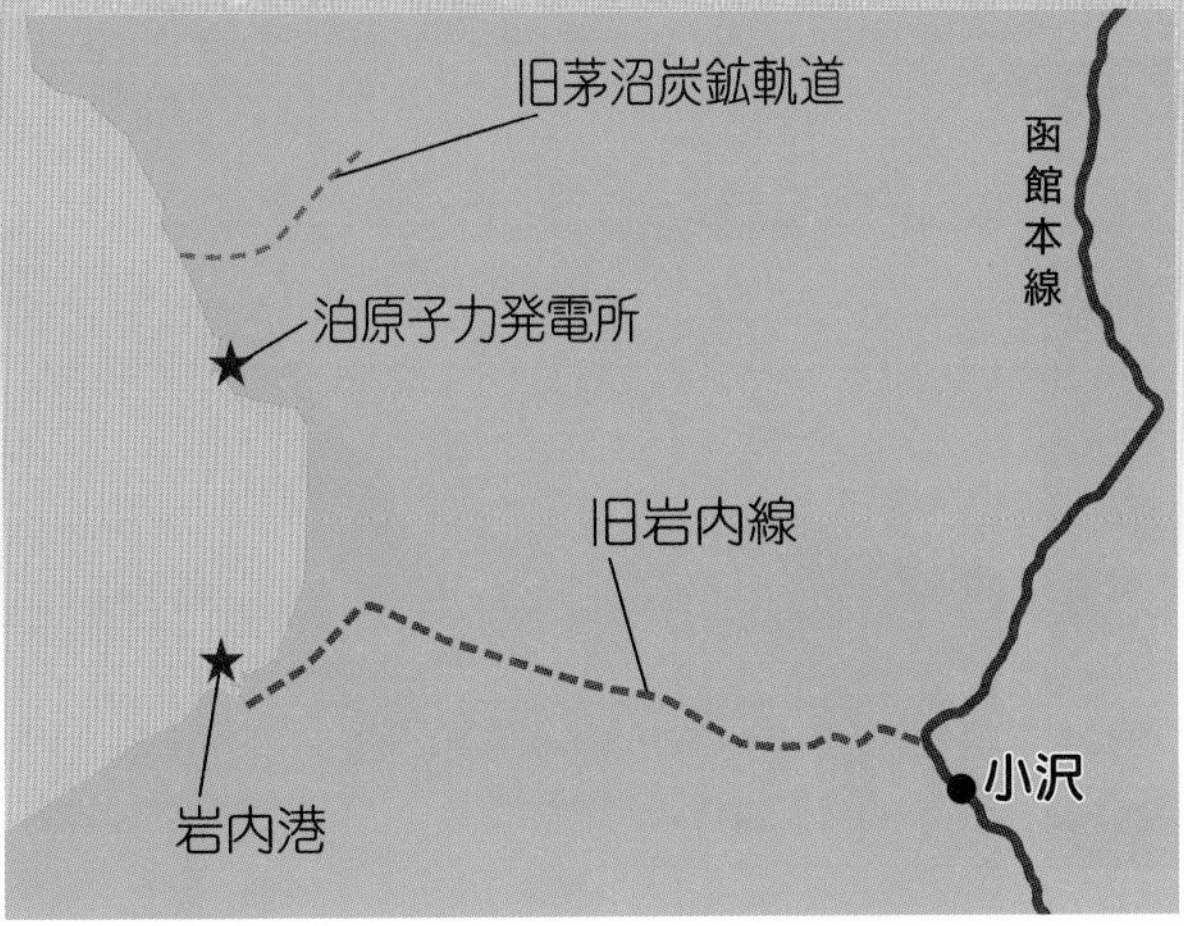

幕末にはじまった炭鉱の開発が〝日本最初の鉄道〟を呼ぶ

日本で初めての鉄道は……という問いに対する答えが、1872（明治5）年の新橋～横浜間の開通であることは衆目の一致するところであろう。だいたい、2022（令和4）年には新橋～横浜間の開業から150周年ということであれこれキャンペーンを展開しているくらいだから、そこに異論を差し挟む余地はほぼないといっていい。

しかし、ここで少々屁理屈をこねさせていただきたい。鉄道史の年表を紐解くと、新橋～横浜間よりも少し前、1869（明治2）年に北海道の隅っこで鉄道（とおぼしきもの）があったようだ。その場所は、北海道古宇郡泊村。日本海に面するごくごく小さな漁村が、我が国の鉄道はじまりの地。いったい、どんな場所なのだろうか。

積丹半島の付け根に位置する泊村へは、札幌などの都市部から直接向かう公共交通は存在しない。公共交通を使おうとすれば、札幌から岩内までの高速バス「いわない号」を使い、そこから路線バスに乗り継ぐことになる。

1985（昭和60）年までは、函館本線の小沢駅《こざわえき》から岩内線というローカル線が岩内駅まで伸びていた。これがいまもあったなら、と言いたいところだが、泊村方面には行かないし、そちらに通じる鉄道もないのだから、不便さに関してはあまり変わらないだろう。

となれば、クルマに頼るほかない。幸いにして（というか当たり前のことですが）、泊村にもちゃんと国道が通じている。函館本線〝山線〟に並行している国道5号から小沢駅付近で西に分かれる国道276号をゆき（このあたりでは岩内線の廃線跡を見ながら走ることになる）、共和町を経て岩内が見えてきたところで国道229号

鰊御殿とまり。泊村がかつてニシン漁で賑わっていた時代をいまに伝える

奥に見えるハゲ山が茅沼炭鉱の跡（かボタ山）だと思われる

へ。あとはひたすらゆけば泊村に着く。

その泊村への国道を走っていると、北海道の端っこの小さな村にはいかにも不釣り合いな大きな施設が見えてくる。北海道電力泊原子力発電所。泊村は、北海道で唯一の原発立地自治体という側面も持っているのだ。

ただ、本質的には泊村は漁村である。江戸時代からニシンの漁が盛んであったという。村内は「鰊御殿とまり」という立派なお屋敷が残っているが、これはニシン漁で賑わっていた証だ。温暖化が進んでニシンの漁場は時代ごとに北にせり上がり、もはや日本海でニシンが盛んに獲れた時代はとうに去った。ただ、明治の初め頃には泊村もニシンで御殿が建った。いまもそうした時代の面影が残っている。

そんな泊村の一角、玉川という小さな川が日本海に注ぐあたりに、「茅沼」という一帯がある。海の近くの川沿いに古ぼけた廃墟のような商店がいくつか残り、かつての賑わいがわずかに偲べるここに、〝日本最初の鉄道〟は走っていた。玉川に沿うように、山と海を結んで走っていた。総延長はたったの2・8㎞である。

山側の終点あたりにクルマを走らせると、木々が生えずに赤茶けたハゲ山が見えてくる。これは茅沼炭鉱の跡。すなわち、〝日本最初の鉄道〟は、茅沼炭鉱という炭鉱の石炭を運ぶために開かれた鉄道だったのである。

茅沼炭鉱は1856（安政3）年に発見された。鱈釣船頭の忠蔵という男が漁具の材料になる木材を切り出しに山に入り、そこで石炭の塊を見つけた……などというエピソードが伝わっている。安政の五カ国条約によって箱館（現在の函館）をはじめとするいくつかの港が外国船に開かれ、寄港の際の燃料補給が求められた。幕府はそのための石炭を求めており、茅沼炭鉱もそのひとつとして箱館奉行によって開発が手がけられたのがはじまりである。

当初はなかなか思うように採掘が進まなかったようだが、1866（慶応2）年

明治時代の茅沼炭鉱の様子。鉄軌道が活躍しているのがわかる（『北海立志編』）

茅沼地区の海近くには、かつての賑わいをしのばせる一角が

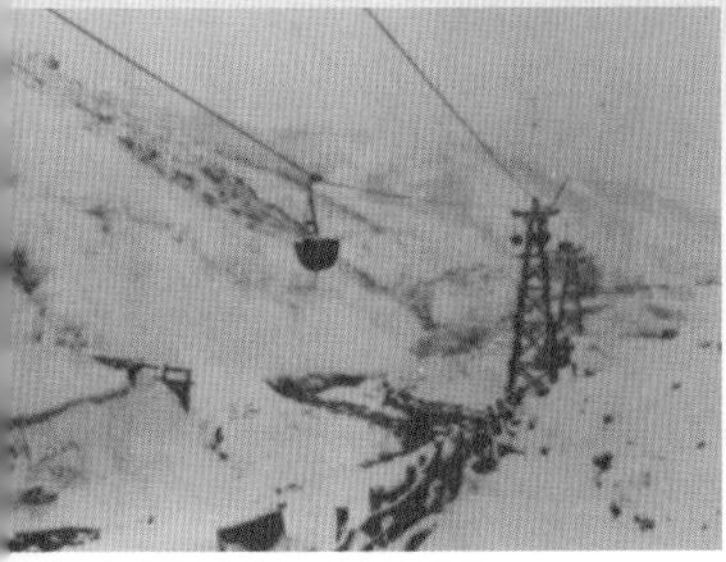

軌道に変わって登場した架空索道が岩内まで石炭を運んだ（岩内町郷土館）

にイギリス人鉱山技師のイスラムス・ガールがお雇い外国人として茅沼に赴くと、一気に開発が進展。懸案だった炭鉱と積み出し港となる茅沼の海岸を結ぶ輸送道路の整備なども行われている。

ほどなく幕府は倒れて時代は明治に移り、茅沼炭鉱の開発は開拓使に引き継がれた。ガールらお雇い外国人も引き続き従事し、1869（明治2）年についに〝日本最初の鉄道〟が完成する。茅沼炭鉱軌道であった。

かつての炭鉱の村は、いまや〝原発の村〟へ

茅沼炭鉱軌道とはどんなものだったのだろうか。

山の中腹にあった坑口とそのふもとまでの急坂は、ケーブルカーのようなもので結ばれた。1t積みの貨車に石炭を積み込んで手動で下降すると、入れ替わりでふもとから空の貨車が上がってくる。基本的に単線だが、途中に交換用の複線区間が設けられていて、そこで空の貨車と石炭満載の貨車が行き違う。

ふもとまでたどり着くと4t積みの貨車に積み替える。車夫がブレーキを解除すると、鉄張りの木製軌条の上を自然勾配を利用してゆるゆると自走で下って海岸へ。上り勾配になる復路は、牛（のちには馬も使われたという）が空の貨車を引っ張ったという。

つまりは、この時点ではおよそ鉄道と呼べるようなものではなかったのだ。鉄道の定義をなんとするかという問題にも絡んでくるが、一般的に鉄道と認識しうるポイントはせいぜい2本のレールがあったことくらい。それとて木製のレールだったわけで、さすがにこれをもって〝日本最初の鉄道〟などと胸を張るにはムリがある。木製のレールが鉄のレールに改められたのは、〝新橋～横浜間〟よりもだいぶ遅く、

茅沼の海岸に残る石積みは、
かつての港の跡だろうか

岩内線と並行していた炭鉱専用鉄道の廃線跡。
写真は岩内駅の近く

1881（明治14）年のことであった。

1883（明治16）年には茅沼炭鉱の官営は廃止され、いくつかの民間業者によって経営される時代に入る。最終的には茅沼と岩内の間で石炭積みの艀を運航していた沢口汽船によって統一され、1927（昭和2）年には蒸気機関車を2機導入。長尾要吉という男が新潟から買い入れたものだというが、これによって〝日本最初の鉄道〟はようやく本格的に鉄道らしさを手にすることになった。

しかし、輸送の不便さという問題をすべて解消してくれたわけではない。冬になると除雪の問題があるし、他の地域に石炭を送り出す拠点となっていた岩内港までは、はしけに載せた石炭を船で引っ張って運ばねばならなかった。

そうした不便さを克服するために、昭和のはじめには茅沼と岩内を結ぶ本格的な鉄道の建設も計画されている。これは工費の捻出ができずに断念を余儀なくされているが、かわって1931（昭和6）年に完成したのが架空索道、すなわちロープウェイであった。0・3t積みのバケツのような貨車が400個も連なってロープにぶら下がり、ガラガラと音を立てながら茅沼から岩内まで運ばれていたという。

そして架空索道が茅沼炭鉱の輸送の要になってしまえば、〝日本最初の鉄道〟はお役御免。入れ替わるようにして1931（昭和6）年にひっそり廃止された。

茅沼炭鉱は第一次世界大戦後の不況で一時苦境に陥るものの、昭和10年代以降は戦時体制の石炭増産によって賑わった。戦争が終わっても石炭需要が衰えることはなく、1946（昭和21）年には岩内と発足柏木《はったりかしわぎ》（茅沼海岸の南東約2km）を結ぶ茅沼炭鉱専用鉄道も開業する。

当初は石炭の輸送のみだったがのちに旅客輸送も行っていたようだ。かくして幕末の炭鉱発見以来、ようやく本格的な鉄道に恵まれた茅沼炭鉱だったが、すでに石炭の時代の終わりは目前に迫っていた。

いまは人口1500人程度の過疎の村。だが、原発立地自治体として財政は良好だ

ちょっと寄り道

幕府が石炭を探していたワケは?

石炭は江戸時代から各地で見つかり、採掘も行われていた。ただ、北海道に限っては幕末に幕府(正確には箱館奉行)があちこちで炭鉱の開発に乗り出している。茅沼炭鉱もそのひとつで、他に本書の登場するところでは白糠の炭鉱も幕末に発見、開発がはじまったものだ。

これは、1854年に締結された日米和親条約が背景にある。日本が200年あまり続いた鎖国を解いて開国した歴史的な条約だが、その中で下田・箱館の2港を開港地と定め、さらに寄港した外国船に対して薪水・食料・石炭などを供給することも求められた。下田はともかく、箱館も開港したことから、輸送距離の短い北海道で炭鉱の開発が急務になったのだ。なお、のちに栄えた夕張山地の炭鉱は明治以降の開発である。

１９６２(昭和37)年の水害で鉄橋が流されると、それをきっかけに専用鉄道は廃止されてトラック輸送に切り替わる。そして１９６４(昭和39)年に茅沼炭鉱が閉山。もとよりの経営の厳しさに加え、戦後の労働環境改善によるコスト高、そこにエネルギー革命が直撃した形であった。

鉄道も消え、炭鉱も消えた茅沼の町。閉山前には５８０世帯６３０人が暮らしていたというが、仕事がなくなればそこに留まる理由はない。60以上もあった商店は、１９７０(昭和45)年までに3分の1に減った。みるみるうちに、茅沼と泊村は過疎の町になったのである。

そんなところに降ってわいたのが原発だった。１９６７(昭和42)年に泊村が原発立地候補地のひとつに選ばれると、村では積極的に誘致活動を繰り広げた。炭鉱を失った村にとって、まさに原発こそが頼みの綱だったのだろう。

１９６９(昭和44)年に泊村への原発建設が決定。反対する声もあったが、１９７８(昭和53)年に村も建設に合意し、１９８９(平成元年)に泊原子力発電所1号機が運転を開始した。かつての〝炭鉱の村〟は、原発の村になったのである。

いまの泊村の人口は１５００人前後。閉山時には８０００人を超えていたから、だいぶ過疎が進んだことになる。しかし、財政は良好だ。２０２０(令和2)年度の財政力指数は全国4位の１・５８。北海道唯一の地方交付税不交付団体である。

これを〝原発マネーのおかげ〟などということもできるだろう。しかし、遡れば泊村には幕末以来の炭鉱の村として刻んできた歴史がある。近代日本を支えたエネルギーの源、石炭。それが時代の流れで役割を終え、消えた産業を補ったのが原子力発電所。その村の懸命な生き残り、誰が責めることができようか。

そして、日本のエネルギーを支えてきた小さな村の歴史に、〝日本最初〟の炭鉱軌道は確実な足跡を残しているのである。

#3 汐留

汐留のビル群に埋もれた“新橋停車場”

DATA

1872年	新橋駅として開業
1914年	旅客営業を廃止して汐留駅に改称
1986年	汐留駅廃止
2002年	都営大江戸線・ゆりかもめ汐留駅開業
2003年	電通ビルや日本テレビタワー竣工

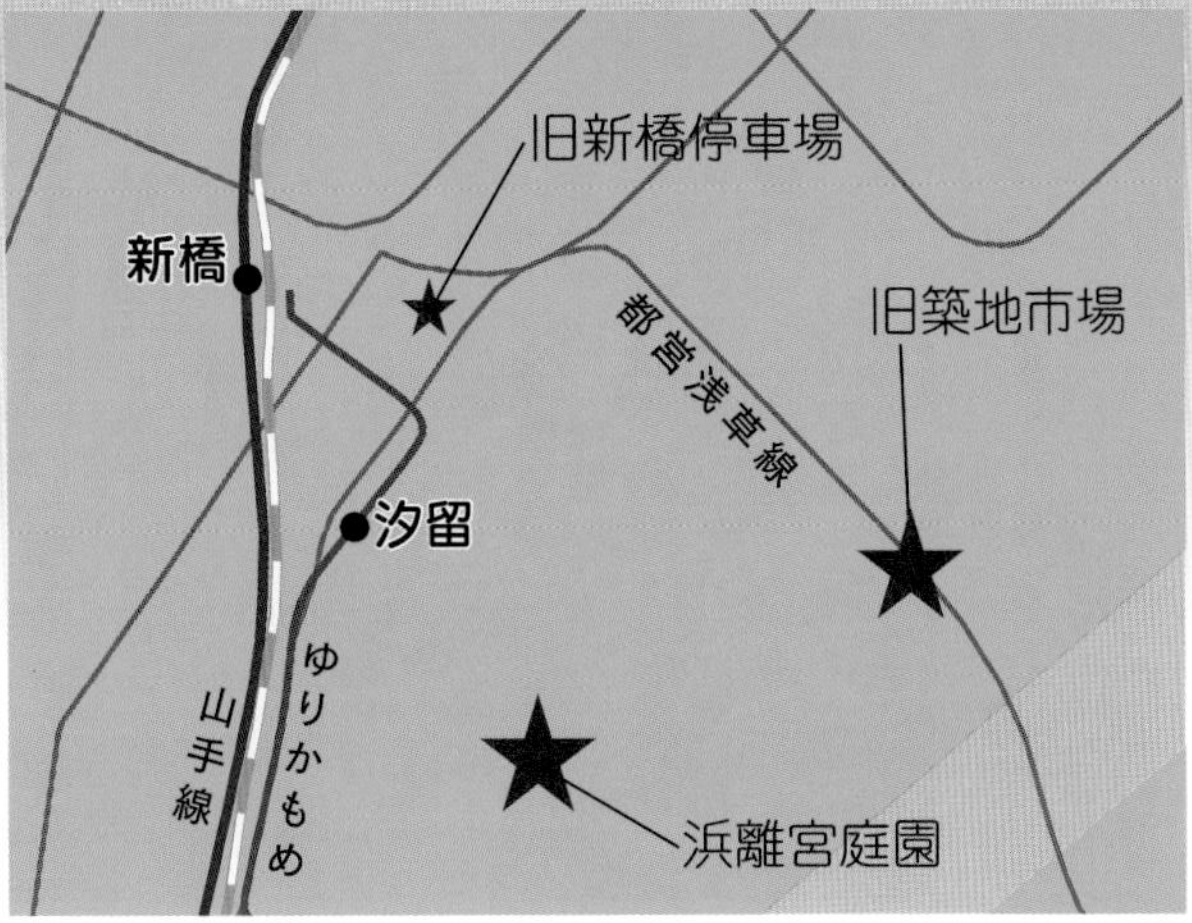

新橋停車場から汐留駅へ、そして汐留シオサイト

SL広場などといい、本来ならば新橋とは何の縁もないはずの、主に中国地方を走っていたSLが鎮座する新橋の駅前。駅前のヤミ市にルーツを持ち、知る人ぞ知る飲食店からチケットショップ、PCR検査場、中国エステなどまさにごった煮のごとくあらゆる種類のテナントが入っているニュー新橋ビルが傍らに建ち、その周りは夕方になるとたくさんの会社員で賑わいはじめる。新橋の町は、東京でも有数の繁華街のひとつだ。

そんな新橋の繁華街に背を向けて、駅の東側に向かって歩いてみよう。

新橋駅の東側の駅前は、ゆりかもめの新橋駅があってニュー新橋ビルと同じ類いの新橋駅前ビルがあったり、一見するとさほど何かが違うということもない。外堀通りの向こう側には銀座の街並みだ。

ところが、駅前広場に立って新橋駅前ビルの方向を見ると、奥にいくつもの高層ビルが圧倒的な存在感で並んでいる。その中に足を踏み込めば、まったく新しく再開発されたエリアであることが実感できる。

それぞれのビルの低層部分には商業施設が入っていて、互いにペデストリアンデッキで結ばれ、中央には再開発エリアの背骨ともいうべきよく整備された大通り。ビルの合間をすり抜けるようにして、お台場に向かうゆりかもめがうねうねと走る。ホテルなどもあるにはあるが、一般の人になじみ深いのは日本テレビだろうか。テレビでもときおり見かける大時計の広場に、木原さんとそらジローが天気予報をしてくれる大階段と大屋根広場。大階段は地下1階から地下鉄の改札口にも近い地下2階へと続く階段だ。

他にもこのあたりには名だたる大企業の本社がずらり。たとえば電通、全日空、新橋停車場として1872（明治5）年に開業した当時の姿。旧新橋停車場も同じ形で復原されている（国立国会図書館デジタルコレクション）

新橋駅前から汐留シオサイト方面を望む。貨物駅時代にはこうした光景は見られなかった

共同通信、富士通、日本通運。驚かされるのは、こんな超一等地の再開発エリアの中にもマンションがあるということだ。分譲も賃貸もどちらもあるらしいが、いったいどんな人がここに住むんでしょうねえ……。

などと、この汐留シオサイトと呼ばれる一帯を歩くと、あっけにとられるくらいの巨大ビル群に知らず知らずのうちに呑み込まれてしまう。そんな中、一服の清涼剤のような存在なのが、全日空や富士通の本社がはいる汐留シティセンターの地上に整えられた、旧新橋停車場だろう。汐留シオサイト、巨大な再開発エリアはかつて日本で初めての鉄道が通ったときの、始発駅であった。

わざわざ語るまでもないことかもしれないが、１８７２（明治５）年に新橋〜横浜間が開業してからの汐留の歩みを簡単に振り返っておかねばるまい。

開業時には新橋ステーションなどと呼ばれていた新橋駅は、長らく東京における横浜・東海道方面のターミナルだった。しかし、１９０９（明治42）に市街高架線が開通すると隣接地に烏森《からすもり》駅が開業。電車運転はそちらに移り、新橋駅は長距離列車のターミナルとなる。さらに１９１４（大正３）年に東京駅が開業すると、旅客列車のターミナルはそちらに集約され、新橋駅は汐留駅と名を変えて貨物専業に切り替わった。このとき、伝統の「新橋駅」の名は烏森駅が継承している。

以後、汐留駅は大都会の中の貨物駅として長らく営業を続けた。その間に日本初のターミナルとして開業した新橋停車場の駅舎は消えていたので、汐留シオサイトの中にある旧新橋停車場はあくまでも再建されたものだ。１９５９（昭和34）年、はじめてコンテナ専用の貨物列車「たから号」が走ったのは汐留駅から梅田駅。鉄道貨物がほとんどコンテナに切り替わったいまは、どちらの駅も廃止されているというのは何の因果というべきか。

末期の１９８５（昭和60）年には、自家用車をそのまま貨車に積み込んで線路の

昭和40年代の汐留駅ホーム。トラックが乗り入れ、コンテナ輸送の拠点になっている(『日本国有鉄道百年史』)

昭和40年代には手荷物の自動仕分け装置も導入された。汐留は最先端の貨物駅だったのだ(『日本国有鉄道百年史』)

上を走ってゆくというカートレインの起点にもなっている。クルマ社会が定着して高速道路の整備も進み、遠距離利用のお客も減っていた国鉄がその最末期に放った奇策であった。

しかし、明治初期以来の歴史を持つ貨物駅は、コンテナ全盛時代に入るとそれに対応することができず、1986（昭和61）年限りで汐留駅は廃止される。東京の貨物輸送の拠点は、1973（昭和48）年に開業した東京貨物ターミナルに移されている。

廃止された汐留駅は、しばらく線路などがそのまま残されており、1987（昭和62）年の4月1日には国鉄からJRへの移行を記念するイベントも行われている。また、汐留駅構内を通って築地市場に向かう貨物輸送は廃止後約1年間にわたって継続された。

なぜ新橋停車場が最初のターミナルになったのか

しかし、とうぜんいつまでもそのままにしておくわけにもいかない。何しろ場所は新橋駅のすぐ傍ら、超をいくつつけても足りないくらいの一等地だ。1872（明治5）年の開業時にはすぐ南側は海だったこのあたりも、埋め立てが進んでビジネス街へと生まれ変わっていた。

旧国鉄の保有地は分割民営化時に国鉄清算事業団に移管されており、汐留駅も例外ではなかった。こういった土地を売却することで莫大な国鉄赤字の清算に充てるというのが基本的なルール。ただ、ちょうどバブル景気の最中であり、異常なまでの土地の高騰が続く中では超一等地の売却は簡単なことではなかった。「そのときに売っておけばもっと高く売れたのに」という声も最近になって聞かれるが、投機熱

汐留シオサイトのビル群の合間を抜けるゆりかもめ。右奥に見えるのは共同通信本社ビル

汐留駅から築地市場に向かっていた貨物線の踏切跡。奥には朝日新聞本社が見える

を加速させかねない施策には踏み切れなかったのだろう。

結局、汐留駅跡地は長らく塩漬けにされたあと、バブル崩壊後の1995（平成7）年から再開発がはじまって、21世紀に入ってようやく現在の汐留シオサイトが完成したのである。日本テレビが麹町から汐留に移転したのは2004（平成16）年。その2年前にゆりかもめと都営大江戸線の汐留駅が開業している。

こうして日本初のターミナル・新橋停車場は、すっかり再開発エリアとして姿を変えたのである。先に述べたとおり、汐留シオサイトにある旧新橋停車場は復元されたもの。0マイル標などもあるが、もちろんここが現在の日本の鉄道の起点になっていることはない。あくまでも、歴史的な意味での0マイルとでも捉えておくのがいいのだろう。

そうしたわけで、汐留シオサイトに残っている旧新橋停車場時代の痕跡はそれこそ復元された新橋停車場くらいのものだ。それどころか、貨物駅時代の汐留駅の面影もすっかり消え失せた。

精一杯何かを探すとするならば、汐留シオサイトの区画がまったく新橋停車場、汐留駅の時代と変わっていないということくらいだろうか。敷地内はともかく、西は汐留通り、北は外堀通り、東は海岸通りが汐留駅の境界。逢来橋の交差点から高速道路の高架下の海岸通りを歩いて行くと、ゆっくりとしたカーブを描いているのがわかる。別に廃線跡というわけではないが、このカーブは羽のように線路が広がる貨物駅跡ならではといっていい。

そしてこの海岸通りから築地市場に向かう銀座郵便局の脇の細い路地に、いまは使われていない踏切が残っている。かつて築地市場に鉄道が通っていた時代の名残の踏切だ。汐留駅とは少し違うかもしれないが、これも往時の痕跡のひとつといえるかもしれない。

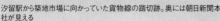

汐留シオサイトとは反対側、新橋駅日比谷口の駅前広場にはSLが鎮座する。鉄道100年を記念して国鉄から港区に無償貸与されたものだという

日本テレビタワーの地下2階部分。ニュース番組などでも登場するここも、かつては貨物駅の構内だった

ところで、日本初のターミナルは新橋駅、と誰もが何の疑問も持たずに言っている。いったいなぜ新橋・汐留が選ばれたのか、気にならないのだろうか。

そう思って調べてみたが、明確な答えを見つけることはできなかった。

新橋停車場、汐留駅があった一角は、江戸時代までは龍野藩脇坂氏や仙台藩伊達氏の下屋敷が立っていた。大名屋敷は比較的容易に確保できる用地だったので、ここが選ばれたのだろう。

ただし、よく知られているとおり軍部は鉄道建設に反対しており、ターミナルの位置にも文句をつけている。軍部は浜離宮を海軍基地にする構想を持っており、隣接地に鉄道駅が設けられることでその計画に支障するのではないかと懸念したのだ。

とはいえ、他の場所に駅を設けるのも現実的ではなかった。新橋・汐留の立地は近くに外国人居留地の築地があり、さらに銀座にもほど近い。それでいて、大名屋敷跡ということで土地の確保にも困らない。そうした事情が相まって、あえてこの場所を選んだというよりは必然的に新橋停車場になったと考えるのが妥当だろう。

なお、停車場設置に際しては大名屋敷だけでなく、三角屋敷と呼ばれる職人たちの集落も移転を求められている。船宿や大工、左官職人など24名の住民が土地買収の撤回を求めたが聞き入れられず、立ち退き料を受け取って移転したという。鉄道開業という華々しい歴史の裏では、住処を失った人たちがいたことも忘れてはならない。

汐留駅跡の再開発の際には、一帯の発掘作業が行われ、新橋停車場時代の遺物がいくつも発見されている。プラットホームなどの遺構はもちろんのこと、汽車土瓶や乗車券といった鉄道用品から酒瓶や洋皿などの日用品も見つかった。１５０年前の新橋停車場は、もう〝発掘される時代〟。それだけ鉄道も歴史を刻んできたというわけだ。そしていま、その上に汐留シオサイトの高層ビルが建っている。

#4

長浜

秀吉の城下町は日本初の〝鉄道連絡船〟就航地

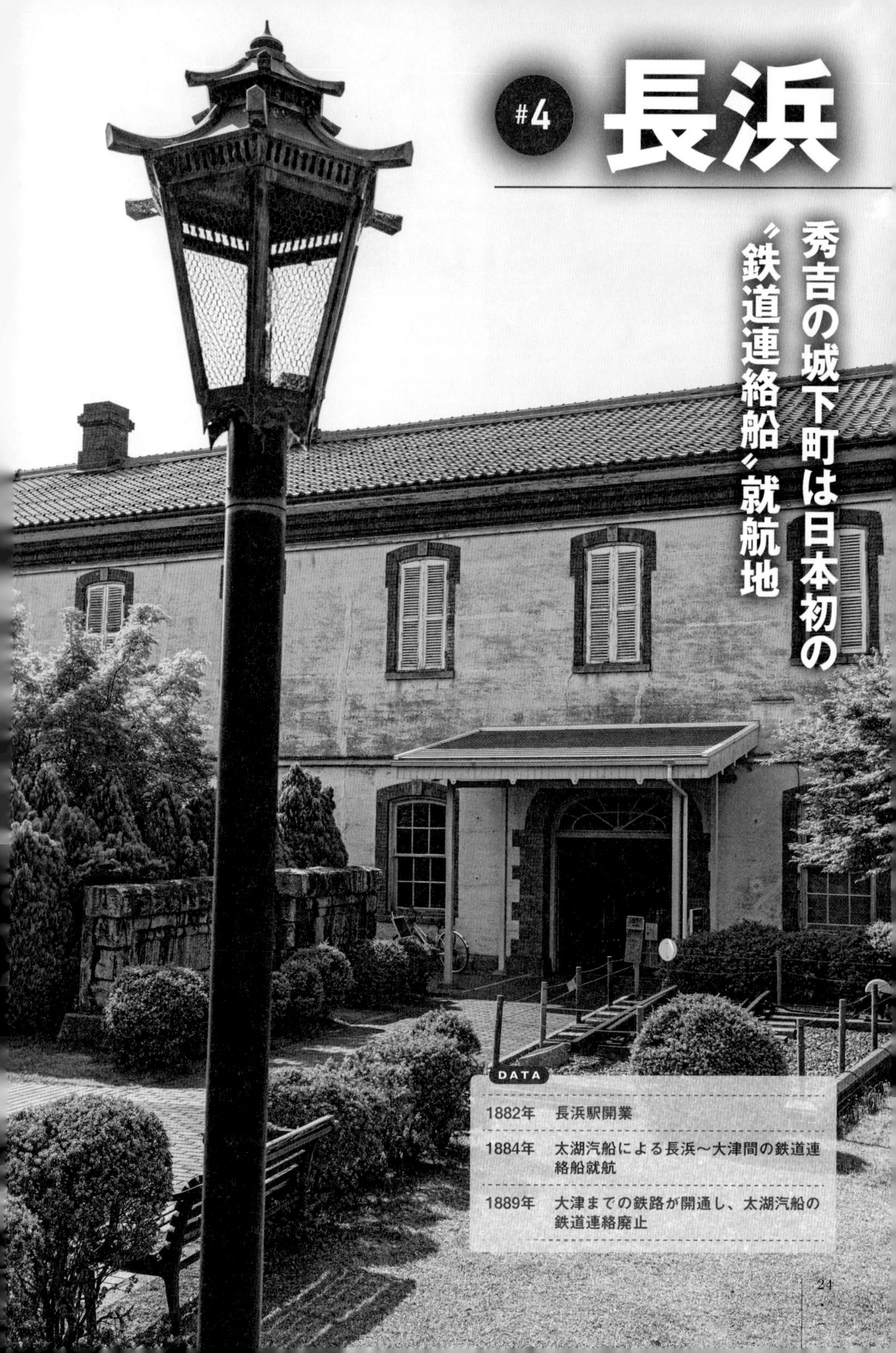

DATA

1882年	長浜駅開業
1884年	太湖汽船による長浜〜大津間の鉄道連絡船就航
1889年	大津までの鉄路が開通し、太湖汽船の鉄道連絡廃止

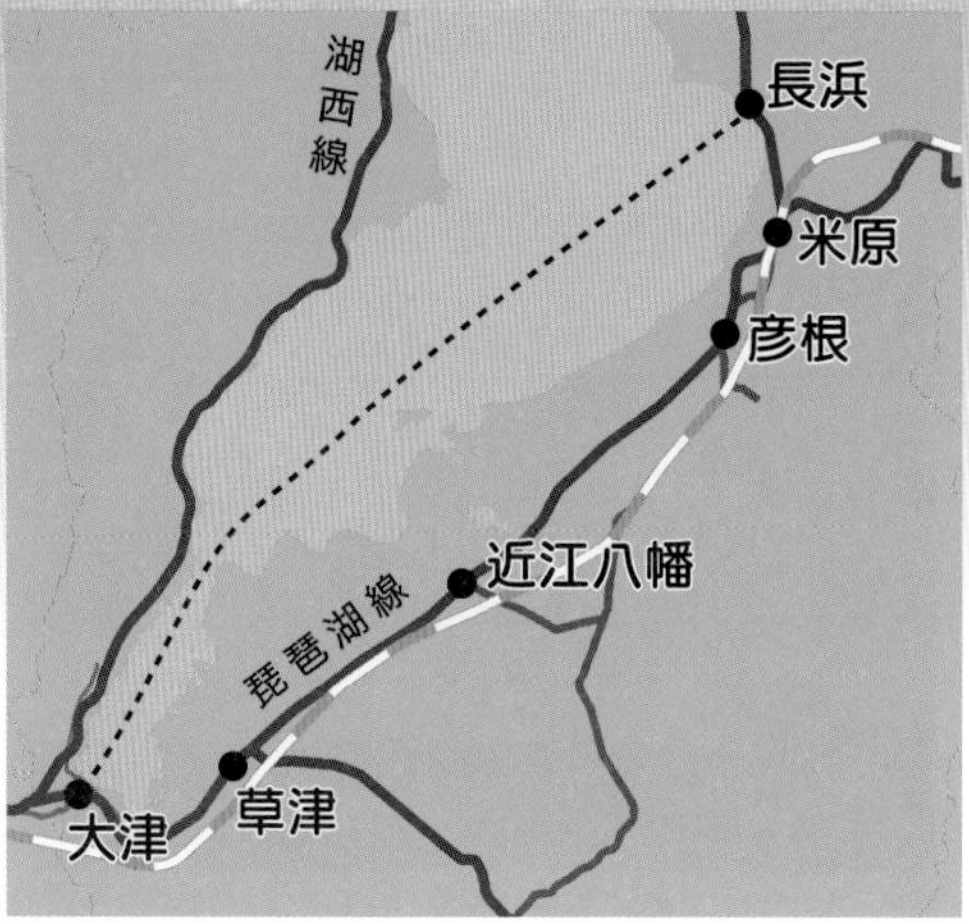

長浜が鉄道のターミナルだったころ

琵琶湖には東回りと西回りがある。鉄道では東回りが琵琶湖線、西回りが湖西線と、そういうふうに呼称されている。関西から北陸方面に向かうには、きまってこの琵琶湖の東か西か、どちらかを通らねばならない。一般的には、特急「サンダーバード」が走っている西回り、つまり湖西線を使うことになる。

対して、琵琶湖線はいまのところ通勤通学路線という意味合いが強くなっている。新幹線も乗り入れ、ＪＲ東海と西日本の境界にもなっている米原駅は、北陸本線の起点だ。ただしこれも注釈が必要で、北陸本線の一部も東海道本線米原～京都間とまとめて琵琶湖線と呼ぶようになっているので、米原駅から北陸本線に乗り換えて北陸の旅へ、といった趣を感じるのはせいぜい特急「しらさぎ」に乗るときくらいに限られてしまっている。

と、シンプルに見えてなんだかややこしい琵琶湖をめぐる鉄道事情。それがさらにややこしいことに、鉄道黎明期においては北陸方面のスタート地点は米原駅ではなく長浜駅だった。そしてさらに、長浜はほんのわずかな期間、湖上連絡の要衝として存在感をしめしていたのだ。

このあたりの事情を知るためには、１８６９（明治2）年11月12日（旧暦）の鉄道敷設を決定した廟議にまでさかのぼる必要がある。

明治政府は西洋の科学技術を積極的に取り入れることを是としていたわけであるが、鉄道に関していうとすでに幕府が外国人に対して敷設の許可を与えており、加えて明治になってからも外国人が鉄道敷設を求める動きが相次いだ。そのときにそれに応じていたら、日本は半ば植民地のようになっていたかもしれないので、明治政府はうまくやった。それは事実といっていいだろう。

太湖汽船によって鉄道連絡船として活躍した太湖丸（『日本国有鉄道百年史』）

鉄道スクエアとして整備される以前の旧長浜駅。往時の全貌がよくわかる（『日本国有鉄道百年史』）

ともあれ、明治政府は外国人技師の手は借りるものの、基本的には自ら鉄道を建設することを決定した。それが１８６９（明治２）年の廟議で、具体的には次のように決している。

「幹線ハ東西両京ヲ連絡シ、枝線ハ東京ヨリ横浜ニ至リ、又琵琶湖辺ヨリ敦賀ニ達シ、別ニ一線ハ京都ヨリ神戸ニ至ルヘシ」

つまり、東京と京都を結ぶ幹線を軸として、それにつながる枝線を３路線建設することを最初に決めたのだ。１８７２（明治５）年の新橋～横浜間やそれに次ぐ神戸～京都間はこの廟議決定に基づいている。枝線はいずれも要港に通じる路線だ。

そして、枝線のうち琵琶湖から敦賀に達する路線の起点が長浜だった。開業は１８８２（明治15）年。長浜～柳ヶ瀬間にはじまり、金ヶ崎港（のちの敦賀港駅）へのルートのスタート地点に長浜が選ばれたのである。

そして１８８３（明治16）年には関ケ原～長浜間が開業する。いまは関ケ原駅から米原駅に向かうのが東海道本線のルートだが、当時は長浜を目指していた。このとき、まだ長浜～大津間はつながっておらず、関ケ原～長浜～柳ヶ瀬・金ヶ崎間は孤立路線であった。長浜と大津は、１８８５（明治17）年から太湖汽船《たいこきせん》によって連絡される。日本で初めての鉄道連絡船である。

つまり、長浜は北陸方面への鉄路の起点であると同時に、航路接続のターミナルとして選ばれたというわけだ。

鉄道がすっかり当たり前の乗り物になっている現代人の発想でいえば、琵琶湖の東側、すなわち湖東エリアは鉄道の敷設を遮るような大きな山などはなく、わざわざ湖の上に船を走らせて連絡する必要があるのかと思うのが真っ当だろう。いったいなぜ、長浜が北陸方面への起点となり、琵琶湖の上に鉄道連絡船が運航されたのか。その答えを探るべく、長浜の町を歩いた。

長浜城の復元天守。秀吉がはじめて“城主”になったのは長浜だった

北国街道沿いの旧宿場町付近は観光地として整備されている

近世以来の伝統の港町と、日本で最初の鉄道連絡船

長浜の歴史は、羽柴秀吉が長浜城を築いたことにはじまる。

秀吉が長浜に入る以前、長浜一帯は浅井氏が治めていた。拠点にしていたのは山城の小谷城。織田信長によって浅井氏が滅ぼされ秀吉が治めることになると、秀吉は山城ではなく琵琶湖に面する平野部に城を築いた。それが長浜駅にもほど近い長浜城だ。以後、信長の楽市楽座の政策も相まって、長浜は商業都市として発展していくことになる。ちなみに秀吉が石田三成を見いだしたのも長浜の地だったという。

江戸時代に入ると長浜は彦根藩井伊氏の領地に含まれて長浜城は廃城。それでも商都としての長浜は衰えることはなく、丹後縮緬《ちりめん》の技術を導入して生まれた浜縮緬はいまにも続く長浜の特産品だ。長浜の往時の賑わいは、長浜駅北東の市街地の中に伸びる黒壁スクエアなどの観光地に見ることができる。

そうした長浜の発展を支えたのは、秀吉が築いた港町としての個性があったからだ。いまや琵琶湖の上を走る船は観光船ばかりになっているが、かつては舟運が盛んだった。琵琶湖の周囲を歩いて回る陸路よりも、効率的な舟運のほうが重宝されたのだ。松原・米原と並ぶ彦根三湊のひとつとして長浜は地位を確立したのである。

そうした港町としての背景を踏まえれば、長浜が北陸方面の鉄路の起点となって鉄道連絡船が運航されたことは実に自然な流れであることがわかる。

また、鉄道敷設がはじまった時点では重要港湾への連絡が急がれており、湖東の鉄道敷設を待つのは難しかったという事情もあるのだろう。同時にいくつもの線路を突貫で敷設していくことは、当時の明治政府の財政事情が許さなかった。

ちなみに、一時期は鉄道建設は塩津～敦賀間にとどめ、塩津から大津までの航路

かつて連絡線の桟橋だったあたりは埋め立てられて痕跡もない

現在の長浜駅の南側、踏切のすぐ脇に旧長浜駅が昔のままの姿で残っている

就航の実現性が高まっていたようだ。そこで長浜の町民有志が古くから交通の要衝・長浜に停車場を設置することを請願、長浜駅開業に至ったという経緯もある。

ここで注目すべき点は、長浜と大津を結ぶ鉄道連絡船は太湖汽船という民間の手によったことである。その背景を探るのは難しいが、明治政府は既存の琵琶湖の水運業者3社に対して連絡船運航にふさわしいかどうかの調査も行っている。これが政府の求める要件を満たさなかったため、1881（明治14）年に大阪の実業家・藤田伝三郎らに働きかけて太湖汽船を設立させた。藤田伝三郎はその後もときおり鉄道史に顔を見せる実業家で、日本初の軽便鉄道として伊予鉄道が発足するときにも株式を保有している。鉄道連絡船といい、軽便鉄道といい、未知なものに積極的に投資するあたりは、先見の明に優れた人物だったのだろう。

なお、太湖汽船の経営陣に名を連ねた浅見又蔵（のちの長浜町長）は、政府に対して関ケ原～長浜間の鉄道経営の意欲も見せたが、政府にははねつけられて航路専属になっている。

1882（明治15）年に長浜駅が開業すると、その年から太湖汽船の鉄道連絡船が大津港と長浜港を結んで運航を開始した。鉄道が国営、船が民営なので本当の意味で連絡船と言えるのかどうか疑問符がつくかもしれないが、大阪駅から連絡船経由の乗車券も発売されており、実態としてははっきり連絡船といっていい。

就航当初は1日2往復、1886（明治19）年に列車の本数に合わせて1日3往復に増便。3時間30分ほどで長浜と大津を結んでいた。その時点で現在の東海道本線は武豊～木曽川間と大垣～長浜間が開通しており、早朝に神戸を出発すると夜の7時過ぎには名古屋に到着するダイヤが組まれていたようだ。

この日本ではじめての連絡船が就航していた当時の長浜駅は、いまも長浜鉄道スクエアとして建物がそのままに残っている。場所は現在の橋上の長浜駅舎から少し

現在の長浜駅は2006（平成18）年に完成した橋上駅舎。旧長浜駅の面影を残したデザインだ

現在の長浜港。竹生島に向かうフェリーが出航する港になっている

南側の踏切の脇。駐車場の中を突っ切っていけばすぐに着く。

旧長浜駅舎は保存のために移転したわけではなく、ずっとこの場所にあった。正面の出入り口の雰囲気は、いかにも鉄道黎明期のターミナル然としており、小さいながらも風格のあるたたずまい。駅の正面にある慶雲館は、１８８７（明治20）年に明治天皇が行幸した折に休息した場所だと伝わる。

また、いまはすっかり埋め立てられてしまって痕跡は残っていないが、駅舎のすぐ西側には連絡線の桟橋、長浜港があった。桟橋はそのときまで残っていた長浜城の内濠を利用したものだという。

現代の長浜港はこの旧駅舎から少し歩いて県道2号線をわたった先だ。もちろん大津までの定期航路はなく、竹生島《ちくぶじま》クルーズが出港する。運航しているのは琵琶湖汽船といい、太湖汽船の後継会社だ。

太湖汽船の連絡船は１８８９（明治22）年の東海道本線全通によって廃止され、わずか7年で日本で初めての鉄道連絡船は役割を終えた。鉄道連絡という本質的な機能を失って、太湖汽船は苦しい経営を強いられることになる。一時期は九州の航路を運営するなど手を広げたが、１９２７（昭和2）年に大津電車軌道と合併して琵琶湖鉄道汽船となり、京阪電鉄のグループ企業として１９５１（昭和26）年に琵琶湖汽船に社名を変更し、いまに続いている。最初の鉄道連絡船の運営業者は、鉄道連絡を終えたあとも何かと鉄道と関わりの深い歩みを辿ってきたのであった。

琵琶湖がいくら日本一の湖といっても、現代人の発想では航路の必要性などなかなか考えがたいものがある。しかし、鉄道が通る以前の物流は徒歩と舟運。中でも舟運は大量かつ高速輸送を担う交通手段として重宝されていた。それが鉄道に置き換えられてゆく、そういう時代の狭間に生まれたのが、長浜駅から出航した太湖汽船の連絡船だったのかもしれない。

#5 上野

「日本鉄道」が産んだ東京・北の玄関口

DATA

1883年	上野駅開業
1925年	上野～東京間の電車線開業
1932年	現在の駅舎が完成
1985年	東北・上越新幹線乗り入れ
1993年	東北・上越新幹線が東京駅まで延伸
2015年	上野東京ライン開業
2016年	上野発の定期夜行列車が消滅

列車電車の運転が終った後は
駅舎内に居る事はできません
予めご承知ください
上野駅長

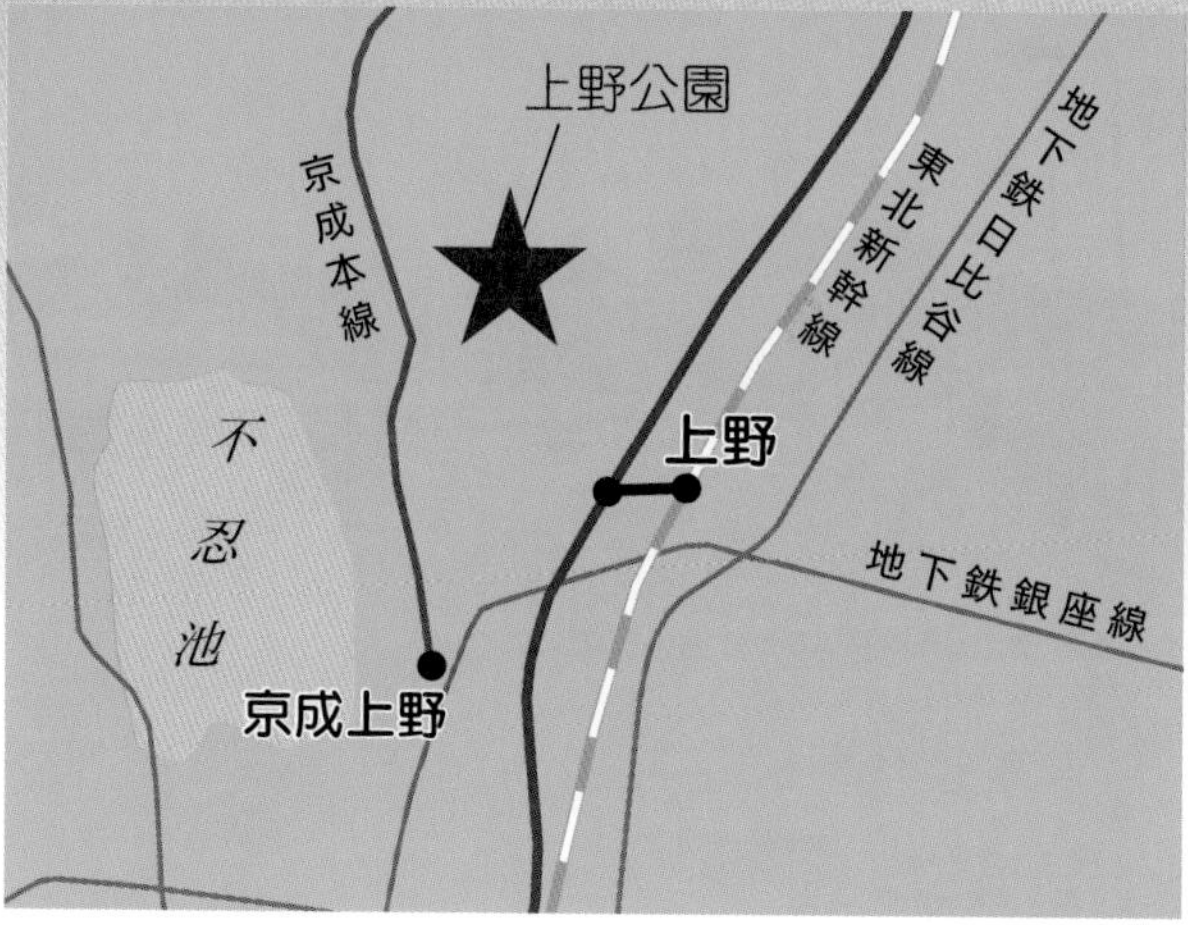

大隈重信も思い描いた上野のターミナル

幕末、佐賀。精錬方が製造したミニチュアの蒸気機関車が走る様子を、若き日の大隈重信も見ていたという。大隈重信はのちに鉄道の建設に情熱を傾けた、わが国の鉄道の父ともいうべき人物のひとりである。少年時代に目にした小さなＳＬの走りに、何か感じるところがあったのかもしれない。

そしてその大隈、１８６９（明治2）年に次のようなことを話していたという。「いずれ東京には中央停車場が必要になる。その場所は上野広小路が適している」――。鉄道敷設が廟議で決定されたのが１８６９（明治2）年の終わり頃。だから新橋～横浜間の建設もまだ決まっていないし、その都心のターミナルが新橋に設けられることももちろん決まっていなかった。のちに中央停車場、東京駅が設けられることになるなど誰も知らない、そんな時代の大隈の慧眼であった。

大隈は上野広小路に中央停車場を置くのが適していると考えたが、実際に中央停車場ができたのは皇居に面した丸の内。開業したのも１９１４（大正３）年になってからだった。しかし、上野にも駅ができた。１８８３（明治16）年、日本鉄道上野～熊谷間が開通するのと同時に開業した、東京においては新橋駅に次ぐ第２のターミナルであった。

いまの上野駅は、１９３２（昭和7）年に落成した2代目の駅舎だ。東側に向いた正面の出入り口はすっかりペデストリアンデッキで覆い隠されるようになってしまったし、駅構内を豪快に跨ぐ陸橋（パンダ橋）も建設された。パンダ橋の上に設けられた改札口の名はパンダ橋口、すぐ脇にパンダの像が鎮座していて、まさに上野＝パンダという印象を決定づけている。

上野駅のパンダ橋口を出でパンダ橋を渡るか、もしくは反対の公園口を出ると、

上野公園といえば西郷さん。他にも東京国立博物館などの文化施設が建ち並ぶ

パンダ橋は上野駅の高架ホームもすべて跨いで上野公園に通じる

すぐに上野公園だ。上野公園は正しくは上野恩賜公園という。公園口改札からまっすぐに歩いて行けば上野動物園のゲートがあってパンダに会うこともできるのだが、他にも国立科学博物館や国立西洋美術館、東京国立博物館などの文化施設がずらりと並ぶ。

公園内にある軟式野球場は正岡子規記念球場といい、野球の普及に一役買った正岡子規の功績を記念して命名されたものだ。南端にはおなじみのイヌの散歩をしている西郷さん。すぐ脇に、上野山に立てこもって西郷さん率いる新政府軍と戦った彰義隊の墓があるというのは、何かの因果なのだろうか。

このあたりを歩いてみればすぐにわかるが、上野公園は上野駅よりも少し高いところに広がっている。上野駅の東側のペデストリアンデッキから、さらに階段を登ったところにあるパンダ橋と上野公園はほとんど同じレベル。このあたりからも、上野駅付近の鉄道は急峻な崖の下を走っていることを感じ取ることができる。

西郷さんの銅像は、ちょうどその上野の台地が途切れる末端附近に建っている。真下の地下にあるのは京成上野駅だ。

上野公園の高台の西側には不忍池《しのばずのいけ》。もともとはただの湿地の沼だったが、江戸時代の初めに寛永寺が建立されたのとあわせて一部を埋め立てるなど整備が進み、周辺は武家屋敷や町家になったという。そしてまっすぐ南に向かう上野広小路（中央通り）も開かれ、上野は寛永寺の門前町の盛り場として発展していったのである。

時代が明治に移り変わる境目で、上野は新政府軍と旧幕府軍が激突する戦争の舞台になった。徳川将軍家の菩提寺だった寛永寺は灰燼に帰している。しかし、基本的な上野の町の性質は江戸時代からいまに至るまで変わっていないといっていい。

上野駅、上野公園の周りを歩くと、中央通りを中心に商業施設がひしめき合う。有名どころを少し挙げれば、上野駅に近い北からヨドバシカメラ、ＡＢＡＢ《アブアブ》、松坂屋。

高架線の間にも飲食店がひしめく。庶民的な店が多いのも上野の特徴だ

上野駅前から中央通り南側を見る。人通りもクルマ通りも多い繁華街だ

中央通りから脇に入っても中小の飲食店が軒を連ね、線路のガード沿いにはアメヤ横町がある。さらにガードをくぐって東側に出ても、上野駅から御徒町駅にかけて何本もの商店街が通っている。上野はいまも昔も東京を代表する盛り場なのだ。そしてその中心にあるのが、かつての寛永寺から置き換わるようにして上野駅になっている。

北の玄関口としての個性は遠い昔のものに

上野駅は日本で初めての私鉄である日本鉄道によって開業した。私鉄といっても実態は半官半民よりも若干官営よりという性質で、建設ルートも政府が決めた。上野駅を起点にすることも、井上勝らによって決まったものだ。日本鉄道が建設した路線は東北本線から常磐線、山手線まで広範囲に及ぶ。そのうち一期線として最初に開業したのが上野～熊谷間。いまでいう、JR高崎線にあたる。なぜ高崎線が一期線になったのかというと、高崎・前橋付近で生産されていた生糸を東京に運ぶためだ。

上野駅はそうした役割の路線のターミナルというわけだ。構想段階では新橋駅から北に延伸するアイデアもあったようだが、密集市街地の中を縦断する路線の建設には用地取得に困難があると判断されて、上野が起点になった。上野駅の用地には寛永寺の境内、末寺などが置かれていた一帯があてがわれている。

なお、1883（明治16）年の上野～熊谷間の開業時には上野駅の駅舎は仮のもので、翌年に高崎まで延伸した際に改めて、明治天皇臨席のもと初代駅舎で開業式典が行われた。明治天皇はお召し列車に乗車して、上野から高崎まで乗車したという。

以後、東北本線や常磐線などの開通によって、上野駅は東京の北の玄関口として

上野駅前、ガード下に『あゝ上野駅』の歌碑が建つ

開業当時、初代の上野駅。明治天皇臨席で開業式典が行われている（『懐かしの停車場』）

の性質を強めていく。上野から南に線路が延びたのは1890（明治23）年のことだが、その時点では秋葉原貨物駅に向かうための貨物専用線。旅客路線としてつながるのは1925（大正14）年まで待つことになる。以後も東京〜上野間は山手線の電車運転が中心で、本格的な中長距離列車の運行は2015（平成27）年に上野東京ラインが開業してからである。

　上野駅の地上ホームはとうぜん頭端式。日本の駅は私鉄を除けばほとんどの駅が通過式のターミナルなので、その点でも上野駅は異質な存在だ。自然と上野駅の周りの上野の町も、北の玄関口らしい雰囲気をまとっていくことになる。

　東北各都市や北海道連絡の名列車の数々はもちろんのこと、戦後の経済成長期には東北からの集団就職列車も盛んにやってきた。中学校を卒業後に上京した〝金の卵〟たちがはじめて東京に接したのが上野の町。駅前には就職先の社員が待ち構え、それぞれを新しい住まいと職場に連れてゆく。春先にはそういう風景が繰り広げられていたという。

　上野駅前広場の一角には、井沢八郎が歌った『あゝ上野駅』の歌碑が建つ。地下道や上野公園などかつてはホームレスがたむろする町というイメージもあった。彼らがどこの出身だったのかはわからない。もしかしたら、望郷の思いで上野にやってきていたのかもしれない。

　集団就職の時代は、いまのように気軽に全国に旅をするような時代ではなかった。ふるさとへの帰省も盆暮れ正月に必ずします、というわけにもいかない。急行「津軽」は出世列車などと呼ばれたが、石川さゆりの『津軽海峡・冬景色』しかり、中島みゆきの『ホームにて』しかり、上野駅から北に向かう列車に乗るのには、それなりに覚悟が必要だった時代のお話である。

　そうした上野駅の個性は、上野の町のイメージをも独特なものにした。

現在の上野駅。ペデストリアンデッキか広小路口を利用する人が多く、正面の出入り口は閑散としている

上野駅前のペデストリアンデッキから上野公園方面を見る。走っている列車は上野東京ライン経由の常磐線だ

帰省シーズンになるときっぷ購入者が大行列を作り、キャンセル待ちの人たちのためにテント村が作られたとか、中央改札を入って地上13番のりばに向かう途中にあるキオスクが1日1500万円も売り上げたとか、そういったエピソードも北の玄関口ならではだ。上野の駅と上野の町は、他の駅とはひと味もふた味も違う、郷愁を誘うターミナルであった。

しかし、上野駅に北の玄関口としての個性はいまやすっかり薄れてしまった。

上野発の夜行列車はもちろんもうすべて姿を消しているし、長らく起点だった東北・上越新幹線も東京駅までのびた。上野東京ラインのおかげで、常磐線特急「ひたち」「ときわ」も品川駅発着に。頭端式の地上ホームを出発する列車そのものが、もはや絶滅危惧種なのだ。

集団就職で上京してきた人たちの中心はいまや80代。郷愁の町・上野という個性が薄れるのもしかたがないことなのだろう。

また、東京を代表する繁華街としての上野の存在感も低下している。東京は西側に向かって発展していったので、新宿や渋谷といった新興の繁華街が上野などに取って代わって栄えるようになった。2021（令和3）年のJR上野駅の1日平均乗車人員は12万2085人で、JR東日本の駅では立川駅に次ぐ14位。ここ30年ほど減少傾向が続いている。

こうして、いまの上野を歩くと、鉄道のターミナルというイメージよりもアメ横を中心とした庶民的な商店街、上野公園と不忍池、そしてパンダばかりが際立っている。〝上野らしさ〟のシンボルのひとつだった聚楽台も2008（平成20）年に閉店し、2012（平成24）年にUENO3153《サイゴウサン》にリニューアル。2020（令和2）年には公園口駅舎も上野公園により近づいて新しくなり、少しずつ進化を続けている。上野駅は、これからどのように変わってゆくのだろうか。

第2章
私設鉄道の時代

わが国に鉄道が開業して10年にも満たない1881(明治14)年に、日本で最初の“私鉄”日本鉄道が設立された。半官半民で路線の建設は政府の指揮下で行われるなど、純粋な私鉄とは言いがたかったが、これが契機となって以後鉄道ネットワーク拡充は私設鉄道に担われることになった。

結果、関西鉄道・山陽鉄道・九州鉄道・両毛鉄道・甲武鉄道・北海道鉄道などが勃興。ほぼ同時に全国各地で鉄道の建設が進む。もしも国有にこだわり続けていたら、そうした同時期の建設は難しかっただろう。明治期の私鉄ブームは、まさにいまの日本の鉄道ネットワークを確立させるという大きな役割を果たしたのである。

いっぽうで、この時期は近代日本がはじめて外国と本格的な戦争を経験した時代でもあった。1894(明治27)年の日清戦争、1904(明治37)年の日露戦争。鉄道も軍事輸送で活躍している。が、それはともかく日本は日清・日露の戦争を経て列強の仲間入りへの道を歩み、強力な中央集権国家が確立されてゆく。そうした時代の流れが、次の時代の鉄道にも大きな影響を及ぼしていくのである。

主な出来事

1885(明治18)年	日本鉄道品川～新宿～赤羽間、開業。阪堺鉄道開業
1887(明治20)年	私設鉄道条例公布
1888(明治21)年	山陽鉄道神戸～明石間、開業。伊予鉄道開業
1889(明治22)年	新橋～神戸間、全通。九州鉄道博多～久留米間、開業
1891(明治24)年	日本鉄道上野～青森間、全通
1893(明治26)年	横川～軽井沢間、開業
1894(明治27)年	日清戦争勃発
1895(明治28)年	京都電気鉄道によって日本で初めて電車が営業運転
1899(明治32)年	山陽鉄道が日本で初めて食堂車を連結
1900(明治33)年	大和田建樹が『鉄道唱歌』発表
1901(明治34)年	山陽鉄道神戸～下関間、全通
1904(明治37)年	日露戦争勃発
1905(明治38)年	関釜航路開設。阪神電鉄本線開業
1906(明治39)年	鉄道国有法公布。南満州鉄道設立

#6 大宮

日本一の「鉄道の町」はかくして生まれた

DATA

1883年	日本鉄道上野〜熊谷間開業
1885年	大宮駅開業
1894年	大宮工場設置
1983年	東北・上越新幹線乗り入れ
2007年	鉄道博物館開館

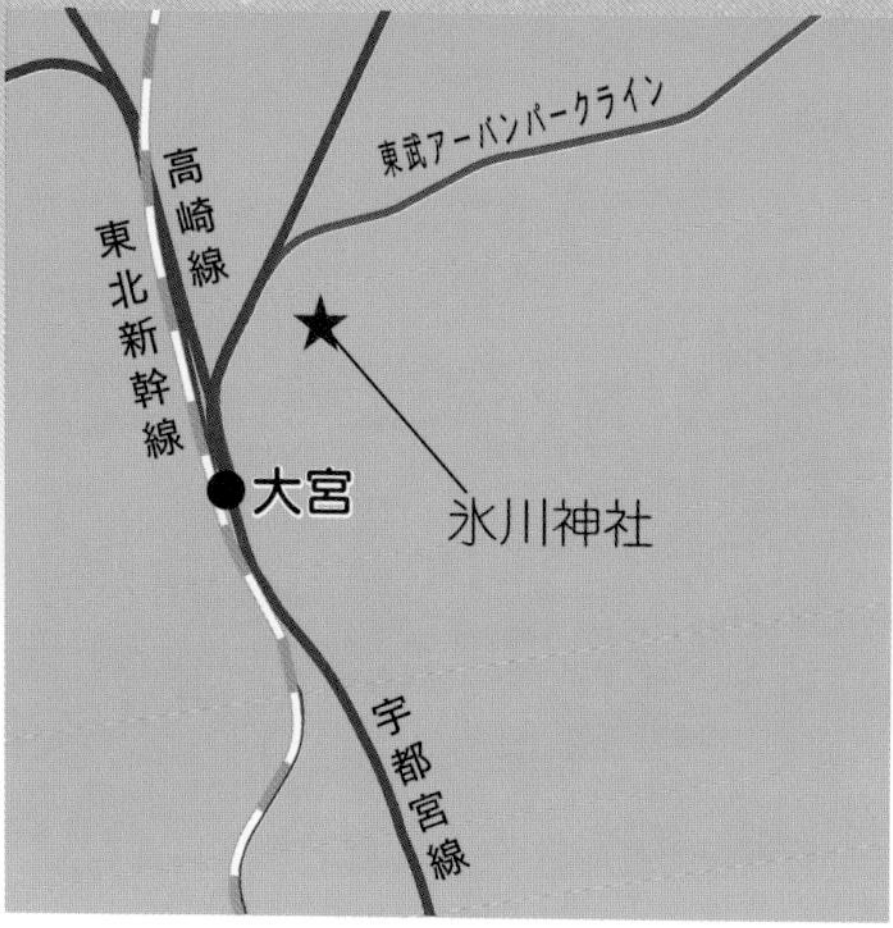

東京のターミナルにも負けない大繁華街の大宮駅

「鉄道の町」と呼ばれている町が、全国各地に点在している。鉄道と深い関わりを保ちながら発展していた町のことをいうようだ。

昔は鉄道を動かすためにいまよりも遙かにたくさんの人が必要で、機関区などがあればなおのこと。結果として駅の回りに多くの鉄道関係者が暮らすようになり、大きな町を形作っていった。それが鉄道の町だ。

具体的な例を挙げると、岩見沢・新津・米原・津和野・鳥栖などなど。その中でも、筆頭格となるとやはり大宮であろう。

明治以降の大宮の歩みを辿ると、どこを切り取ってもさまざまな形で鉄道が顔を出す。最近は鉄道にそれほど人が必要ではなくなってきていて、工場や車両基地なども縮小される傾向にある。が、そこでも大宮に関しては鉄道博物館がオープンしたりして、いっそう鉄道の町としての性質を高めているようにすら思える。紛れもなく、大宮は鉄道の町なのである。

そんな大宮に駅ができたのは１８８５（明治18）年で、日本鉄道の駅だった。ついで１８９４（明治27）年には日本鉄道大宮工場も開業。これは現在のＪＲ東日本大宮総合車両センターやＪＲ貨物大宮車両所に引き継がれており、実に１４０年近い歴史を持っているということになる。

工場ができ、その後拡張されていったことで大宮には鉄道職員向けの住宅が建てられて、多くの人たちが住むようになって発展してゆく。それが、いまの大宮の町の礎になっている――というのが、「鉄道の町」として見たときの大宮の一面である。

鉄道ネットワークという観点でも、大宮の重要性は高い。何しろ東北新幹線と上越新幹線が分岐する駅であり、同時に宇都宮線（東北本線）と高崎線が分岐すると

西口にはペデストリアンデッキが広がり、そごうも駅から直結

大宮駅東口。古くからの正面口で、駅ビルにはルミネが入っている

いう、東北・新潟方面に向けての壮大なるターミナルだ。そこに京浜東北線や埼京線といった首都圏を代表する通勤路線が乗り入れて、東武アーバンパークラインという私鉄も入る。東海道方面を度外視してみれば、大宮はまさしく東日本の鉄道の中心といっていいほどの大きな存在なのだ。

だから、というわけではないだろうが、駅の回りも実に栄えている。

駅中央の自由通路は行き交う人が絶えず、駅ビルはおなじみのルミネ。1967（昭和42）年に東口側で開業した民衆駅がルーツの商業施設だ。それがいまや西口にも拡大し、ルミネ1とルミネ2の2本立てに成長している。

東口に出てみると、どことなく昭和の雰囲気を漂わせる駅前風景とそこからまっすぐ伸びる大通り。高島屋が大きな存在感を放ちつつも、それを取り囲むようにして大小の商業施設や店舗が並び、線路沿いにはオトナのお店が集まる歓楽街も形成されている。大手都市銀行がこぞって支店を置いているのも、東口エリアだ。

反対の西口は、大宮工場などをはじめとする鉄道の町だったゾーン。こちらもいまは例のルミネ2とそこからつながるペデストリアンデッキ、そしてそごうにアルシェ、ソニックシティといった大きな商業施設が集まっている。西口の駅前をまっすぐさらに西に進んで、ソニックシティの少し先に行けば国道17号だ。

このように、大宮駅は東も西も、どちらが中心なのかまったくわからないほどに商業施設に囲まれていて、文字通りの繁華街のターミナルになっている。繁華街のターミナルといえば新宿・渋谷・池袋がビッグスリーだが、大宮駅とてそれらに負けないほどのパワーを持っているといっていい。その根幹のところに、「鉄道の町」があるとするならば、鉄道好きにとってこれほどうれしいことはないものだ。

しかし、である。だいたい「鉄道の町」という言葉が使われるときに、ちょっと気になることがある。

旧中山道沿いも大宮駅東口一帯の繁華街に含まれる

旧中山道の東側には氷川神社の参道が伸びる。写真は二ノ鳥居

それは、「鉄道が通るまでは何もない不毛の地で、鉄道が通ってから発展した」といったニュアンスがほんのり感じられることだ。事実、大宮駅とその周辺の町を語るとき、しばしば「大宮駅が開業するまではこのあたりには何もなく」みたいなことが並行して語られる。ゼロから町をつくるくらいに鉄道にはインパクトがあるんだよ、いうことなのだろうか。

　だが、果たしてそれは事実なのか。大宮駅の周囲、特に東口を歩くと、すぐに疑問が浮かぶはずだ。駅前の繁華街を抜け、旧中山道も渡っていくと、緑に覆われた並木道のような場所に出る。この道を北に進んでいくと、突き当たりには氷川神社が鎮座する。東京や埼玉のあちこちにある氷川神社の総本社で、武蔵国一宮という由緒ある神社だ。こうした大きな神社の鎮座する町なのに、駅ができるまでは何もなく、などというはずがないではないか、と思うのである。

ほんとうに〝不毛の地〟から鉄道の町になったのか

鉄道が開通するまで、大宮の町は中山道の宿場町、そして氷川神社の門前町として賑わっていた。1896（明治2）年1月にはいったん大宮県が設置されているのも、そうした背景ゆえだろう。県庁も大宮に置かれる予定だった。しかし、同じ年の9月に浦和に県庁が設けられて浦和県が成立。大宮県は1年も持たずに姿を消してしまった。

　まだ鉄道も来ていない時代のお話、県庁を失ったことは相当な衝撃だったようだ。1869（明治2）年には1752人だった大宮町の人口は、10年後の1879（明治12）年には952人にまで減っている。すっかりこの一帯の中心は県庁所在地・浦和になってしまったというわけだ。

明治時代の大宮駅。最初の出入り口は東側のみに設けられた（『懐かしの停車場』）

大宮駅開業に尽力した白井助七の功績をたたえる碑が、大宮区役所脇の公園に建つ。傍らにはC12型蒸気機関車も

そうした情勢もあって、１８８３（明治16）年に日本鉄道上野～熊谷間が開業したときには、浦和に駅はできても大宮には何もできなかった。浦和と大宮は宿場町でいうとひとつお隣、それほど離れていないという事情もあったにせよ、のちの鉄道の町も最初は駅すら不要と判断されてしまっていたのだ。その点において、「駅ができたころの大宮は何もない」も当たらずとも遠からず、である。

ちょうどその頃、日本鉄道第二区線、すなわち宇都宮方面への延伸計画が進められていた。第一区線の上野～高崎間（つまり高崎線）のどこかから分岐して宇都宮を目指そうとしたのだ。

このとき問題になったのは、どこで分岐するかだ。浮上した案は浦和・大宮・熊谷。浦和と大宮は広い視野でみればさほど違いはないが、熊谷は鉄道のルートから漏れた足利や桐生などの繊維産業の拠点の町が強く求めたものだという。これらの案を検討・決定したのは鉄道局長の井上勝で、熊谷案は利根川と渡良瀬川というふたつの大きな橋梁を要することなどがネックとなって排除され、最終的に大宮案に決着している。

大宮が浦和に勝った理由は定かではないが、どうやら県庁を失い駅も開業しなかったことを受けて、駅設置の陳情が盛んになされたようだ。中心になったのは大宮宿の商家に生まれた白井助七で、大宮駅や大宮工場の開設にあたって自らの土地の多くを寄付するなど尽力している。ただ「駅を作れ」と言うだけでなく、自らの私財も投じる熱心な陳情が実を結んだのか、分岐点は大宮駅となって、工場もできて、鉄道の町として発展していくことになったのである。

駅開業後の大宮の発展はめざましいものがあった。鉄道関係者が移住してきたという事情もあるが、１８９７（明治30）年までは浦和町に負けていた人口もほどなく逆転、１９０５（明治38）年には１万人を上回って成長していく。駅前には停車

大宮駅自由通路の中央には待ち合わせスポットの「豆の木」。これを初見で「豆の木」と分かる人はどれだけいるのだろうか……

ちょっと寄り道

「鉄道の町」あれこれ

大宮駅のように「鉄道の町」としての特徴を持つ町は全国各地に存在している。北海道の岩見沢や追分などは、夕張山地の石炭輸送の拠点として発展した町で、存在そのものが鉄道に起因するといっていい。また、新津や鳥栖のように、鉄道開業以前にはほとんど町が形成されておらず、広大な機関区が置かれたことで町として発展した例もある。機関区の設置は町の発展の足がかりになっており、碓氷峠越えを控える横川、いったん山陽鉄道の終着駅となった糸崎などもそのひとつ。都市部では大阪近郊の吹田は吹田工場によって発展した鉄道の町だ。

なお、鳥栖のように今では機関区を失い、跡地がスタジアムに生まれ変わった“元鉄道の町”も少なくない。

場通りをはじめとする道路が整備され、運送店や旅館にはじまりさまざまな店舗が建ち並んで駅前の繁華街が形成された。中山道の大宮宿に近い場所に駅が設けられたこと、西口側が〝鉄道の町〟になったことなどが相まって、大宮は急速な発展を遂げることになったのだろう。

もちろん明治時代の名残はさすがにないが、大宮駅東口の賑わいは中山道の宿場町時代のそれと、鉄道のターミナルのそれと、ふたつのDNAを引き継いだ繁華街といっていいだろう。氷川神社の参道の静けさと、中山道やその周囲の繁華街のギャップも、どことなく歴史を感じさせるものがある。

西口にはかつて鉄道官舎などが建ち並び、彼等のための飲食街などもあったようだが、いまは再開発ですっかり生まれ変わった。いま大宮駅西口を見ても、知らなければ鉄道の町だとは誰も思うまい。新幹線開業の効果も大きかったのだろう。西口のルミネ2が開業したのは、東北新幹線・上越新幹線が開業したのと同じ1982（昭和57）年のことである。

ちなみに、大宮も浦和もまとめていまはさいたま市だ。そこにはアルディージャとレッズというふたつのJリーグチームがある。浦和駅を降りるとまさしく浦和レッズ一色だが、大宮駅前にはアルディージャの旗がはためく。それぞれのサポーターがどういう関係にあるのかはわからないが、よく言われる〝大宮VS浦和〟が具現化しているもののひとつがアルディージャとレッズなのだろう。

大宮と浦和は隣り合うがゆえ、県庁が移転したり駅ができたりできなかったり、新幹線が停まったりで何かと競い合ってきた。お隣同士で刎頸《ふんけい》の友とはいかないのは世の常だ。大宮駅の鉄道の町としての個性は、そういったところからも来ているような気がするが、いかがだろうか。なお、現在は駅のお客の数では大宮が圧勝しているが、町の人口では浦和が大宮を上回っている。

#7 なんば

現存私鉄最古の駅は、なんばのシンボルに

DATA

1885年	阪堺鉄道の駅として開業
1932年	四代目駅舎として現在の南海ビルディングが完成
1978年	なんばCITY開業
2003年	なんばパークス開業

キタとはどう違う？　圧倒的な庶民性を持つなんばの町

実際はどうあれ、大阪という町は他の地域、とりわけ関東の人たちはかなり独特な、個性的な町だろうと思っている。ヒョウ柄の服を着てアメちゃんを配る大阪のおばちゃんが、ほんとうにあちこちにいると思っている。

ステレオタイプと思いきや、実際にそういうおばちゃんが存在しているというのが大阪のおもしろいところなのだが、新幹線で新大阪にやってきて、せいぜい梅田あたりまででとどまっていてはあまり大阪らしさは味わえない。

というのも、いわゆるキタ、外部からの玄関口としての機能も持っている大阪北部はそれほど大阪らしさが濃縮されていない気がするのだ。むしろ大阪駅周辺を歩いても、そこにある店はだいたい東京などでもよく見知った店ばかり。ザ・大阪を求めていたら、少々物足りなさを感じてしまう。

その点、ミナミである。

ミナミと呼ばれる地域は心斎橋からグリコサインでおなじみ道頓堀、日本橋、新世界、阿部野橋（天王寺）などだいぶ範囲が広いが、その中でもいちばん手っ取り早く、そして安全にザ・大阪を感じられるのが南海なんば駅の周辺ではないかと思っている。

南海難波駅がどこにあるのか、ピンとこない人もいるだろうから簡単に説明しておく。

大阪駅（梅田駅）からまっすぐに南行している御堂筋をずっと行けば（つまり地下鉄御堂筋線である）、ビジネス街である淀屋橋などを経て心斎橋、そして道頓堀を渡ったすぐ先がなんばだ。

ともあれ、心斎橋、道頓堀より少し南側に位置しているのが〝なんば〟と呼ばれ

なんば駅の脇から東の千日前方面に向けて伸びるアーケード街は、なんば南海通という

なんば駅前にはマルイ。ここだけ切り取れば、大阪らしさはあまり感じない

る一帯である。漢字で書けば難波なのだが、それだと〝なにわ〟とも読めるので、だいたいの場合において平仮名の〝なんば〟が使われる。駅名も正確さにこだわるならば、「難波駅」が正しい。

なんばには、南海の他にも近鉄（阪神）・地下鉄・JRの駅があり、それぞれ多少離れてはいるものの、おかげでなんばの中心部を取り囲むように駅があるという恵まれた環境を作り出している。その中央に位置しているなんばのランドマークが、まさに南海なんば駅というわけだ。

南海なんば駅の周辺を歩いてみよう。駅前広場の真向かいにはマルイ。そこから東に延びるのはなんば南海通という商店街で、そのまま南千日前商店街と交差して千日前通りへと続いている。この交差点を南に折れれば、半分路上にはみ出して営業しているタコ焼き屋があったり、金龍ラーメンという行列のできるラーメン店があったり、その先には〝笑いの殿堂〟なんばグランド花月。新宿ルミネとは一味違う、本場の笑いの世界がそこにあるのだ。

それ以外にも細い路地に小さな飲食店がひしめいており、どれもこれも客を選ばない庶民的な店ばかり。ふらりと入った定食屋やうどん屋がなかなかにうまかったり、名物カレーの自由軒は昼時に店の前を通ると決まって長い列ができている。

つまり、このあたりはいかにも（部外者的に見て）いかにも大阪的なものがうまく集まっているのだ。「仕事で大阪に行ったから、ついでになんばに行って自由軒のカレーを食べて、ついでになんばグランド花月で新喜劇を見てきたんだよね、あとタコ焼きも食べた」などと言っておけば、「おお、大阪楽しんでるねえ」と拍手喝采を頂戴すること請け合いである。

もちろん、本当の意味でのザ・大阪はこんなものではない。いまやだいぶ〝浄化〟されているが、通天閣のお膝元の新世界はなんば界隈をワンランクアップさせたデ

なんばグランド花月はお笑いの殿堂として根強い人気を誇る。吉本新喜劇もここで

竣工時の雰囲気がそのままに残るなんば駅だが、駅前の風景は一変。写真は駅前クルマ乗り入れ禁止の社会実験中のもの

ィープさを醸すし、あべのハルカスのふもとから路地へと分け入っていけば、もうそれはその、今でも残る日本最大の遊郭街、飛田新地という超ディープゾーンも控えている。が、そこまではさすがにちょっとと尻込みする向きにも、なんば界隈ならば安心して〝大阪〟を感じることができるというわけだ。

ほかにもミナミには道頓堀にほど近い宗右衛門町や法善寺横丁などなど、なかなか歩いて楽しい繁華街が目白押しだ。飛田新地は別にしても、全体に共通しているのが圧倒的なまでの庶民性である。

別にキタの梅田がお高くとまっているというつもりはないが、明らかにキタとミナミでは町の空気が違う。ミナミは、庶民的であり誰でも受け入れる懐の深さを持ち、大阪人特有の親しみやすさを町全体で表現しているような、そんな地域なのだ。その町の真ん中に、南海なんば駅はある。

現存私鉄で最古の駅が切り開いた、なんばの発展

南海なんば駅は、庶民的ななんばの町には不釣り合いといいたくなるほど荘厳だ。久《く》野《の》節《みさお》の設計で１９３２（昭和７）年に建てられた南海ビルディングがその駅ビルで、百貨店の高島屋が入っているのはそのとき以来。国の登録有形文化財にも登録されている、なんばどころか大阪、そして昭和初期の日本を代表する堂々たる駅舎だ。

それだけではない。駅前広場からは駅ビルの裏に背の高いビルが建っているのが見える。地上36階建てスイスホテル南海大阪と地上30階建てのパークスタワー。なんばＣＩＴＹとなんばパークスという商業エリアも含め、南海なんば駅は背後にいわばひとつの町を抱えているといっていい。その洗練された趣は、庶民派のなんば、

なんば駅から一直線に梅田を目指す御堂筋。御堂筋の開通がなんばに与えた影響は大きい

1985年のなんば駅付近。下部の線路沿いには南海ホークスの本拠地・大阪球場。いまはなんばパークスに生まれ変わった（国土地理院）

ミナミの町のイメージとは少々異なっているような気がするのだ。

その理由を探るには、南海電鉄開業時まで時計の針を巻き戻す必要がある。現在の南海本線が開業したのは1885（明治18）年。国内では、新橋～横浜間や大津～神戸間、ほかに日本鉄道の路線などがあるくらいで、わが国の鉄道が歩きはじめたばかりの時期に、南海なんば駅は誕生した。

開業時は阪堺鉄道といい、その名の通り大阪と堺を結ぶ構想のもとに開業した路線だ。堺までは1897（明治30）年に開通。和歌山延伸のために別会社として設立した南海鉄道と直通運転を開始し、阪堺鉄道も南海鉄道に譲渡された。その後は戦時統合などを経て現在の南海電鉄につながってゆく。つまり、純粋な民間資本の鉄道会社としては日本で最も古く、なんば駅も現存私鉄最古の駅ということになる。

開業にあたっては、創業者の松本重太郎が大阪と堺の間を行き来する人や荷馬車などを豆を使って数え、採算が取れると出資予定者たちに説明したという「翁の豆算用」の逸話が残る。経費節約のため、廃線になっていた釜石鉱山鉄道の車両やレールの払い下げを受けて開業にこぎつけている。

そのターミナルとしてなんば駅が開業した当時のなんばは、いまの繁栄ぶりなど思いも寄らない千日墓地に続く畑地だったという。道頓堀付近は江戸時代から大坂の盛り場のひとつとして栄えていたし、その南側には難波新地と呼ばれる花街が広がっていた。なんば駅は、難波新地のいちばん端っこ、六番町と呼ばれる場末に設けられたのだ。きっと、寂れた場末の花街くらいが駅舎のために買収できる精一杯の土地だったのだろう（ちなみに飛田新地は明治末の大火で難波新地が焼け落ち、その後移転したものだ）。

それでもなんば駅が開業したことをきっかけに、周辺は発展の足がかりを得る。1904（明治37）年には駅のすぐ裏側に専売局のタバコ工場ができる。大正の終

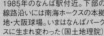

御堂筋の南からなんば駅を見る。現代的なビルの合間でも映える南海ビルディング

大阪球場跡地に生まれたなんばパークス。なんばのイメージを変えるほどの効果があった

わり頃には、大阪で初めてのカフェーが登場してなんば一帯で流行するなど、盛り場へと成長していった。

　そして現在のなんば駅ビル、南海ビルディングができた昭和の初めごろ。この時期は、キタの梅田ではターミナルビルが注目を集める。1929（昭和4）年の阪急百貨店開業である。前後して大阪電気軌道（現在の近鉄）も上本町に大軌ビルを建設、阪神ものちの阪神百貨店につながる阪神マートを開業している。

　そうした中でも、なんばは世の潮流には乗らずにカフェー全盛のご時世。南海の終電車はカフェーの女給たちで賑わっていたというから、大正以降の〝電鉄系私鉄〟である阪急などとはまったく一線を画して我が道を行っていたのだ。

　ただ、いつまでもそれでは時代に取り残される。ちょうどなんば駅前と梅田駅前を結ぶ御堂筋の整備と、地下鉄御堂筋線の建設などの都市計画が決まったこともあり、手狭になりつつあった旧駅舎（三代目）の建て替えとモダンなターミナルビルの建設に踏み切った。それが現在の南海なんば駅。以来、90年間なんばのシンボルであり続けている。

　なんばも梅田も、最初の駅ができた時点では周辺にたいした町もなかったのだから、その性質に違いはなかった。だが、東京など余所から大阪に来る人の玄関口という機能を持たされ電鉄系私鉄のメッカになった梅田と、事実上明治初期の古式ゆかしい私鉄一本槍でやってきたなんばでは、その過程でまったく性質の異なる町が形作られてきた。

　そうした中での昭和初期のターミナルビル・南海ビルディングは、キタの駅前の特質がミナミにも飛び火した、そういうものだったといえるのかもしれない。圧倒的な庶民性を持つなんばの町のシンボルが昭和モダンなターミナルビル。そのなんともいえない違和感は、こうした歴史で説明できるのである。

#8 新宿

世界一のターミナルは いかにして生まれたか

DATA

1885年	新宿駅開業
1889年	甲武鉄道（現・中央線）乗り入れ
1915年	京王電気軌道（現・京王線）開業
1927年	小田原急行鉄道（現・小田急線）開業

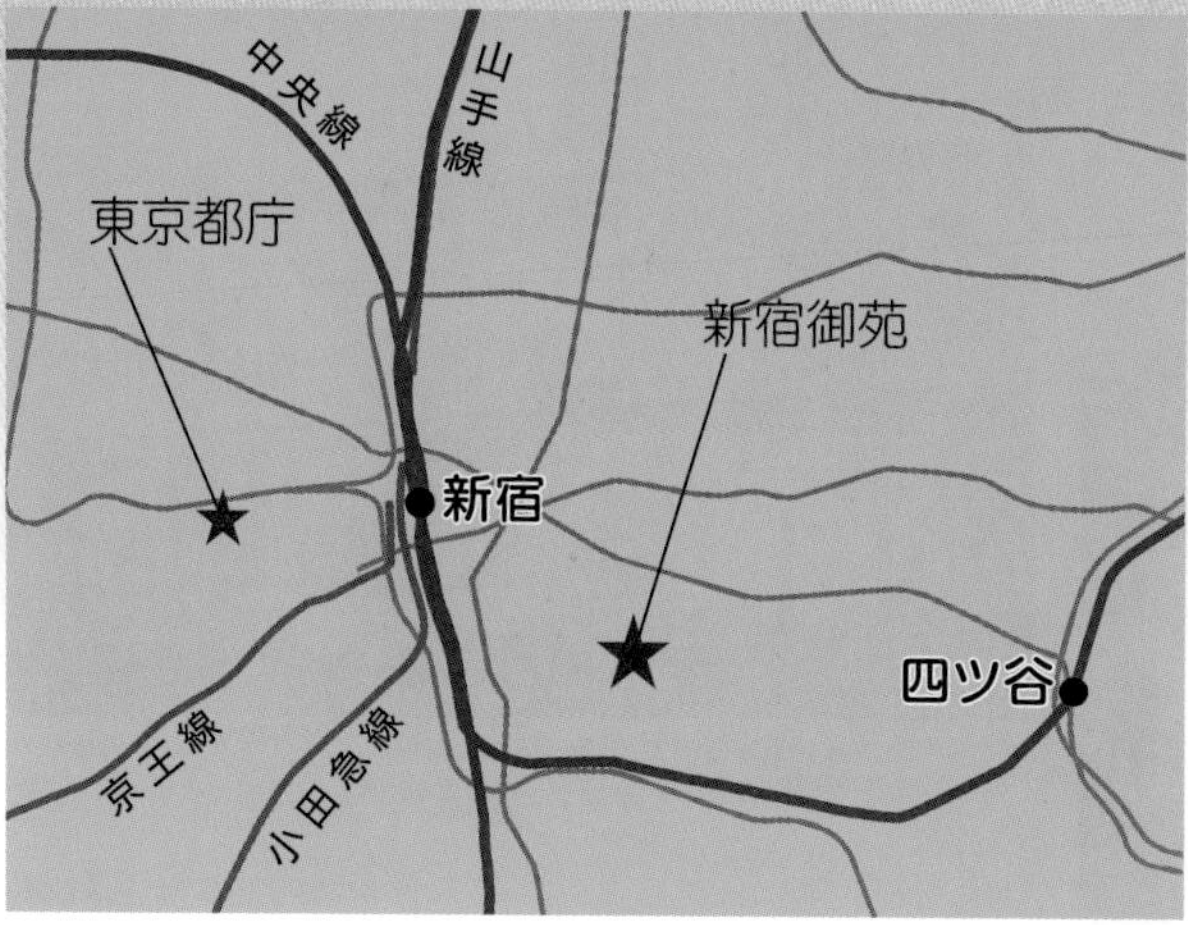

内藤新宿の宿場のはずれにできたターミナル

鉄道の駅と町の関わりの話をするときに定番なのは、「駅が開業したときには周囲には何もなく、お客もほとんどいなかった」というやつだ。新宿駅もそうだし、渋谷駅、大宮駅、大阪駅などでもきまってそういったエピソードが紹介される。

何もないところに駅ができて、そこから発展して世界に冠たる大ターミナルにのし上がっていった……というほうが、物語としては美しい。鉄道の力がいかに偉大かを主張することもできる。まったくのウソでもないから、物語はダイナミックなほうがいいに決まっているのである。

ただ、前提として注意しておきたいのは、市街地のど真ん中に駅ができるなど、特に黎明期においてはあり得ようはずもなかった、ということだ。

いくら明治政府が強力な中央集権政府だったといっても、むりやりに市街地に暮らしている人々を引っ剥がして線路を敷くのは難しい。だから東京や大阪のような大都市に限らず、どの地方都市でも市街地から少し離れた場所に線路が敷かれて駅が設けられている。逆に言えば、その駅から少々歩けば市街地が広がっている、というわけだ。むしろ鉄道の威力としては、町の中心が徐々に駅周辺に寄ってきたという点に実感することができる。

さて、ここで新宿駅である。

新宿駅もご多分に漏れず、1885（明治18）年に開業したときには周囲は田畑が広がるばかりの寒村だったといわれる。北関東の薪炭の集積地という役割を期待されて駅が設けられたといい、実際にいまの新宿通り沿いには薪炭問屋が二十数軒も連なっていたという。紀伊國屋書店も、もともとはそうした問屋のひとつだった。

そんなわけだからまったくお客は少なく、雨の日には1日にひとりしかいないと

大正時代はじめ頃の新宿駅構内。写真の車両は山手線。右手のホームは中央線ホーム（『日本国有鉄道百年史』）

現在の新宿通り。左に見える紀伊國屋書店は新宿駅前の炭問屋からはじまった

いうこともあったとか。実際のところは数字が残っているわけではないのでわからないが、あまりお客に恵まれたスタートでなかったのは事実だろう。

ただ、かといってまったく新宿駅周辺のすべてが寒村だったわけではない。

新宿駅の東側、いまでいう新宿三丁目付近に内藤新宿と呼ばれる甲州街道の宿場町があった。甲州街道と青梅街道が分かれる〝追分〟も近く、江戸時代から一定の賑わいがあったようだ。

しかし、明治に入ると宿駅伝馬制度が廃止されて宿場町は衰退し、場末の面影を濃くしていた。そこに現れたのが、新宿駅だったというわけだ。

そこからの新宿駅の発展は、言葉に尽くせないほどにめざましい。１８８９（明治22）年には甲武鉄道（現在の中央線）が乗り入れ、１９１５（大正４）年には京王電気軌道（現在の京王線）も開業。関東大震災を経て１９２７（昭和２）年に小田原急行鉄道（現在の小田急線）も乗り入れて、ターミナルとしての形が完成した。

それに従って駅の周辺も加速度的に市街地化が進み、戦前は主に東口を中心として繁華街が形成された。

西口はそれから遅れることにはなったが、１９６０（昭和35）年に新宿副都心建設計画が策定されるとこれまた大変貌。淀橋浄水場が廃止されて超高層ビル群が建ち並ぶ、戦後の東京を象徴するオフィス街に生まれ変わった。

そうしていまの新宿駅は、ＪＲ東日本に限っても１日の平均乗車人員は52万２１７８人。これはコロナ禍の中の２０２１（令和３）年度の数字だが、コロナ前の２０１９（令和元）年度は実に77万５３８６人にのぼる。もちろん国内では他社を含めても圧倒的なナンバーワン。私鉄各線や西武新宿駅などを含めると１日に約３７０万人が利用し、世界でもいちばんお客の多い駅なのだ。

新宿駅の構内を歩けば、いつどんなときでもたくさんの人で溢れている。地方出

線路上の人工地盤の上に設けられた新南口一帯。上階はバスタ新宿、奥にはミライナタワー

現在の東口の駅ビルにはルミネエストが入る。建て替えの計画が発表されており、まもなく見納めだ

身者が新宿に来て「お祭りをやっていると思った」などというおきまりのジョークがあるが、本当にいつでもお祭り騒ぎのように人がいる。

新宿駅はＪＲの改札口だけでも東・西・中央東・中央西・東南・南・甲州街道・新南・ミライナタワーと、数えきれないくらいある。そこに私鉄との連絡改札が加わり、地下鉄や私鉄もそれぞれの改札口や出入口を持つ。さらにそれらが地下街を通じて連絡していて、新宿三丁目駅や都庁前駅あたりまでもつながっている。歌舞伎町の入口も、新宿駅から地下街だけを使って行くことができるのだ。

その無数にある出入口から適当に選んで外に出てみると、それがどこであってもたくさんの人混みの中に放り出される。東口は靖国通り、新宿通りから甲州街道にかけて、伊勢丹周辺は見事に繁華街になっているし、歌舞伎町は言わずもがなだ。西口もヨドバシカメラを中心としたミニ繁華街。西口の北側、大ガードの脇にはヤミ市にルーツを持つ思い出横丁。

南口はバスタ新宿とルミネが甲州街道を挟んで向かい合い、もはや古参の新宿高島屋に東急ハンズ、そして新参のミライナタワーが圧倒的な存在感でそびえ立つ。サザンテラスを歩けば、これまたひときわ背の高いビルがあって、これが天下のＪＲ東日本の本社ビルである。

なぜ新宿駅は世界一のターミナルになったのか

かくのごとく、どこをどう切り取っても人だらけの新宿駅と新宿の町。冒頭の話ではないが、開業直後は雨が降ると1日にひとりしかお客がいないという駅が、いまや雨が降ろうが雪が降ろうが関わりなく人で溢れている。新宿駅は約１４０年の歴史を経て日本一、いや世界一のターミナルに成長したのだ。

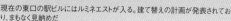

新宿駅西口の繁華街。東口と比べると規模は小さいが、人通りのレベルは変わらない

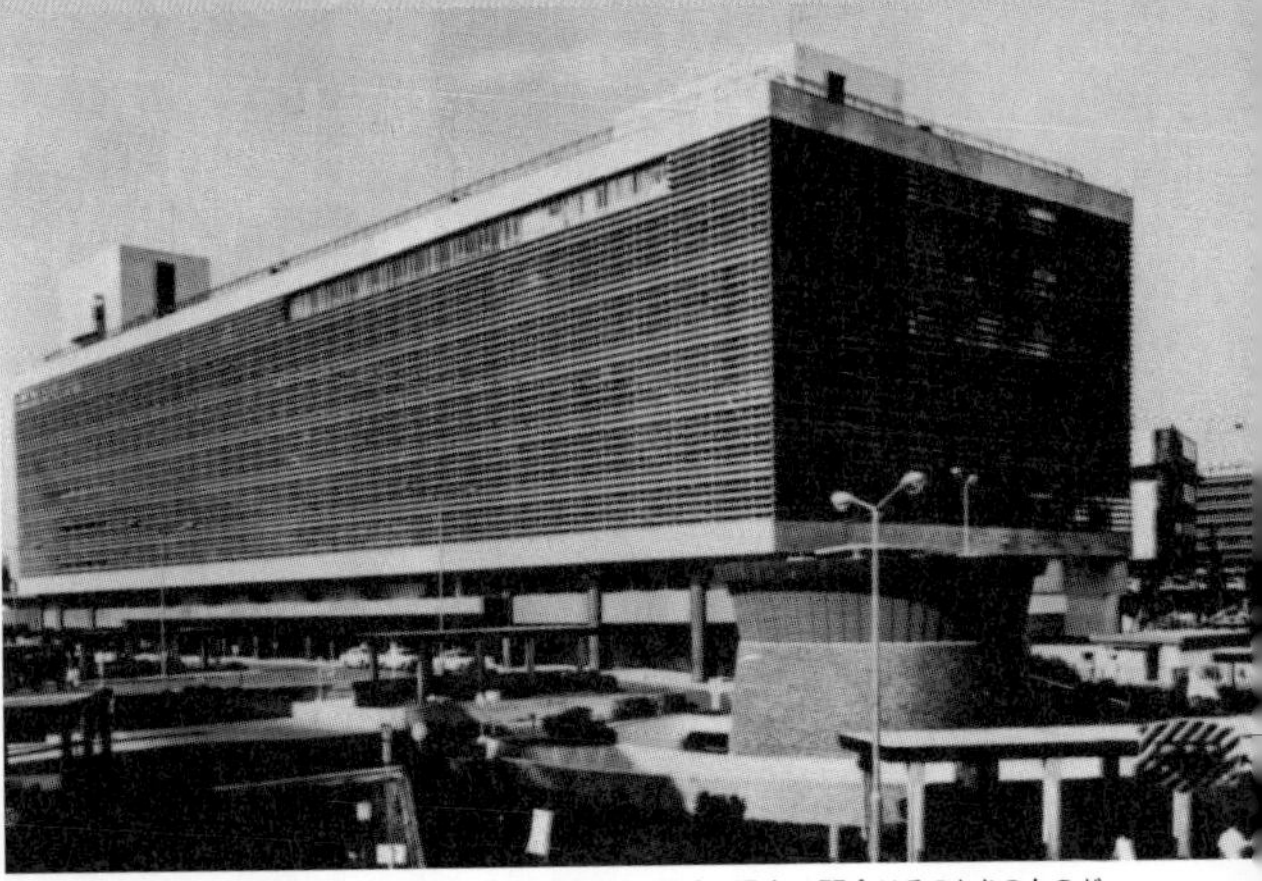

民衆駅として1964（昭和39）年に誕生した新宿駅東口駅舎。現在の駅舎はそのときのものだ（『日本国有鉄道百年史』）

いったい、これはなぜなのだろうか。別にこれは他の駅でも良かったのではないか。渋谷でも、池袋でも。新宿駅が格段に成長したのにはどんな理由があるのか。

この問いの解には、日本一の歓楽街・歌舞伎町の成立や副都心の成立なども関係しているし、限られたスペースで簡単に答えられるものではない。が、ひとことで言うならば、関東大震災以降に進んだ東京西部の都市化が大きな要因である。

1923（大正12）年の関東大震災では、東京下町の市街地が大きな被害を受けた。銀座、浅草といった従来の繁華街も壊滅的な状況に陥った。そこで入れ替わるように台頭したのが、新宿や渋谷といった東京西部の町ということになる。

同じ頃にいわゆる給与所得者、サラリーマンと呼ばれる層が増え、彼らが東京西部の郊外に住宅を求めた。そのときにキーになったのが、ターミナルに乗り入れる郊外路線の数々であった。

山手線のターミナルから郊外に伸びる路線を持つのは新宿だけではない。池袋は東武東上線と西武池袋線があるし、渋谷には東急がある。が、新宿には他のターミナルが持たないものを持っていた。それは、中央線である。

いまではほとんどの郊外路線が地下鉄に乗り入れて都心に直結しているが、それは戦後の高度成長期以降のこと。以前はそれぞれのターミナルで山手線や市電（都電）に乗り換える必要があった。その点、中央線はさすがお国の路線、新宿駅から山手線の結界を越えて都心へと直通する、唯一の郊外路線だったのだ。

京王線、小田急線という私鉄2路線（西武新宿線が新宿駅に乗り入れたのはだいぶ後のことだ）の沿線が郊外住宅地として発展したことは言わずもがな。それに加えて中央線という、開発の余地を多分に残した武蔵野台地上を一直線に貫く路線を持っていたことで、新宿駅はそれらすべてを集約するだけの巨大なターミナルへと成長したのである。いまの中央線の混雑ぶりをみれば、中央線がいかに新宿駅に多

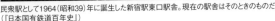

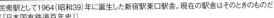

小田急百貨店がまもなくリニューアル工事に入る新宿駅西口。なお、小田急百貨店は隣接する小田急ハルクで営業を継続する

新宿駅北側、青梅街道を跨ぐ大ガード。奥に見えるのは新宿歌舞伎町だ

くの人を供給しているのかがわかるというものだ。その意味で、新宿駅は中央線を基軸とするターミナルといっていい。

この過程ではいろいろなことがあった。もともと東口に集中していた人の流れが、1910（明治43）年に専売局のタバコ工場ができたことで西口にももたらされた。また、すでに新宿西口の角筈村《つのはずむら》と呼ばれた一帯には浄水場があり、1889（明治22）年に開校した女子独立学校（のち精華高等女学校）をはじめ、複数の教育機関もあった。西口は、タバコ工場への通勤や学校への通学で使われていたのだ。

ちなみに、1912（明治45）年には中央線において日本で初めての女性専用車が運転されている。学習院に通う女子学生がしばしば痴漢に遭遇することを聞いた乃木希典《のぎまれすけ》学習院長が申し入れて運転されたという真偽不明の逸話があるが、少なくとも女子独立学校に通う女子学生たちも、通勤電車の混雑から被害に合っていたであろうことは想像に難くない。

このように、すでに大正時代には新宿は、東口の繁華街と西口の工場&学校の町という性質が固まっていた。そこに、関東大震災に伴う東京西部の都市化と中央線をはじめとする郊外路線の急成長が重なった結果が、いまの新宿駅なのだ。

その新宿駅は、今後さらに大きく変化するという。新宿グランドターミナル構想といい、東西を結ぶ上空デッキや広場が整備され、小田急百貨店なども建て替えへ。東京都庁を上回る260m級の高層ビルに生まれ変わるのだとか。予定通りに進めば2029（令和11）年に完成する。つい最近に新宿駅は東西自由通路ができたばかりだったと思うが、またすぐに新たなリニューアル。どこまでの規模が必要なのかはともかくとして、世界一のターミナルにふさわしい駅になるのかどうか。いずれにしても、工事中に駅の構内が狭くなったりして歩きにくくなるのは極力避けてくださいね……。

#9 松山

四国の鉄道は『坊っちゃん』とともに

DATA

1888年	伊予鉄道松山～三津間開業
1892年	三津～高浜間延伸開業
1895年	道後鉄道古町～道後～松山間開業
1927年	松山駅開業

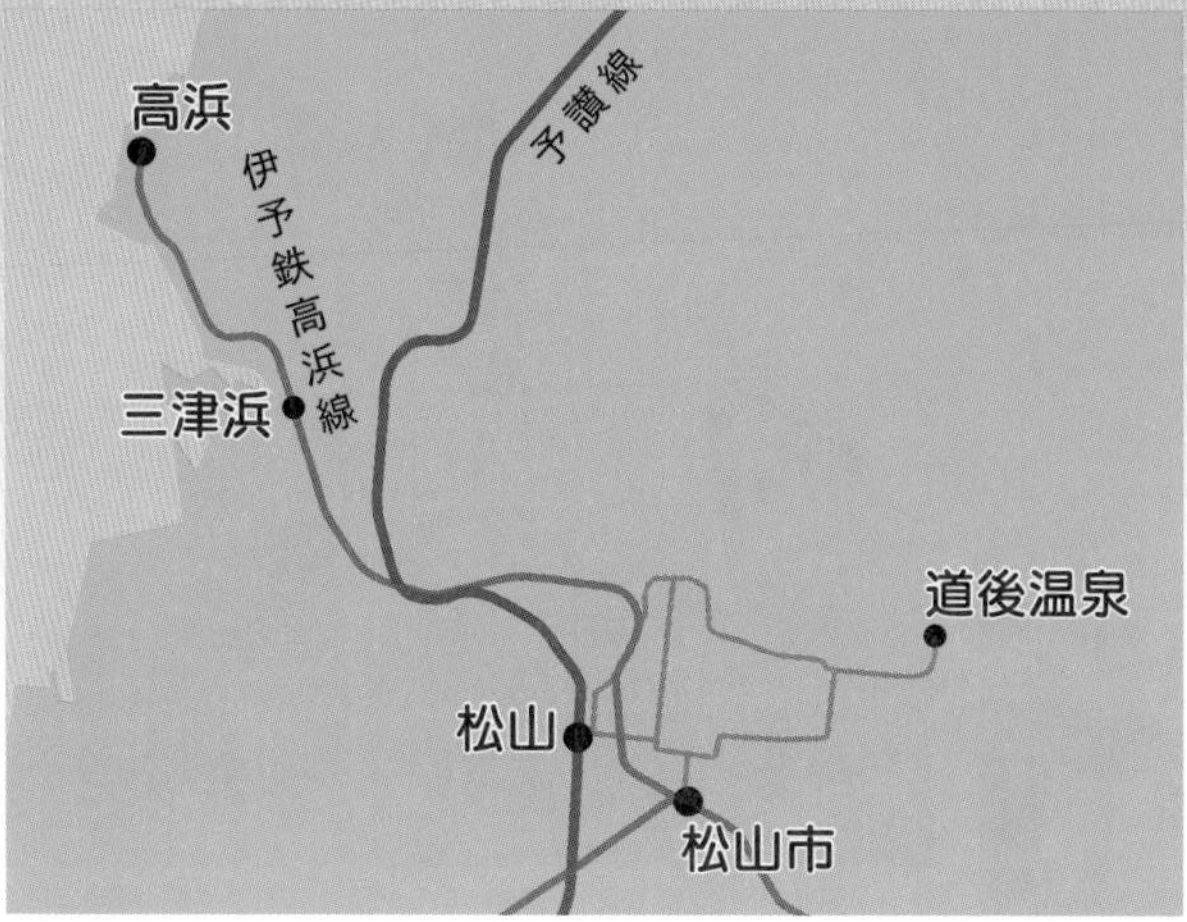

夏目漱石が乗った伊予鉄道は、いまも昔も松山を支える

「停車場はすぐ知れた。切符も訳なく買った。乗り込んでみるとマッチ箱のような汽車だ。ごろごろと五分ばかり動いたと思ったら、もう降りなければならない。道理で切符が安いと思った。たった三銭である」――。

夏目漱石『坊っちゃん』の一節である。

あまりにもベタなはじまりで申し訳ないが、松山の鉄道といえば夏目漱石は避けて通れない。『坊っちゃん』はあくまでもフィクションではあるが、漱石自身も松山で暮らしたことがある。１８９５（明治28）年に松山中学に赴任し、翌年に熊本に移るまでの約1年間だ。伊予鉄道が開通したのは１８８８（明治21）年のことだから、開通から10年も経っていない時期の伊予鉄道に乗ったのだろう。

さらに『坊っちゃん』では、道後温泉に通うためにも鉄道を利用している。

「やがて、ピューと汽笛が鳴って、車がつく。待ち合わせた連中はぞろぞろ吾《わ》れ勝《が》ちに乗り込む。赤シャツはいの一号に上等へ飛び込んだ。上等へ乗ったって威張れるどころではない。住田まで上等が五銭で下等が三銭だから、わずか二銭違いで上下の区別がつく。こういうおれでさえ上等を奮発して白切符を握ってるんでもわかる。もっとも田舎者はけちだから、たった二銭の出入でもすこぶる苦になると見えて、大抵は下等へ乗る」

こちらは伊予鉄道ではなく道後鉄道のことだろう。漱石が松山にやってきたのと同じ１８９５（明治28）年に古町〜道後〜松山間で開業し、のちに伊予鉄道に合併された。最初は蒸気だったが、合併後の１９１１（明治44）年に電化されているいまの路面電車だ。

いま、伊予鉄道の松山市内線（路面電車）には「坊っちゃん列車」という観光列

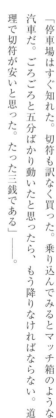

大街道は松山最大の商店街。その北側の入口を市内電車が通る

伊予鉄道松山市駅。高島屋も入る駅ビルの1階部分から3方向に列車が出る。四国随一のターミナルだ

車が走っている。見た目は蒸気機関車だが、市街地の中を走るのでさすがに蒸気というわけにはいかずに中身はディーゼルカー。煙はスチームを用いている。走っていない日には道後温泉駅に展示されているので、ほとんどいつでも見ることができる。ただし、「坊っちゃん列車」の元祖は、開業当時の高浜線を走っていたドイツ・クラウス製の機関車のことだ。当時の伊予鉄は軌間762㎜の軽便鉄道であり、漱石はこの蒸気機関車に牽かれた客車に乗った。軌間が狭いので客車は細長い形であり、それを「マッチ箱」と表現したのだろう。

いずれにしても、いまも松山の鉄道事情は漱石が訪れたときから基本的には変わっていない。

港から松山の中心市街地まで高浜線という伊予鉄道のルーツたる路線が通り、松山市駅前からは道後温泉に向かう路面電車が発している。松山市駅はほかにも横河原線・郡中線という郊外路線が集約するターミナルになっていて、まさに松山の交通の一大拠点をなす。高島屋の入った立派な駅ビルで、その上には観覧車まで回っている松山のシンボルだ。

駅のすぐ東側には銀天街のアーケードの入口があり、そこを進んでいくとさらに東側では南北に通る大街道のアーケード。大街道のアーケードの脇には二番町の歓楽街も広がっていて、つまりは松山市駅は松山の中心市街地へのアクセスのためにあるような駅なのである。

ここで道後温泉に向かう路面電車に乗ってみよう。松山市駅前から出発すると、まずは松山城のお堀沿いに出る。しばらくお堀沿いを走り、現存天守のひとつである松山城天守閣を見上げながら松山市役所や愛媛県庁、坂の上の雲ミュージアムなどの脇を抜けてゆくと、大街道の北の入口へ。

そこからさらに東へ北へと進んでいき、道後公園の手前で北に折れてしばらくす

明治末の道後駅(現・道後温泉駅)。蒸気の時代、いまより広い構内だった(『坊っちゃん列車と伊予鉄道の歩み』)

ここは松山二番町、四国でも最大の歓楽街で飲食店などがひしめき合う

ると終点の道後温泉だ。道後温泉の駅前から伸びる道後商店街を抜ければ道後尾温泉本館へ。

こうして松山城から大街道、二番町、道後温泉と、松山の主だった観光地は伊予鉄道だけでまかなえる。郊外から通勤・通学する人には横河原線や郡中線が仕事をしてくれるし、とにかく松山の交通事情は伊予鉄道によって支えられているといっていい。

四国初、そして軽便鉄道としては全国初の伊予鉄道

1888(明治21)年に伊予鉄道が開業した時点で、わが国には私鉄は他にふたつしか存在していなかった。ひとつは日本鉄道、もうひとつは阪堺鉄道だ。

日本鉄道は国有化されて現在の東北本線や高崎線、山手線などになっている。阪堺鉄道はいくつかの変遷を経たのちに南海電鉄としていまも私鉄のままだが、創業時から名称も経営体制も変えている。つまり条件付きではあるものの、伊予鉄道は開業時から名前の変わっていない、日本で最も古い私鉄ということができる。

そして伊予鉄道、初めてなのはそれだけではなく、四国では初の鉄道、さらに軽便鉄道としても最初の例と、まさに初めて尽くしの鉄道であった。

伊予鉄道の創業者は小林信近という。松山藩士の家に生まれ、明治以降いくつかの事業を興した実業家だ。この小林が明治のはじめに官林の払い下げを受けてヒノキ材を大阪方面に運ぼうとしたとき、松山市街から積み出し港の三津浜までの運搬費が三津浜から大阪までの船賃よりもはるかに高かったのだとか。そこで近代的な交通機関の導入の必要性を強く感じたのが、伊予鉄道のはじまりであった。

小林は海外の鉄道事情も深く研究し、地方都市の実情に見合った方式を模索。そ

三津浜の港町。いまでも柳井などへのフェリーが発着する。ここが松山の最初の外港だった

高浜線終点の高浜駅。駅前からも離島航路が出ており、バス連絡の松山観光港からは広島へ

の結果、軌間が762㎜の軽便鉄道を採用することを決定した。

軌間762㎜の規格はその後のわが国の軽便鉄道の標準規格になっていくのだが、小林が計画した時点ではまったく未知のもの。鉄道局に敷設の許可を求めても最初は相手にもしてもらえなかった。それでも小林は諦めず、鉄道局長の井上勝に直接陳情するなどし、ようやく認可を得ることができたという。最初の開業区間は、松山（現・松山市）～三津浜間であった。

この当時、松山の外港は三津浜だった。江戸時代に松山藩が長崎の出島を模して整備した港町で、瀬戸内海運の拠点のひとつにもなっていた。しかし、遠浅で西風が強く、帆船時代ならともかく蒸気船の時代には適していなかった。『坊っちゃん』の中でも汽船から陸まで艀《はしけ》を利用したことが書かれているが、そういう手間を要していたのだ。

そこで、三津浜の少し北の高浜を新たに近代的港湾として整備する計画が浮上する。このときに高浜港と三津浜港を巡っていくらか抗争が生じるなどのトラブルもあったようだが、時代の趨勢は近代港湾。高浜港の整備とそれに合わせた連絡設備として伊予鉄道の高浜延伸も進められ、1892（明治25）年に高浜駅まで開通する。そして1906（明治39）年に高浜港が完成し、伊予鉄道は航路連絡としての機能を本格的に有するようになったのである。

ちなみに、高浜線の梅津寺《ばいしんじ》駅の少し南の高台に、松山出身の軍人・秋山好古《よしふる》・真《さね》之《ゆき》兄弟の像が建っている。高台から海を見つめるその真下には高浜線の線路が走る。ただし、秋山兄弟が松山を出たときにはまだ伊予鉄道は開業していなかった。人力車などで三津浜港に向かい、艀を利用して船に乗り換えたのだろう。後年、ふるさとへの里帰りで高浜港から伊予鉄道に乗り、郷土の発展ぶりに驚いたのかも知れない。高浜港は秋山兄弟が活躍した日露戦争での兵員輸送でも活躍した。また、松山

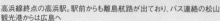

梅津寺駅近くの高台から海を見つめる秋山兄弟の像。彼らは伊予鉄道開業前にふるさとを発った

JR松山駅。沖縄を除く都道府県の中で、松山が国鉄駅の到達が最遅い県庁所在地だった

には国内初の捕虜収容所が設けられ、ロシア兵捕虜も多く高浜港から移送されている。もとより四国は鉄道の到達が遅れに遅れていた。単に中央から離れていたという理由もあったが、四国の各都市がそれぞれ航路によって本州と結ばれていたことが大きい。中央部の山岳地帯を越えての四国諸都市間連絡よりも、中央に近づく航路のほうが重視されていたというわけだ。

その点、航路連絡と都市内交通を両立した伊予鉄道はまさしく四国らしさが詰まった鉄道であろう。いまも、伊予鉄道高浜線に乗って終点の高浜駅に向かえば、バスに乗り継いで松山観光港に連絡、そのまま広島への船に乗ることができる。小林信近が実現させた構想は、100年以上経っても変わらずに機能し続けている。

いっぽう、官設鉄道が松山にやってきたのは1927（昭和2）年とかなり遅い。1897（明治30）年には四国鉄道が多度津～松山間の免許を取得したものの、着工することなく会社が解散。ちょうど鉄道国有化の動きもあって、1912（大正元）年以降国によって建設されることになった。川之江・西条・今治と延伸し、ようやく昭和に入って松山に達したのである。沖縄を除くすべての都道府県の中で、もっとも遅い〝国鉄〟の到達であった。

このとき、それまで松山駅を名乗っていた伊予鉄道のターミナルは松山市駅に改めている。国が営む鉄道がやってくるのだからそちらに譲れ、というわけだ。これだけ見ると、40年近くも前から孤軍奮闘、松山の交通を担い続けてきた伊予鉄道に対する国のいじわるのように感じられる。

が、本質的にいえば国鉄の役割は広域輸送で、伊予鉄道は都市内輸送。他の都市から国鉄に乗ってやってくる人たちにとっては「松山駅」のほうがわかりやすいのだからしかたがないのだろう。実態としては松山市駅はいまでも四国では最多、JRの各駅よりもお客が多いターミナル。名より実のほうが大事なのである。

#10

秋葉原

カルチャータウン・アキバのはじまりは貨物駅

DATA

1890年	秋葉原駅が貨物駅として開業
1925年	旅客営業開始
1932年	総武本線が乗り入れ、三層構造の高架駅に
1951年	アキハバラデパート開業
1975年	貨物営業廃止

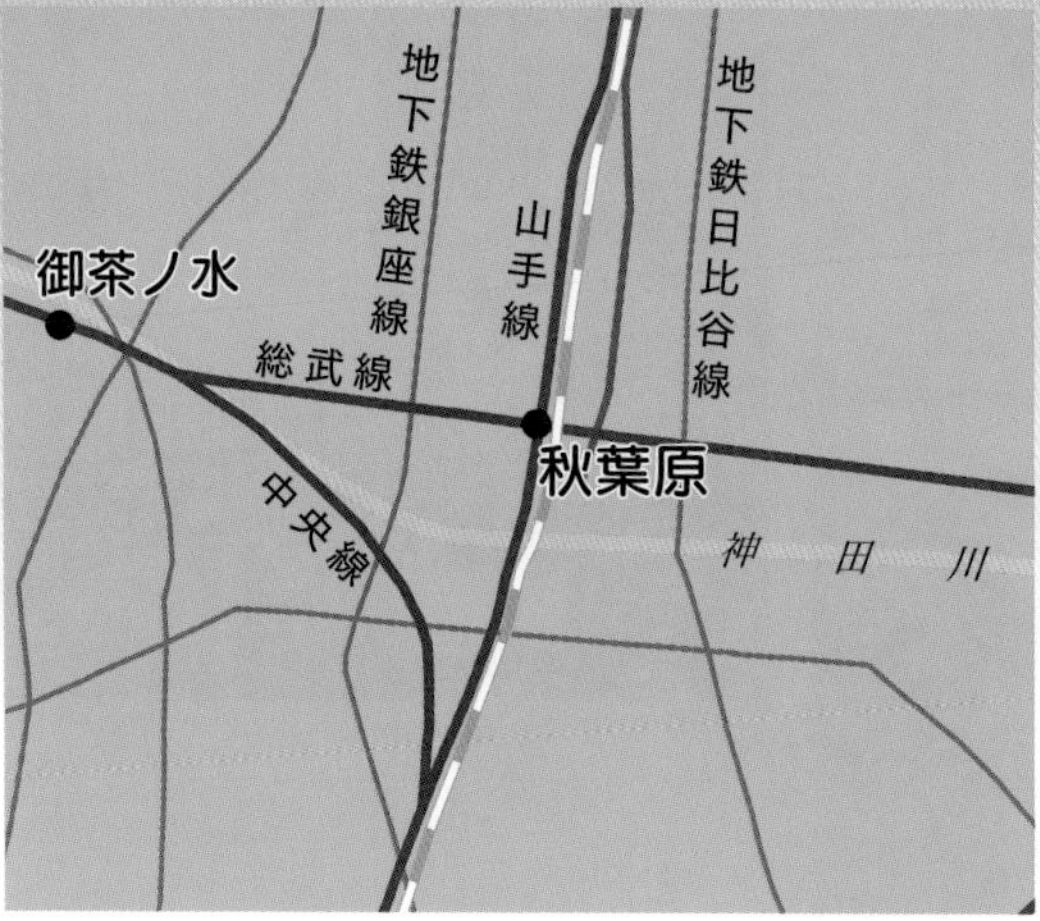

いまの秋葉原はいったいどんな町なのか

秋葉原とはどんな町なのか、と聞かれてひとことで明快な答えを出せる人はいないのではないか。

電気街、などといってもいまさらムリがある。人口に膾炙しているのは〝オタクの町〟なのかもしれないが、実態としてはそうした個性は少しずつ薄れてきている。遠い昔には青果市場、ちょっと前にはバスケのコートがあった駅前の一角は秋葉原UDXというオフィスビルが建ち、IT関係企業の集まるオフィス街としての個性も強めつつある。

アキバがオタクの町だった時代の全盛期は、『電車男』が大ヒットした2004（平成16）年、AKB48劇場がオープンした2005（平成17）年ぐらいだろうか。メイド喫茶なども続々と出店し、それがかえってクールジャパンだとかなんだとか、海外からも注目を集めるようになり、気がつけば世界的に知られる〝日本らしい〟観光地になってしまった。

日本人でも地方に暮らしている人が観光で東京に出てくると、「アキバ行きたい」などと言うものだから、もうひとことで秋葉原の特質をまとめるならば、観光地といって差し支えないのではないかとすら思っている。

ただ、もちろん従来から秋葉原が紡いできた歴史が消え去ったわけではない。

アキバの町を歩けばすぐにわかるが、あちこちにいかにも専門的な電気関係を扱う小さな店があるし、アニメやアイドル、ゲーム関連のマニアックな店もひしめく。メイド喫茶（最近はコンセプトカフェと言うらしい）をアキバ文化の筆頭格とするならば、もちろんそれとて健在だ。

また、秋葉原駅の西側に通じる出入り口はいまも「電気街口」という。

いまの秋葉原駅前は、あらゆるカルチャーの集う町の印象だ

開業間もない貨物駅時代の秋葉原駅。船溜まりを写したものだと思われる（『日本国有鉄道百年史』）

電気街口というといかにも電気製品、一般には家電製品なんかを売っている店が多そうなイメージがある。が、実際にアキバで家電製品を買おうとするなら中央改札を出た先にあるヨドバシカメラがいちばん便利であり、電気街口という名称はかえって不親切ともいえる。

ところが、それに文句をつけるひとは聞いたことがない。いまでも秋葉原の町は電気街であったことがベースにあると、多くのひとに認識されているのだろう。

とりとめもなくなってしまったが、こういうわけで秋葉原は根底において電気街であり、そこから時代に合わせてパソコン、アニメ、ゲーム、アイドルなどなどあらゆる新時代のカルチャーを取り入れて発展してきた町なのだろう。

そうなれば、次に気になってくるのはなぜ秋葉原はそういった独特な空気をまとうカルチャータウンになったのか、である。その答えを、秋葉原駅の歴史とともに探ってみよう。

秋葉原駅が開業したのは1890（明治23）年のことである。上野〜熊谷間などを営業していた日本鉄道が、上野から南に向けて延伸して貨物専用の駅として開業した。かつての寺院境内地を利用した細長い上野駅の敷地では、増大する貨物の扱いが困難を極め、神田川のほとりの秋葉原に貨物駅を設けることで舟運との連結をはかったものだ。

最初期の鉄道は同じ駅で旅客も貨物もまとめて取り扱っていた。新宿駅も渋谷駅も東京駅も大阪駅も、いまでは旅客専用の駅であるが、最初は貨物扱いのスペースが設けられていた。ただ、ほとんどのケースで同一駅での扱いが難しくなり、別の場所に貨物専用の駅が設けられるようになる。その先駆けが、秋葉原駅だった。秋葉原は、日本で初めての貨物専用駅なのだ。

ところが、この上野〜秋葉原間の貨物線延伸にあたって、日本鉄道や政府当局は

1947（昭和22）年の秋葉原駅付近の航空写真。東側に貨物スペースがあるのがわかる（国土地理院）

貨物駅の痕跡は残っていないが、ヨドバシカメラ前の道のカーブがわずかな名残

沿線住民の猛反対を受けている。というのも、上野～秋葉原間は日本が初めて経験する、住宅密集地への鉄道建設だったのだ。

秋葉原一帯は、明治の初めまで外神田と呼ばれていた。神田川の右岸（南側）の町が繰り返される大火のたびに左岸（北側）に用地をあてがわれて移転してゆき、町人や下級武士が暮らす町が形成された。江戸城から見て、従来の神田地区から神田川を挟んだ外側だから外神田、というわけだ。

明治に入ると、１８６９（明治２）年の大火を受け、その対策として外神田に火除地が設けられる。当時、火除けの神様として信仰を集めていたのは秋葉権現。そこで火除地の鎮火神社にも秋葉権現が祀られると思った町の人々が「秋葉の原」などと呼ぶようになり、秋葉原の地名が定着したという。世界のアキバ、その名が生まれたのは意外と最近のことなのだ。

日本で初の貨物専用駅として開業した秋葉原駅

ともあれ、日本鉄道が秋葉原に延伸しようとしたとき、すでにアキバの町は住宅がぎっしりと建っていた。さらに高架でも地下でもなく、地上を通す鉄道として計画したので地元の人たちは「往来が妨げられる」と強く反発したのだ。開かずの踏切などという概念がある時代ではもちろんないが、地上に鉄道を通すことで町が分断される問題は、鉄道黎明期からいまに至るまで大きな課題のひとつである。

結局、沿線住民の反対は顧みられることなく、線路が敷かれて秋葉原駅も開業。ただし、このときに新橋まで延伸する際には高架に改めることが条件になっていたようだ。

かくして貨物専用の秋葉原駅が開業し、１８９３（明治26）年に神田川に通じる

総武本線乗り入れで三層構造になった秋葉原駅には、国鉄駅で初めてのエスカレーターが導入された（『日本国有鉄道百年史』）

マニアックな電気街だった時代の名残が、いまも総武線のガード脇に残る

運河と船溜まりが開設されると、秋葉原は単なる町人の町から物資の一大集積地へと変貌する。東北方面の貨物が鉄道で秋葉原まで運ばれて、そこからは運河を通じて神田川の舟運へ。当時の船溜まりはヨドバシカメラの位置にあり、そこからいまの昭和通り口前から秋葉原公園あたりを運河が流れ、書泉ブックタワーの裏で神田川に注いでいた。

そして秋葉原は物資の集積地だけにとどまらず、旅客も含めた鉄道ネットワークの拠点として発展をみる。といっても、秋葉原が旅客営業を開始したのは、１９２５（大正14）年に山手線が環状運転を開始したのと同じタイミング。そのときにはまだ総武本線の起点は隅田川の東の両国駅にとどまっていたので、乗り入れたのは山手線・京浜線の電車だけであった。

旅客の扱いがはじまってまもない昭和のはじめには、ようやく地上から高架に上がり、次いで１９３２（昭和７）年には総武本線が両国から御茶ノ水に延伸、交差地点になった秋葉原には山手線高架線のさらに上を跨ぐ高架線で乗り入れた。十字を描く立体高架駅は当時にしてはかなり珍しかったようで、〝空中省電〟として観光名所になっていた。

なお、この間の１９２８（昭和３）年には、神田須田町にあった青果市場が秋葉原駅前に移転している。昭和に入った頃には、秋葉原は人も貨物も四方からやってくる大ターミナルと化していたのである。

そして戦争の時代を経て、戦後の秋葉原はヤミ市で復興する。東北・房総・多摩と、各方面に鉄道が通じていたからヤミ市が形成されるには絶好の場所だった。さらに当時近くにあった電気工業専門学校（現・東京電機大学）の学生たちにラジオ部品を売る露天も現れた。ヤミ市は１９５１（昭和26）年にＧＨＱの命令で秋葉原駅高架下のマーケットに集約され、電気街へとつながってゆく。

電気街口を出ると目の前には新しいアキバの象徴・UDX。かつては青果市場だった

ザ・アキハバラ。中央通り沿いにはアニメ・ゲーム・PC系のショップが連なる

交通結節点であり、物資も人も集まりやすいという戦前からの特質が戦後にヤミ市による復興をもたらし、そこからたまさか電機部品の商売が発展し、電気街・アキバが形成されたのである。その背景に、日本で最初の貨物専用駅として誕生した秋葉原貨物駅の存在が大いに影響していたことは疑う余地がないだろう。

最初はかなり専門色が強かった電気街も、経済成長によって家電製品が登場すると普通の人々も秋葉原に買い物にやってくるようになる。これが不便な場所ならともかく、四方から鉄道が乗り入れる結節点なのだから、急激に発展したのもとうぜんといっていい。さらに家電製品がパソコンの時代になればお客のお目当てがパソコンに移り、次いでパソコン通信・インターネットを通じて新たな文化が生まれたらそれもアキバが震源地。そうして形を変えつつ成長を続けてきたのが、いまの秋葉原なのである。

いっぽうで、貨物駅としての秋葉原駅は1975（昭和50）年に廃止されている。貨物駅跡は東北新幹線建設工事用地や留置線として使われたのち、再開発の手がかかって現在はオフィス街とヨドバシカメラ、そして駅前広場に生まれ変わっている。いまや、秋葉原のシンボルはUDXとヨドバシカメラ。それがいずれもほんの数十年前まで貨物駅や青果市場だった場所にあるとは、いまの秋葉原の町の賑わいを見ている限りでは想像もつかない（UDXがバスケットコートだったことをネタにする人も、もういなくなりましたね……）。

各方面から人とモノが集まり、中継点としてまた各方面へと散っていく。秋葉原駅は開業以来そういう役割を宿命づけられてきた。そうした駅を中心とした町は、個性が固定化せずに絶えず時代に合わせて変化する。秋葉原が新しいカルチャーの発信地になったのは、〝人とモノの集積地〟という秋葉原駅の持っていた最大の役割がベースにあるといっていいのではないかと思うのである。

#11 夕張

最初から最後まで、黒いダイヤと命運をともに

DATA

1892年	夕張駅開業
1911年	大夕張鉄道開業
1926年	夕張鉄道開業
1974年	夕張鉄道旅客営業休止
1987年	大夕張鉄道廃止
1990年	夕張の炭鉱がすべて閉山
2019年	石勝線夕張支線廃止

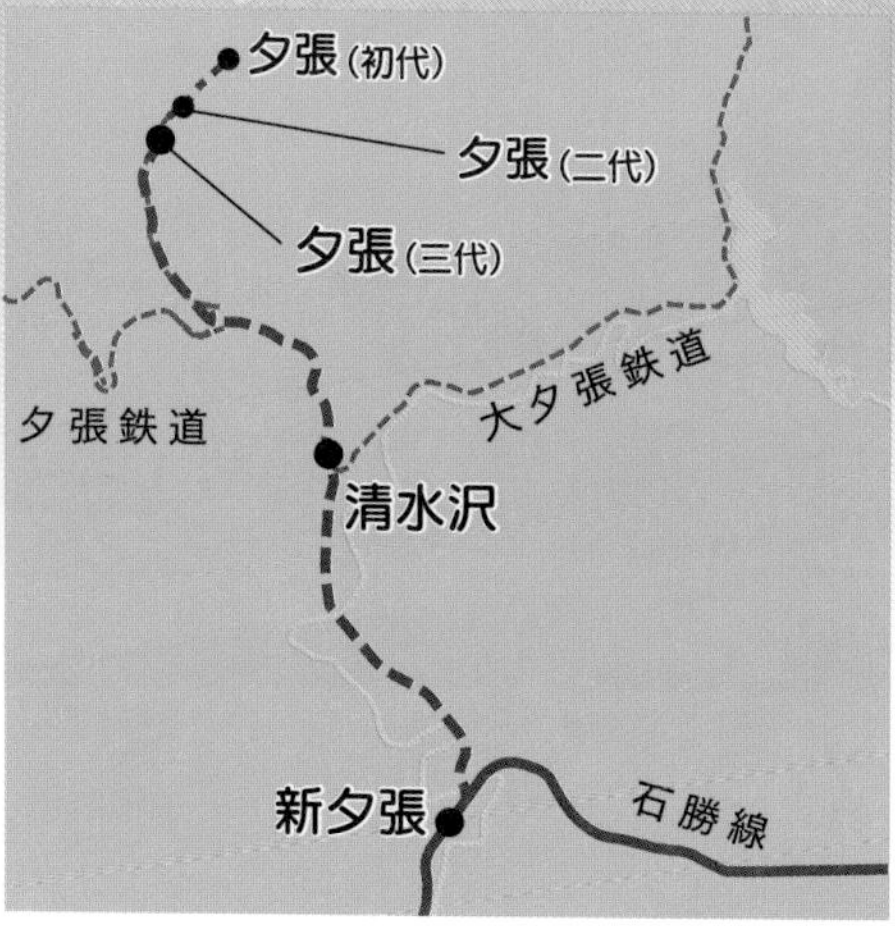

かつての炭鉱の町の真ん中に、さび付いた廃線跡が残る

夕張の町でタクシーに乗った。バスと徒歩でなんとか歩き回ろうと思っていたのだが、たまたま清水沢で空車のタクシーを見つけたので捕まえたのだ。

運転手と話をしていると、「お客さんが重なるときは重なるんですよねえ」などと言う。ふだん夕張でタクシーを利用するお客のほとんどは、病院や薬局への行き来のお年寄りだという。

極端に過疎化が進み、高齢化も著しいこの町では当たり前のことだろう。だいたい地方都市においてタクシーを使うのは、地元の高齢者ばかりだ。ただ、夕張の場合は２０１９（平成31）年に石勝線夕張支線を廃止し、その代わりに便数を大幅に増やしたバスを運行、利便性を高めたはずではなかったか。２０２２（令和４）年7月に発表された、鉄道事業者と地域の協働による地域モビリティの刷新に関する検討会の提言でも、バス転換して利便性が向上した事例のひとつとして取り上げられている。

だが、タクシーの運転手は言う。「お年寄りにしたらバス停まで歩くのも大変ですからね。鉄道からバスになって本数が増えて停留所も増えたといっても、まだまだお年寄りにはちょっとねえ」。

もちろんすべてが悪い方向に向かっているわけではなくて、地元の小学生たちはバスを使って通学しているようだ。夕張から新夕張に向かって帰路のバスに乗ったとき、途中からたくさんの小学生たちが乗ってきた。運転手も「動くときはちゃんと座ってね」と暖かく見守り、乗り合わせた地元のおばさんとも楽しそうにおしゃべりをしている。これが鉄道だったら本数も少ないし駅まで歩かねばならないし、もっと不便だっただろう。

初代夕張駅があったあたり。煙突に書かれた「希望の丘」の言葉にかえってさみしさが際立つ

2020(令和2)年にオープンした拠点複合施設りすた。企業版ふるさと納税などを利用して建設費を捻出した

それに、高校生の使うスクールバスのドライバーはタクシーの運転手が兼業でやっているという。運転手不足はトラックもバスもタクシーも全国的に深刻な課題のひとつだが、兼業することでうまくやりくりをしている。いつまで持つかはわからないが、こういった工夫は過疎の町の公共交通を支える上では不可欠だ。

鉄道の廃止うんぬんのときに決まって引き合いに出される交通弱者。そのうちまだ運転免許を取得できない若い世代はともかくとして、お年寄りの場合はそもそも駅までの交通手段を持たないのだから、最初から議論の埒外に置かれている。鉄道を残そうがバスを走らせようが、それで万事ＯＫになるほど世の中は単純ではない。

ともあれ、いまの夕張の市街地を歩こうと思えば、鉄道はすでになくなっているのでバスかタクシーを使うか、それとも徒歩か、それしか手段がない。タクシーを使ったのは清水沢から夕張駅（の跡）の前あたりまでで、石勝線新夕張駅からはバスを使った。走っているのは1日10往復。1本逃すと1時間待たねばならないので不便なようにも思えるが、鉄道時代は1日5往復なのでだいぶマシになった。

降りたバス停は〝りすた前〟。夕張支線廃止後の交通結節点となることを目指し、２０２０（令和２）年3月に開館した拠点複合施設だ。すぐ脇には夕張支線の廃線跡がそのままに残っており、〝廃踏切〟を渡ると国道４５２号。この道をまっすぐ北に歩いていけば、清水沢の市街地に出る。

夕張の中心市街地は、何度かその場所を移している。本来の夕張という町の成り立ちからいえば、炭鉱にいちばん近い夕張駅からさらにその北にある現在の石炭博物館あたりが原点ということになろう。石炭博物館の駐車場付近に初代の夕張駅が置かれ、それを取り囲むように高台の上には炭鉱住宅が広がっていた。

その初代夕張駅よりも少し南東、夕張市役所付近の〝本町〟と呼ばれる一帯は、行政機能もあわせ持つ中心市街地ということになろう。映画の町として町おこしをし

廃止からまもない三代目夕張駅はまだ駅舎が残る。背後にはマウントレースイ

清水沢駅前の商店街。昭和の雰囲気が色濃く残っているが人通りは少ない

ていた時代の名残として昔ながらの映画の看板も点在し、ご当地グルメのカレーそばの名店・吉野家も本町の一角だ。石炭産業が風前の灯火だった1985（昭和60）年には夕張駅も本町に移転してきている（石炭を運ぶ必要がなくなったので、炭鉱の坑口近くの駅が不要になったのだ）。

　そのすぐ南東側に夕張のリゾート開発のシンボル・マウントレースイスキー場。経営者が何度も入れ替わり、中国資本が入ってからも経営破綻を経験。2021（令和3）年12月からは同じく中国系の夕張リゾートオペレーションによって運営されている。1990（平成2）年にはマウントレースイのすぐ近くに三代目の駅舎ができて、それが廃線までの夕張のターミナルになっていた。

　このように、本来的には夕張炭鉱に近い一帯が夕張市の中心市街地だ。ただ、夕張の場合は夕張川の本支流沿いにいくつもの炭鉱が開発され、それに合わせて炭鉱集落が発達していた。そのうち大きなもののひとつが、シューパロ湖方面にあった三菱大夕張炭鉱。夕張支線の清水沢駅から三菱大夕張鉄道によって結ばれていた。清水沢は夕張支線の中でも夕張駅に次ぐ拠点駅としての機能を持っていたのだ。

1990年を最後に炭鉱が消え、そして鉄道も消えた

　そういうわけで、清水沢にも昔ながらの商店街やスナック街、金融機関などの諸施設が集まる。石炭産業なきいまの夕張において、人口がいちばん多いのは清水沢地区だという。確かに人通りやクルマ通りもそれなりにあるし、旧清水沢駅もいまだに往年の風格を保っていた。

　とはいえ、過疎の町であることも変わらない。清水沢が中心になってきたというのは、より新夕張方面に近い町だから衰退の速度がいくらか遅かったという程度の

この草むらのあたりにもかつては線路が延びていた。奥に見えるのは夕張市役所など本町の町並み

明治終わり頃の夕張駅。広い構内を持っていたことがわかる。ここからまだまだ夕張駅は発展した（『日本国有鉄道百年史』）

ものなのだろう。

清水沢からタクシーに乗って向かったのは本町、夕張市役所のある一帯だ。映画の町としての町おこしも昔日の感があるこの町を抜け、介護施設や薬局の前をさらに進んでいくと、竪坑の跡が見えてきて、炭鉱博物館に着く。石炭輸送のための広大な構内を持っていた初代夕張駅の痕跡はもちろんほとんど残っておらず、むしろ閉山後に観光産業に活路を求めた時代の試行錯誤の産物。三代目夕張駅から歩くと30分近くかかるところ、いまではバスが博物館まで走ってくれているのはありがたいところだ。

夕張駅が開業したのは１８９２（明治25）年のことだ。北海道炭礦鉄道が室蘭線（現・室蘭本線）の支線として追分〜夕張間で開業させた。

１８８８（明治21）年に良質の炭層露頭が発見されたのを皮切りに採炭がはじまり、その石炭の輸送のために鉄道が通ったというのが大まかな流れ。開業直後は１日１往復の列車が追分〜夕張間を２時間30分で結んでいたという。その後、炭鉱の開発が進むにつれて夕張支線の輸送量は飛躍的に増えてゆく。

１９１１（明治44）年に大夕張鉄道、１９２６（大正15）年には夕張鉄道が開業し、それぞれ石炭輸送を担って賑わいは加速した。国内の産炭地の多くは戦後まもないうちから没落がはじまったが、夕張をはじめとする石狩炭田の全盛期はむしろ戦後になってから。エネルギー革命と安価な輸入石炭に押される中で、炭質に優れた夕張などに生産が集中。昭和40年前後には年間の出炭量が３０００万ｔを超えるようになり、人口も10万人を上回る。この頃が、夕張の全盛期だった。

その後の石炭産業の斜陽化の中では北炭（北海道炭礦汽船）夕張炭鉱と三菱大夕張炭鉱だけが残り、新しい技術の導入も進められた。しかし、１９７８（昭和53）年には初代夕張駅の貨物営業が廃止され、運炭路線という役割は縮小されてゆく。

現在も夕張支線の線路は残っている。石炭博物館と合わせて観光に活用できそうな気もするが……

在りし日の夕張支線。「攻めの廃線」として現北海道知事の鈴木直道市長が廃線を受け入れた

北炭夕張炭鉱は1981（昭和56）年に閉山。最後まで残った三菱南夕張炭鉱は1990（平成2）年に閉山し、炭鉱の街としての夕張はここで幕を閉じたのである。もうこのときには夕張の衰退はかなり進んでいた。人口は2万4000人程度にまで落ち込み、三菱南夕張炭鉱の閉山後はさらに多くの人が町を離れた。若者たちは「夕張は好きだけど仕事がないから」「炭鉱で働く父が自慢だったけど、もう出て行くしかない」と夕張を去ったのである。

こうした中で夕張は観光に活路を見いだし、石炭博物館や石炭の歴史館、夕張鹿鳴館などを整備したが、ことごとく失敗に終わった。炭鉱労働者たちの新たな職場を生み出す狙いもあったようだが、結果は過疎化を加速させるだけだったのだ。あげくに夕張市は一般企業でいうところの粉飾決算までに手を出して、2007（平成19）年に財政再建団体となった。2022（令和4）年の夕張市の人口は7000人前後だ。そうした町の盛衰とともに、石勝線夕張支線も廃止されたのである。

日本各地には、ほかにも炭鉱の町が数え切れないほどある。常磐炭田がスパリゾートハワイアンズを中心とした観光産業に転換して成功したり、筑豊の飯塚などは教育機関の誘致や情報産業都市化によっていまでも福岡県内第4位の人口を誇る。

しかし、夕張市やほかの夕張山地の炭鉱の町は、どこも際だって衰退している。北海道の炭鉱の町は、共通して〝炭鉱が見つかり、輸送のための鉄道が通り、開発が進んで人口が増えて発展〟という経緯を辿ってきた。ほかの炭鉱の町とは違い、石炭がなければ生まれ得なかった町と言うこともできる。石炭産業で栄え、その衰退と歩調を合わせて過疎が進んだ夕張山地の炭鉱街、というわけだ。

これを役割を終えたと切って捨てるのは簡単だが、こうした炭鉱の町が日本の近代化を支えてきたことも忘れてはならない。いま、夕張の町の中で廃線からそのままに打ち捨てられている夕張支線の廃線跡は、そんな栄枯盛衰を静かに訴えている。

#12 碓氷峠

急峻な峠に挑んだ アプト式鉄道の痕跡へ

DATA

1888年	碓氷馬車鉄道開業
1893年	横川～軽井沢間のアプト式鉄道開業
1912年	横川～軽井沢間電化
1963年	横川～軽井沢間の新線開通、アプト式廃止
1997年	北陸新幹線開業、横川～軽井沢間廃止

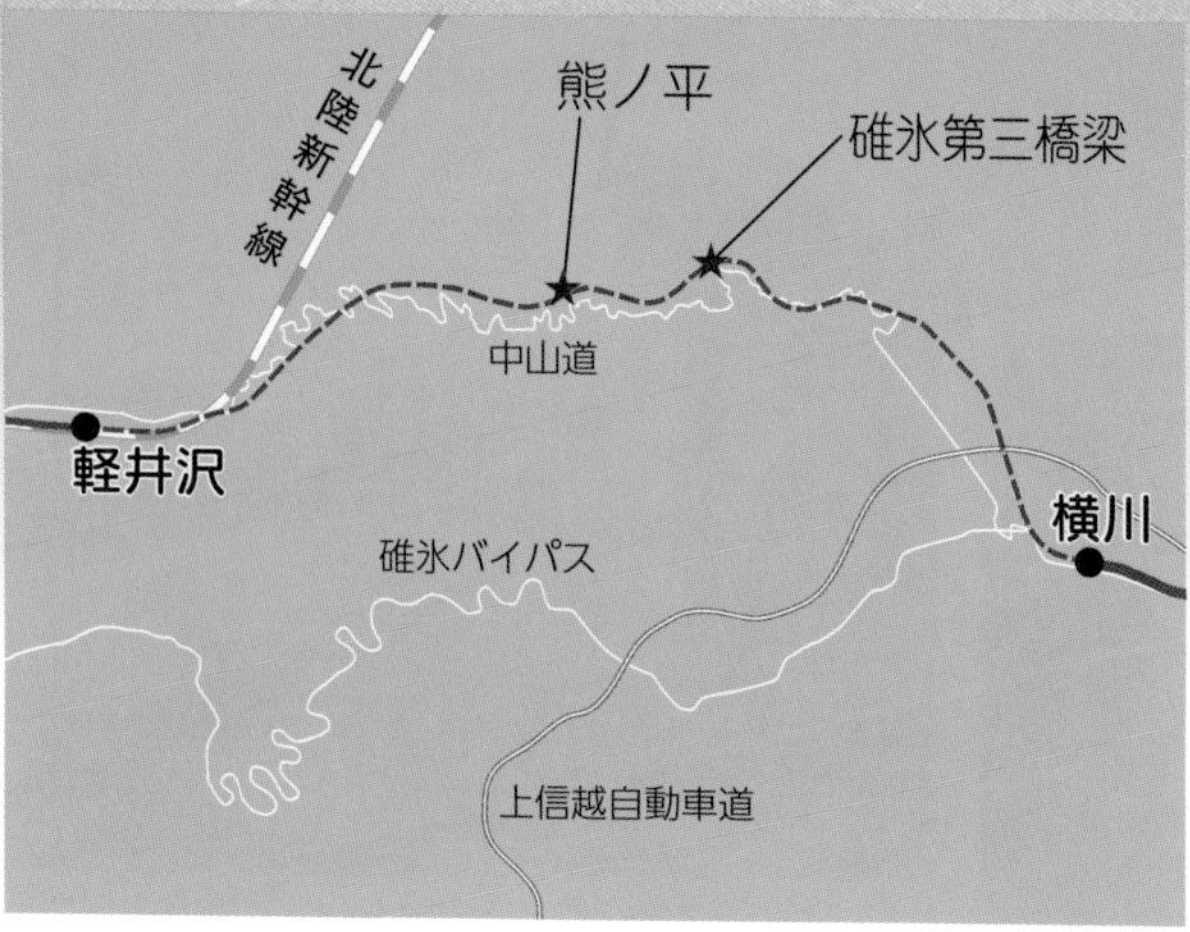

和宮《かずのみや》も通った中山道の峠道、碓氷峠

1872（明治5）年に新橋〜横浜間が開業して以来、わが国の鉄道はとにかくひたむきにネットワークを拡充してきた。改軌論争などで異論が挟まれた時期はあったにせよ、まずは全国津々浦々まで鉄道の恩恵を行き渡らせようと、国を挙げて取り組んできたわけだ。

結局、それが叶うか叶わぬかという時期にモータリゼーションが押し寄せてきたのは間が悪かったが、それでも近代日本がひたすら鉄道ネットワークを広げることに執心してきたことは事実である。

さて、そんな鉄道ネットワークを拡充していくにあたって、日本は地理的にかなり不利な条件を抱えていた。国土が狭いのだから鉄道がいちばんちょうどいい、などというのは現代人の発想で、明治人にとっては途方もなく高い壁として立ちはだっていたことだろう。そう、日本の国土は山だらけ、なのである。

ところが、鉄道はとにかく勾配に弱い。平たくいえば坂道が苦手だ。鉄のレールと車輪同士の摩擦で進んでいくという鉄道の原理は、平坦地であれば実に効率がいいが、坂道にはめっぽう手こずることになる。その点だけをみると山だらけの日本の国土は、鉄道との相性があまりよろしくない。つまり、日本の鉄道の歴史は峠越えを克服する歴史だったといっていい。そしてその峠越えの最たるものが、碓《うす》氷《い》峠《とうげ》であった。

碓氷峠は上州と信州の国境、いまでいう群馬県と長野県の県境にある峠だ。上州側のふもとの横川付近の標高はおよそ500m。そこから約8kmで450mも登って信州の軽井沢に出ると、そこからは平坦地という片峠になっている。つまり信州から上州へ出てくるならまだ楽だが、逆はあまりにも険しい山道を越えねばならぬ

横川駅の近くに碓氷関所の跡が残る。中山道の往来を厳しく監視した関所だ

峠越えの手前には坂本宿があった。いまも坂本宿の町並みは国道18号旧道沿いに残っている

というわけだ。

むろん、いまは何も考えずにあっけなく碓氷峠を越えることができる。

ひとつは北陸新幹線。1997（平成9）年に開通した整備新幹線第1号は、碓氷峠のだいぶ北側をあっというまにトンネルで抜けてしまう。途中駅をすっ飛ばす「かがやき」にでも乗っていたら、峠越えなど意識する間もないだろう。

もうひとつは上信越自動車道だ。こちらは碓氷峠の南側を迂回する高速道路で、峠越え区間は1993（平成5）年に開通している。クルマに乗れば、峠越えなど屁でもない。

ただ、新幹線も高速道路もない時代はそうはいかなかった。時計の針をぐんと巻き戻してみよう。

碓氷峠の名は万葉集にも登場しており、古くは東山道が碓氷峠を越えていた。時代が下るとそれがおおよそそのまま中山道に置き換わり、江戸時代には東海道と並ぶ東西連絡の大幹線になっている。

その時代の中山道は、国道18号よりも北側の狭隘な道として今も残る。歩いたことはないが、聞いたところによると、気軽な街道てくてく旅気分ではとても歩けない峻険な山道だとか。ただ、昔の日本人は健脚揃いだったので、参勤交代の大名行列で中山道は盛んに利用されたようだ。

同じく東西を結んでいた東海道は、中山道ほど急な山道は少ないものの、大井の渡しなど別の意味での困難があった。そのため、あえて中山道を選ぶ大名も多かったようだ。いまでも東名高速ではなく中央道を選ぶ人がいるのとよく似ている。

実際に、幕末には和宮降嫁の際に中山道で京から江戸に下った。その折、碓氷峠の山道はあまりにも峻険だったため、一部分でいくらか平坦な道を新たに開いている。また、明治のはじめには明治天皇もこの中山道を歩いたという。このあたりから、

ちょっと寄り道

碓氷峠はマラソン発祥の地？

現代人の貧弱な脚力ではおよそ考えられない険しい旧中山道。江戸時代の人々でも相当な苦労があったのだろうと思ってしまうが、そうとも言えないようだ。

1855（安政2）年、当地を治める安中藩が藩士の鍛錬目的で安中城から中山道を走って碓氷峠へ駆けのぼり、熊野権現神社をゴールとして競走させている。走った距離は約30㎞、しかし標高差は1000m以上に及んだという。参加した安中藩士たち、現代人からみれば驚異的な脚力の持ち主ばかりといえるだろう。

この競走は安政遠足と呼ばれ、映画化もされるなど知る人ぞ知るエピソード。これにちなんで安中市内には「日本マラソン発祥の地」の碑が建っている。

横川駅は1885（明治18）年に開業。碓氷線が開通すると補助機関車の連結などの必要性から鉄道の町として栄えていった

中山道はその険しさに反して極めて重要な街道であったことがわかる。

明治に入ると、さすがに旧中山道ではどうにもならぬということになり、１８８３（明治16）年に中山道の新道、国道18号が整備される。この道も１９７１（昭和46）年に碓氷バイパスが開通してからは旧道に。１８４か所のヘアピンカーブで峠を越える旧道は、マンガ『頭文字Ｄ』にも盛んに登場したように〝走り屋〟たちに人気のスポット。いまでもドライブはもとよりツーリングなどでも多くの人が訪れている。

そしてそこに鉄道が通ったのは、１８９３（明治26）年。〝碓氷線〟とも呼ばれた信越本線横川〜軽井沢間である。

アプトの道を歩いて感じる先人たちの峠との戦い

中山道に沿った信越本線横川〜軽井沢間は、ルーツを辿ると鉄道黎明期に東西幹線として検討された経路の一部にあたる。

１８６９（明治2）年、明治政府は幹線鉄道の建設を廟議で決定した。その時点では東西幹線をどのようなルートにするかは未定だったが、東海道ルートは海運で代替できることや大井川や箱根などの難所があることから、中山道ルートが採用されることになる。碓氷峠があるのになんで、と思うのが現代人の素直な反応かもしれない。けれど、先にも述べた通り中山道は大名行列でも盛んに使われていた、東海道以上に平易とされる道筋だった。だから、当時の人たちの判断では中山道ルートが選ばれるのもムリはない。

結局西南戦争などによる財政窮乏もあって、東西幹線の建設は遅れてしまう。その一部として１８８３（明治16）年に上野〜熊谷間が開通するが、これは私鉄の日

横川駅前の排水溝にはかつてのラックレールが使われていた

碓氷第三橋梁、アプト式の線路を走る蒸気機関車（日本国有鉄道百年史）

本鉄道によるものだ。その後日本鉄道線は高崎まで延伸し、1885（明治18）年には国の手で高崎～横川間も開業する。さて、あとは碓氷峠を越えるだけ……。

ところが、碓氷峠は鉄道にとって想像を超えた難所であった。さらに、仮に碓氷峠を越えたとしてもそこから先も木曽路の難所が続く。ただでさえ坂道が苦手な鉄道が、技術的に未熟な時代に実現できるほど甘い道のりではなかったのだ。

そこで東西幹線のルートは東海道経由に変更される。1886（明治19）年のことであった。

しかし、せっかく横川まで到達したのにそのままではもったいない。そこで1888（明治21）年には、碓氷馬車鉄道という軌道が国道18号旧道に沿って開業している。同年には信州側で軽井沢～上田間も開通していて、曲がりなりにも碓氷峠が鉄道によって結ばれたのである。

馬に動力を頼っていてはあまりにも貧弱だ。ただ、蒸気機関車を使った一般的な鉄道ではとうてい歯が立たないのだから仕方なし、といったところだろうか。

それでも、中山道ルートは放棄されたとはいえ、首都圏と信州・越後方面の連絡のためには碓氷峠はいつかは越えねばならぬ峠であった。そこで採用されたのが、アプト式。簡単にいえば、2本のレールの間に敷設したラックレールと車両側に設置した歯車をかみ合わせて、急坂を滑り落ちないように走って行くという方法だ。

このアプト式の採用によって、1893（明治26）年に信越本線横川～軽井沢間が開業する。最急勾配は66・7‰であった。

アプト式の峠越えは、途中電化を経て戦後の1963（昭和38）年まで50年にわたって使われている。電化前は約80分、電化後は約40分。お客にすれば歩くことなく乗っているだけで難所を越えてくれるのだからありがたいが、それでもボトルネックであることは変わらない。

アプトの道として整備されているのは熊平まで。ここから軽井沢方面は封鎖されている

めがね橋が注目されるが、トンネルが連続するのもアプト式区間の特徴。蒸気時代は煤煙に苦しめられたという

そこで1963（昭和38）年に北側に新線が建設され、アプト式を使わずに峠を越えることができるようになった。所要時間は約半分に短縮。それでも電車や機関車単独では勝負にならず、横川・軽井沢両駅で補助機関車を連結する必要があった。

ちなみに、横川というとあの有名な駅弁「峠の釜めし」だが、発売されたのは1958（昭和33）年のこと。補助機関車の連結に要する停車時間を利用して販売され、またたくまに人気になったという。

ともあれ、新線開通によって廃止されたアプト式の廃線跡は、いまは「アプトの道」として整備されて横川から途中の熊ノ平《くまのだいら》まで歩くことができる。途中には碓氷峠のシンボルにもなっている碓氷第三橋梁（めがね橋）。熊ノ平駅跡や丸山変電所などを含めて国の重要文化財にもなっていて、そこを歩くことができるのだからなかなかに楽しい。

それに鉄道にとっては急坂でも歩く分には緩やかな坂道にすぎないので、意外と楽ちんだ。横川駅前から熊ノ平まで行って戻って約3時間。途中、いくつもトンネルを抜け、「熊出没注意」などという看板におびえ、めがね橋ではたもとに下って記念撮影。ツーリング途中のバイカーたちも足を止めて橋を見上げて写真を撮っている。惜しむらくはこの間に公共交通がバスを含めてほとんどないので、一度進めば必ず歩いて戻らねばならないことだろうか。

碓氷峠を越えたアプト式の鉄路は新線建設によって廃され、さらにその新線も1997（平成9）年の北陸新幹線開通で用済みとなった。

しかし、これらの廃線はいずれも碓氷峠をいかにして越えるかという難題に立ち向かった先人たちの残した貴重な遺産だ。新幹線や高速道路もいいけれど、たまにはこの峠道に立ち寄って、先人たちの苦労をしのんでみるのも悪くない。だいぶ歩かされることになるが、それでも江戸時代の峠越えと比べたらたやすいものである。

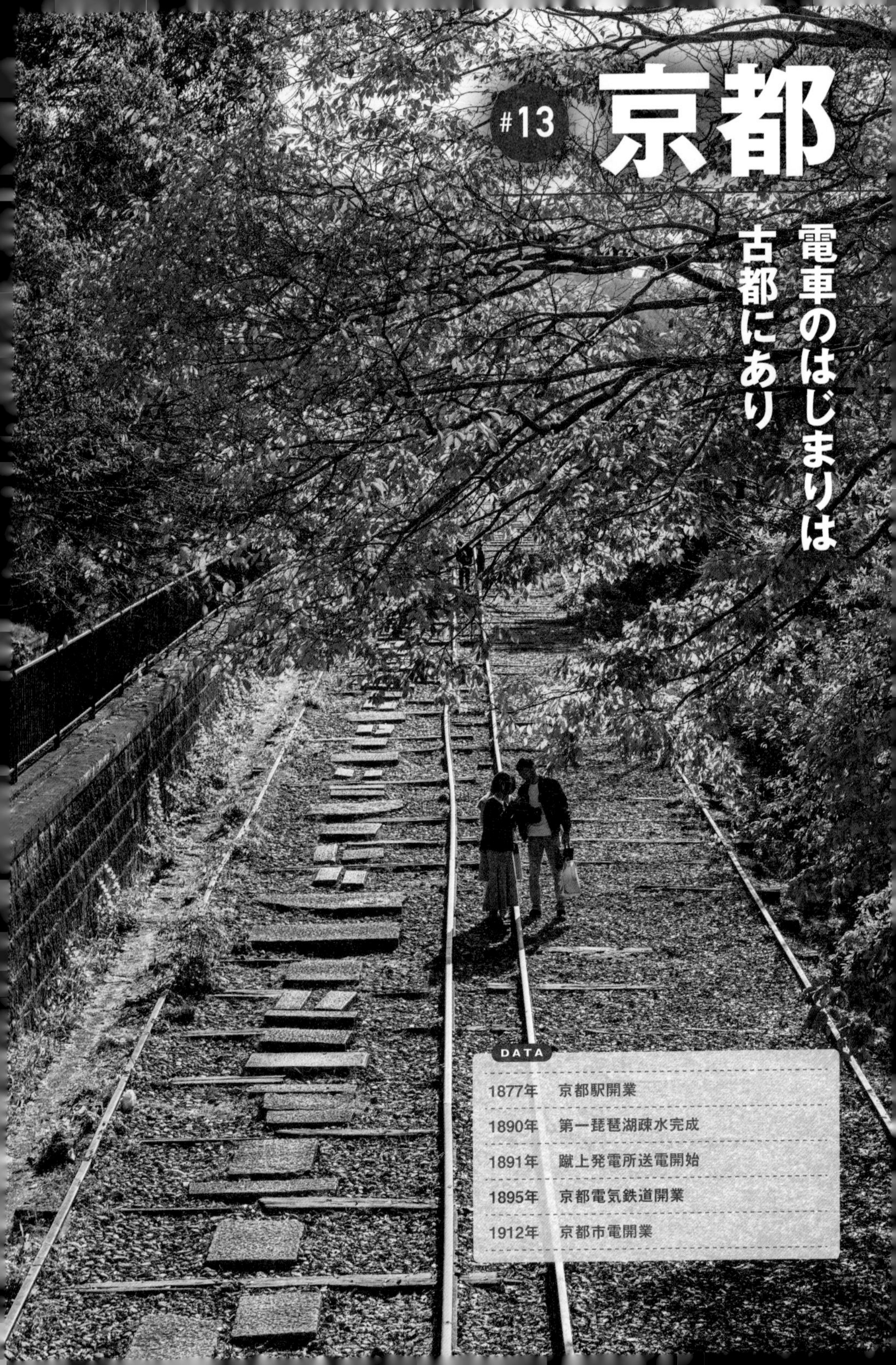

#13 京都

電車のはじまりは古都にあり

DATA

1877年	京都駅開業
1890年	第一琵琶湖疎水完成
1891年	蹴上発電所送電開始
1895年	京都電気鉄道開業
1912年	京都市電開業

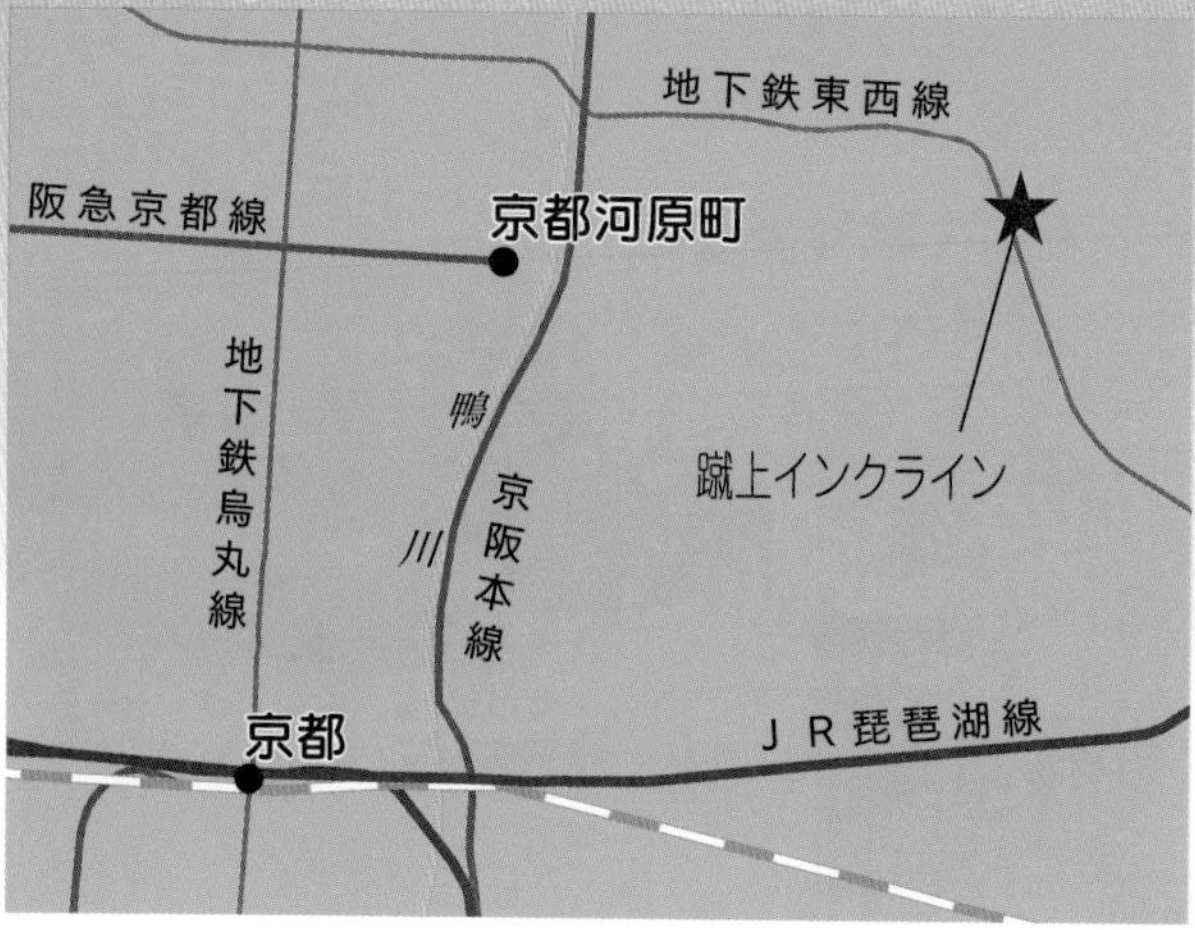

鉄道は発明から半世紀、電車はすぐに日本伝来

日本に鉄道が伝わってきたとき、蒸気機関を動力とするその方式はほとんど完成されていた。もう１８２０年代には実用化が始まっていたわけで、世界中に鉄道が波及したのちに諸外国が日本に訪れて開国に至り、１８６９（明治２）年の鉄道敷設決定、１８７２（明治５）年の新橋～横浜間の開業へと歴史は続く。イギリスではじめて営業用の鉄道が走ってから、半世紀近くが経っていたのである。

ところが、電車となると話は少々変わってくる。

はじめての電車運転は、１８７９年にドイツのベリルン工業博覧会でジーメンス（シーメンスの創業者）が行ったもので、そのときは電気機関車だったという。そして2年後の１８８1年に、ベルリンで路面電車が営業運転を開始する。

電車を走らせるにはもちろん電気が必要だが、当時の技術力では都市間の広域輸送を担わせることが難しかった。そうした事情もあって、電車は都市内交通、それまでの馬車鉄道などと入れ替わるように路面電車としてスタートしたようだ

次いでフランスやイギリス、アメリカなどに電車は導入されていく。もう日本は海外に開かれていたし、鉄道の開業も終えていたから、電車がやってくるのははやかった。１８９０（明治23）年に東京・上野公園で開かれた第三回内国勧業博覧会で、電車の運転が披露されている。これが日本でのはじめての電車運転。ヨーロッパで実用化されてから間もないうちに技術が導入されたことがわかる。

営業運転への動き出しも早かった。

ベルリンで路面電車が走るようになると、ほどなく日本でも電車運転の計画が見られるようになる。他国と同様に都市部の路面電車が中心で、東京でも馬車鉄道を路面電車に置き換える構想があったようだ。ただ、まだ電車を目にしたことがない

京都駅烏丸口駅前広場のすぐ脇、七条通と東洞院通りの交差点。かつてこのあたりから京都電気鉄道の電車が走っていた

京都電気鉄道開業時の車両。"先走り"の少年が乗っている（『図説鉄道百年の歴史』）

人が多い時代であり、実現には至っていない。

そうした中で、1894（明治27）年に京都電気鉄道が設立され、翌1895（明治28）年2月1日に電車運転を開始した。日本における電車の営業運転は、古都・京都からはじまったのである。

日本ではじめての電車は京都電気鉄道伏見線。京都駅前の七条停車場から南に下って、伏見町油掛通《あぶらかけどおり》まで6・7kmを結んでいた。いまの鉄道の駅でいえば、京都駅から京阪電車の伏見桃山駅付近とでも言い換えればわかりやすいだろうか。

次いで4月1日には、七条停車場から五条を経て高瀬川、鴨川二条、そして岡崎方面へと結ぶ木屋町線も開通している。

官設鉄道の京都駅が開業したのは1877（明治10）年のことで、1879（明治12）年には西へ延伸していたが、それ以外の鉄道はまだ京都にやってきていない。奈良鉄道（現在の奈良線）が路面電車と同じ1895（明治28）年に京都〜伏見間で開業したが、それは9月のことなので、京都電気鉄道よりも半年以上遅れている。京都電気鉄道の開業は、日本で初めての電車であり、都市内交通であり、京都市内においてもふたつめの鉄道路線という、極めて大きな意味を持っていたのである。

しかし、どうして京都という町がはじめて電車運転が行われた町になったのだろうか。いくら1000年以上の歴史を持つ古都とはいえ、すでに天皇は東京に移っていた。普通に考えれば、記念すべき初の電車運転は東京で、となってもおかしくなかったのではないか。

身も蓋もないことをいえば、単純に実行可能性の高い計画を持って特許を申請したかどうかが決め手になったわけで、それが京都電気鉄道だったに過ぎない。わざわざ誰かが「京都をはじめて電車が走る町にしよう」などと決めたわけではないから、たまたまという以上の直接的な理由はないといっていい。

現在も建物が残る蹴上発電所。写真の建物は1912（明治45）年のもので、現在は稼働していないものの、1936（昭和11）年建設の第三期発電所は現役だ

明治時代の琵琶湖疏水インクライン。京都電気鉄道が走り始めた時期の写真（国立国会図書館デジタルコレクション）

ただ、それで終わっては何にもならないので、もう少しその時代の京都の事情を深掘りしてみることにしよう。

京都は長らく天皇の住まう都であり、電車開業のほんの30年ほど前には尊皇の志士やら新撰組やらが入り交じって大騒ぎを繰り広げていた。坂本龍馬が暗殺された寺田屋事件は１８６７（慶応３）年のことだ。

しかし、明治に入って天皇が東京に移ると、とたんに衰退がはじまってしまう。それまで35万人ほどだった人口はなんと10万人も減って25万人に落ち込み、目立った産業にも乏しく、このままではまったく衰退してしまうという窮地に立たされた。

そこで、京都市ではいくつかの大事業を手がけて新たな産業を興すことを決意した。その基礎となったのが、琵琶湖疏水の開発だった。

琵琶湖疏水の水力発電がもたらした「日本初の電車」

琵琶湖疏水は端的にいえば琵琶湖から京都までの水路のことで、田辺朔朗《たなべさくろう》の設計・指揮の下で１８８５（明治18）年に着工、１８９０（明治23）年に第一琵琶湖疏水が完成した。目的は舟運や上下水道・灌漑用水の整備などがあったが、建設途中に水力発電が加わり、１８９１（明治24）年に蹴上《けあげ》発電所が完成して送電を開始している。これは日本で初めての一般営業用水力発電所であり、京都市内はいち早く電気に恵まれた町になった。

そしてこの豊富な電力の利用方法として、電車運転という発想に至ったのである。折しも１８９５（明治28）年には京都市内の岡崎で第四回内国勧業博覧会が予定されていた。そこで、京都電気鉄道は博覧会の会場へとお客を運ぶという実用性と最新技術のお披露目を兼ねて、博覧会に合わせて電車を開業させたのだ。２００５（平

京都駅の西、大宮通の跨線橋を渡る京都市バス。跨線橋には市電時代の架線柱が残る

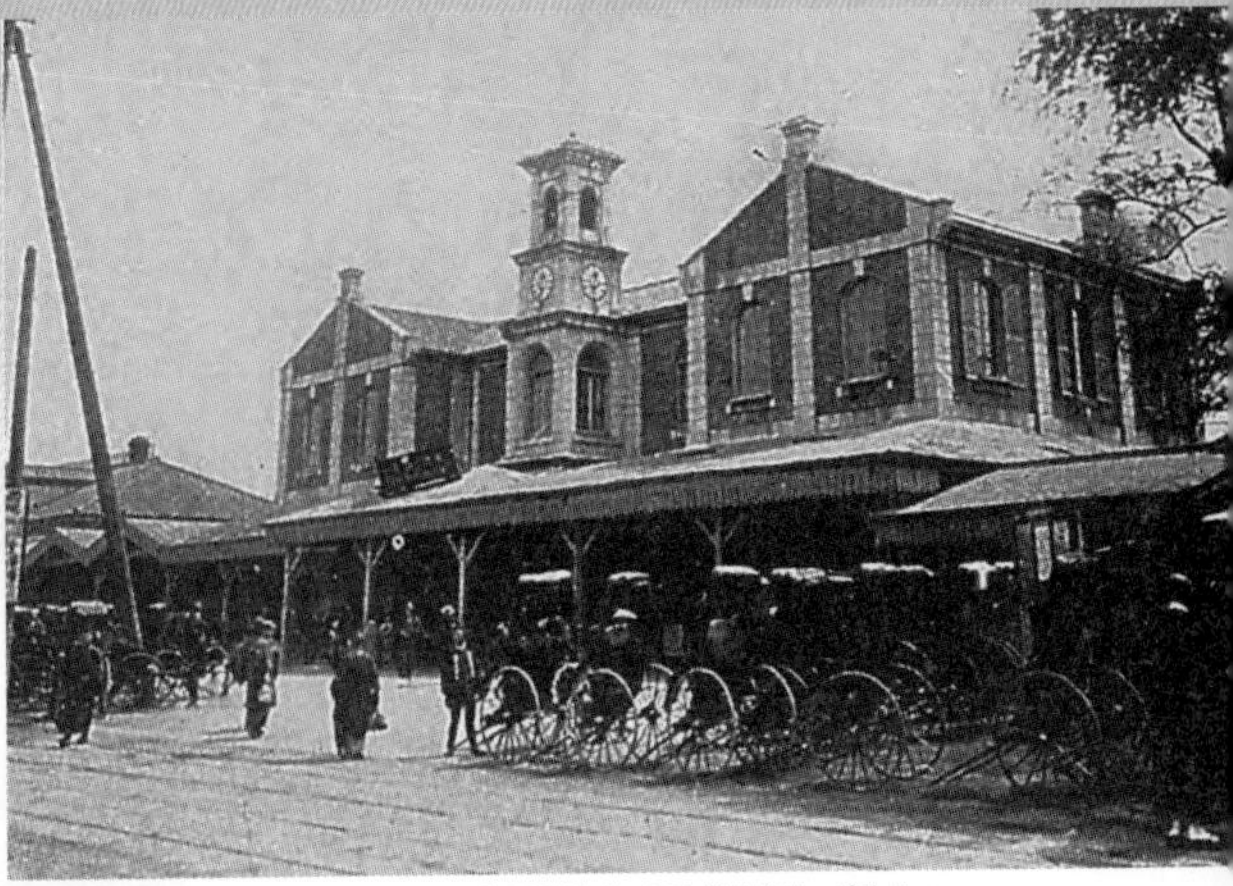

明治時代の京都駅。京都だからといって和風建築だった時代は実は一度もない（国立国会図書館デジタルコレクション）

成17）年に愛知県で開催された愛・地球博では浮上式リニアの技術を用いた「リニモ」がアクセス路線をかねてお披露目されたが、それと似たようなことが100年以上前に行われていたのである。

最初に開業した伏見線は、宇治川・淀川を通じての水運と結んで大阪方面からのお客を取り込もうと目論んだもので、続いて開業した木屋町線は、京都駅から博覧会の会場までの文字通りのアクセス路線というわけだ。

この博覧会は4月1日の初日に7340人の入場者を集め、会期中には113万6695人が訪れたという。京都電気鉄道の電車も事実上みせもののひとつだったわけで、来場者のうちかなり多くの人が日本で初めての電車に乗ったことだろう。

ただし、日本で初の路面電車ということでなかなか思うようにはいかなかったらしい。運転台が露出していたので雨の日には蓑をかぶって運転しただとか、人通りが多いところでは〝先走り〟と呼ばれる少年が電車の前を走って注意喚起をしただとか、そういうエピソードが残る。

また、単線だったために交換設備が設けられたのだが、いまのようにダイヤが組まれて信号が整っていたわけではない手探りのご時世。どっちが譲るべきか、運転士同士で喧嘩になったという、いかにも黎明期らしい話も伝わっている。

ともあれ、法律的にも経験的にもあらゆるものが不足した状態で、見切り発車のごとく走り出した京都の電車。そこでの経験が法整備につながり、後に続く名古屋や川崎など各地での電車運転を後押ししたことは間違いないだろう。

なお、京都市は明治後期から「京都市三大事業」を実施している。三大事業とは第二琵琶湖疎水の開削・上下水道整備・道路拡張と市電敷設。蹴上発電所の発電量は早くも限界に達し、人口が増えたことで衛生面の課題が浮上、そして市内交通の整理が必要になり、それに応じたものであった。琵琶湖疎水と電車の登場もあって、

現在の京都駅。現代的なデザインが駅前の京都タワー共々物議を醸したが、いまではすっかり古都の玄関口として定着した

七条通と東洞院通の角には電車運転発祥の地を示す石碑が建つ。人通りは多いが、誰も立ち止まる人はいない

京都市は明治初期の窮地を脱することができたのだ。

ともあれ、その結果として1912（明治45）年に京都市電が開業。1918（大正7）年に京都電気鉄道は市電に買収され、1970年代の廃止まで市電の路線として走り続けることになった。

いま、京都の町にそうした時代の名残はほとんど残されていない。ところどころに市電の軌道が埋められているのが見つかったとか、そういう話はちらほらあるものの、そもそも路面電車は道路の上を走っていたから、廃線跡が特別に何かに転用されていることがないのでわかりにくい。そんな中、京都駅前の一角にひっそり建つ「電車発祥の地」の碑だけが、記念すべき電車運転のはじまりを伝えている。

いまの京都の市内交通は、地下鉄が2本あるほかは路線バスに頼るほかない。このバスがまた問題で、雨が降ると大変に混雑するのだ。バス停で待っていてようやく来たと思ったら満員で乗れない、なんてことも珍しくない。そしてそれが大渋滞でいつになっても目的地に着かないとくる。これを何度か体験すれば、やっぱり路面電車のほうが良かったんじゃないかな、と思ってしまうのである。

ちなみに、京都電気鉄道は開業にあたってアメリカの車両を輸入しているが、のちに国産の車両も導入したようだ。製造したのは平岡工場。アメリカへの留学経験のある鉄道技師・平岡凞《ひらおかひろし》の工場だ。日本で初めての国産電車も、京都の地で走り出したというわけだ。

なお、平岡工場はのちに汽車製造と合併し、現在の川崎重工の源流企業のひとつになっている。そして余計なことだが、平岡は日本で初めて野球チームを作った男として野球殿堂にも名を連ねる。平岡工場は陸軍東京砲兵工廠の一角を借用して営業を開始した。その地にはいま、東京ドームが建っている。歴史は思いがけない方向にもつながっているものなのだ。

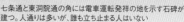

#14 いわき

常磐線と常磐炭田、そしてフラガール

DATA

1897年	現在の常磐線が平駅まで開通
1907年	小名浜馬車軌道が開業
1925年	常磐線の平駅までの複線化完了
1966年	常磐ハワイアンセンター開業
1976年	常磐炭田閉山

取材協力：スパリゾートハワイアンズ

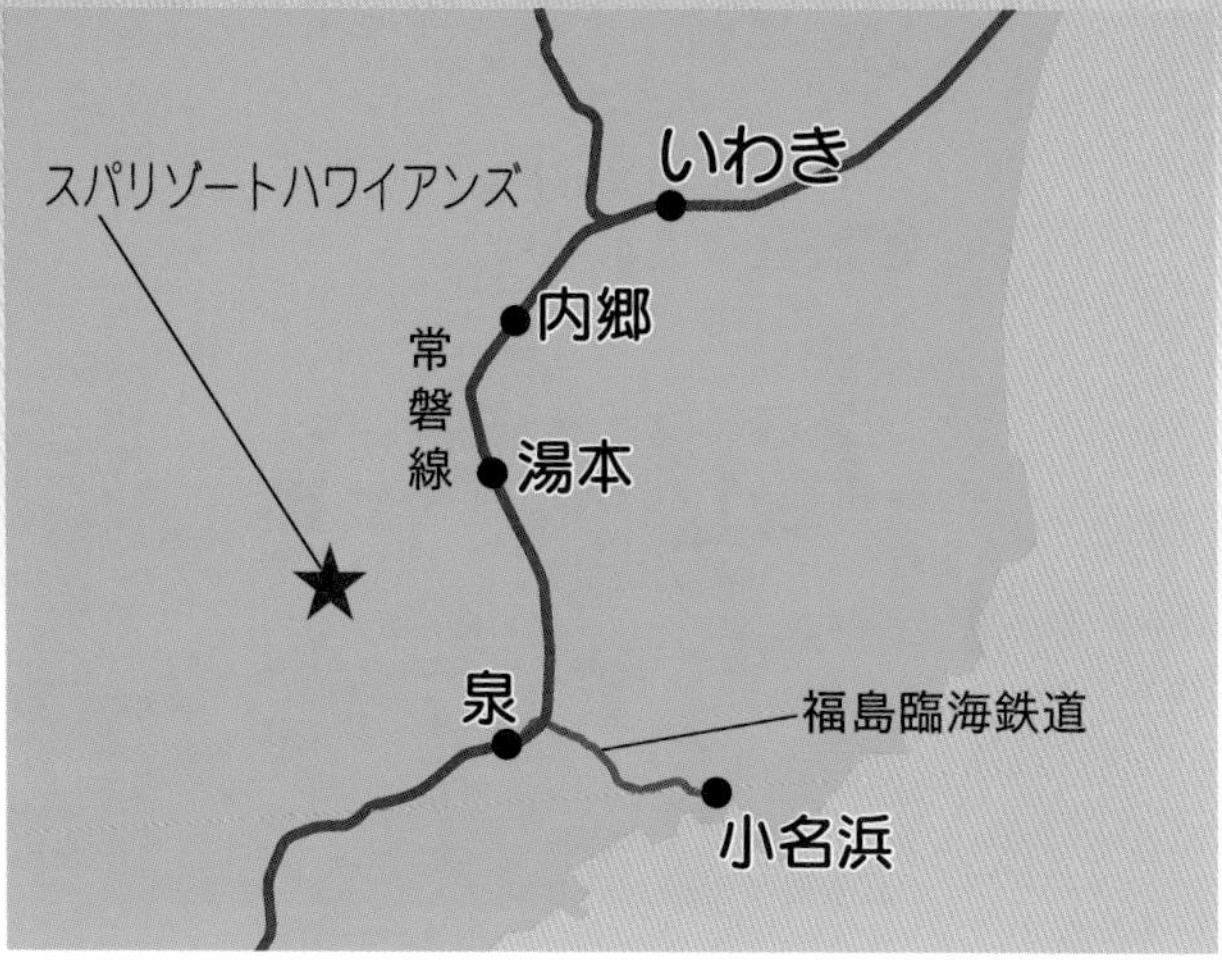

城下町に発する商業地と古来よりの港町

『超高速！参勤交代』という映画がある。舞台は江戸時代の中ごろで、佐々木蔵之介が主人公の湯長谷藩主・内藤政醇《ないとうまさあつ》を演じる。ざっくりいうと1年の江戸勤めを終えて帰国したばかりの政醇らに、幕府から通常8日かかるところをわずか5日で参勤せよとの命が下っててんやわんや、というお話だ。

この映画の舞台になった湯長谷藩は、現在でいうと福島県いわき市にあった。幕末に湯長谷藩の領内で石炭が発見され、近代の常磐地域を支えた一大産業・常磐炭田の、そして常磐線という大幹線の歴史がはじまったのである。

いわき市は人口約33万人。福島県浜通りの中心都市にして、福島県内で最も多くの人口を抱えている（東北地方でも仙台に次ぐ）大都市だ。石炭産業の衰退が鮮明になってきた１９６６（昭和41）年に磐城市・内郷市・平市・常磐市など14の自治体が合併して誕生した、当時国内最大面積の市でもあった。

つまり、いわき市は複数の、それも比較的規模の大きな都市がくっついて誕生したということになる。そしてそれぞれの都市が異なる生い立ちを辿ってきた。そういうところに、いわきという町の複雑さがあるのだ。

そのいわきを歩くには、まずはどこに行けば良いのか。いわき市内には常磐線だけで10駅あり、そのうち4駅に特急が停まる。これが複数の都市から構成される広大ないわき市ならではということか。

その中でも中心になっているのは、いわき駅である。

いわき駅は１９９４（平成６）年まで平駅と名乗っており、合併前は平市のターミナルであった。歴史を遡れば江戸時代には譜代の諸家が治めた磐城平藩の城下町。いわき駅の北側には平城の城跡が残る。

小名浜の観光スポット・アクアマリンふくしま

現在のいわき駅前。商業の中心らしい光景が広がる

ちょうど駅ビルは工事中だったが、中心市街地が広がる南側に向かって、ペデストリアンデッキの先からまっすぐに大通りが伸びる。駅の脇には歓楽街とおぼしき一帯もある。いかにも地方都市然としているが、30万都市の玄関口らしい雰囲気も持っている駅だ。城下町に端を発する歴史ゆえか、行政・商業の中心を担っている。

次いでいわきを代表する町は、小名浜《おなはま》だ。

小名浜は古来よりの港町で、江戸時代には幕府直轄領として東廻り航路の寄港地にもなっていた。１７１１（正徳元）年の人口は平が３３２５人、湯本が８７５人だったのに対して、小名浜は６０８６人だったというからなかなかのものだ。

ただ、近代以降は常磐線のルートから外れたこともあって一時衰退してしまう。そこで港の近代化によって再興を図り、また１９０７（明治40）年には泉～小名浜間を結ぶ小名浜馬車軌道も開業させている。

いわきという石炭産業の町を走る軌道がゆえ、石炭輸送を目的としたものだと勘違いしてしまうが、旅客に加えて塩や海産物を運ぶための路線だったとか。この小名浜馬車軌道はいくつかの変遷を経て、現在も福島臨海鉄道として残っている。

小名浜は戦後になってから工業地帯として発展し、現在はアクアマリンふくしまに代表される観光地としても名高い。年間の観光客は約２５０万人で、これは福島県では1位だという。

さて、いわき駅（平）や小名浜を見てきたが、やはりいわきなら炭鉱であろう。

常磐炭田の歴史は幕末に遡る。材木商の片寄平蔵が湯長谷藩領内で石炭を発見し、さらに江戸への販路も開拓する。１８５８（安政５）年には幕府軍艦操練所の御用達になっていたから、片寄平蔵の商才たるやいかばかり。当初は地元で小規模な採掘が行われる程度だったが、明治半ば以降に浅野財閥や大倉財閥といった中央資本が入り、近代的な炭鉱として飛躍していくことになる。

右が1961年、左が2019年の内郷駅付近。操車場や周辺の炭住も姿を消した（国土地理院）

大正時代の平駅（現・いわき駅）。その当時から商業都市だった（『懐かしの停車場』より）

そこで問題になったのが、石炭の輸送方法であった。

最初は小名浜と湯本を結ぶ軌道を建設し、小名浜からは船を利用して石炭を運んでいた。しかし、どうしても海運は安定さに欠いており、近代的な輸送機関である鉄道が待望されることになったのである。

そうして地元の要望などを受けて、日本鉄道水戸線を延伸するかたちで現在の常磐線が開通した。いわきまでの到達は１９０７（明治30）年。常磐線開通に合わせ、炭鉱と各駅を結ぶ専用線が次々に建設され、綴駅（現・内郷駅）や湯本駅は石炭の積み出し駅として形作られてゆく。

常磐炭田の盛衰とフラガールに見た夢

常磐線開業の効果はあまりに大きく、１８９６（明治29）年には８万ｔ余りだった出炭量は１９１１（明治44）年には１６３万ｔにまで激増、さらに１９１９（大正８）年には実に３８０万ｔに達した。常磐炭田は瞬く間に日本を代表する炭鉱となり、綴駅や湯本駅には日に２００～３５０両もの貨車が行き交った。綴駅は石炭の扱いにおいて日本一といわれるほど活況を呈したという。

とうぜん、それだけ急に輸送量が増えれば常磐線の輸送量は逼迫する。そこで複線化工事に取りかかり、平駅までの複線化は１９２５（大正14）年に完成した。

常磐線と同様に首都圏と東北地方を結ぶ大動脈だった東北本線の複線化が完了したのは、戦後の１９６８（昭和43）年だ。常磐線の方が線形に優れ輸送量も確保できたことで、「はくつる」「ゆうづる」をはじめとする北海道連絡の寝台列車は常磐線経由で運転されることになる。石炭輸送の逼迫による常磐線の複線化は、戦後になって多数の名列車が走る優等列車街道という副産物をもたらしたのである。

金坂銀座に隣接している内郷礦中央選炭工場跡。このあたりから内郷駅まで専用線も通っていた

栄華を誇った金坂銀座商店街も、いまは営業している店もごくわずか

ともあれ、常磐線効果によって常磐炭田は大きく飛躍し、町にもたくさんの人が暮らすようになった。綴駅を中心に置く内郷村は1889（明治22）年の成立時点で人口わずか2403人だったのに、炭鉱の拡大によって戦後の1958（昭和33）年には4万460人にまで増えている。綴駅から歩いて15分ほどの場所にあった金坂銀座という商店街は、映画館や劇場も軒を連ねる大繁華街だったという。

が、炭鉱が閉じたいまではその面影はすっかり失われている。すぐ近くに選炭場の跡が残り、かつての賑わいをわずかにしのばせる炭鉱町の商店街。細い川を渡った向こうには昔ながらの炭住が建ち並んでいるのも見える。内郷の金坂銀座は、炭鉱の町としての盛衰を最も濃厚に感じられる場所といっていい。

では、もうひとつの炭鉱街のターミナル、湯本駅はどうだろうか。

二階建ての駅舎はどことなく和風に仕立てられ、広々とした待合室、駅前には温泉街が広がる典型的な温泉地の駅である。スパリゾートハワイアンズへのバスも駅前から出ていて、観光地としてのいわきを代表するターミナルになっているのだ。

湯本温泉は平安時代以来の歴史を持つ古湯で、江戸時代には50か所以上で湧出していた。しかし、炭鉱の開発が始まると坑内での出水のたびに湧出量が減少するという事態に陥ってしまう。そこで常磐炭礦と温泉街の間で、湯本町の地下を掘る代わりに温泉をくみ上げて送るという協定が結ばれた。深度が深くなるにつれて扱う湯量も増加し、1965（昭和40）年には毎分100tに及んだという。

そしてその頃、石炭産業は完全に落日の時代を迎える。常磐炭田はもとよりの低品位の炭質に加えて賃金上昇、輸入石炭との競合、そして1962（昭和37）年の原油輸入自由化によって完全に青息吐息。そうした時代の変化に対し、常磐炭礦は新たな道に活路を見いだした。それが、常磐ハワイアンセンター、現在のスパリゾートハワイアンズである。

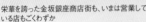

オープンから半世紀以上経ったいまも福島県を代表する観光地（スパリゾートハワイアンズ提供）

ちょっと寄り道

福島臨海鉄道の生い立ち

泉駅と小名浜駅を結ぶ福島臨海鉄道は、塩や海産物の輸送を目的に1907（明治40）年に開業した小名浜馬車軌道にルーツを持つ。その後小名浜臨海鉄道などを経て、1964（昭和39）年に小名浜が新産業都市の指定を受けると福島県や国鉄からの出資を受け入れ、福島臨海鉄道になった。旅客営業は1972（昭和47）年に廃止されている。現在輸送しているのは安中駅発着の亜鉛鉱石が1日1往復、コンテナ貨物が1日1往復。

現在国内には9社の臨海鉄道が存在しているが、福島臨海鉄道以外はすべて1960年代以降の開業だ。小名浜という古くからの港町と常磐線を結ぶという目的から明治時代に興った福島臨海鉄道は、まったく個性的な臨海鉄道のひとつなのである。

1964（昭和39）年、常磐炭礦の運営子会社として設立された常磐湯本温泉観光の社長に就任した中村豊は、「赤字を埋め合わせるために観光会社を設立するのではなく、磐城の将来を確立する為の事業である」と述べている。1965（昭和40）年に常磐音楽舞踊学院が開校、翌1966（昭和41）年に常磐ハワイアンセンターがオープン。初年度の来場者は見込みを大幅に上回る127万人。あっというまに炭鉱の町は浜通りを代表する観光スポットに躍り出たのである。

このあたりのエピソードは、映画『フラガール』にあるとおりだ。現実には炭鉱閉山に前後して多くの人が職を失っているし、金坂銀座のように町がすっかり廃れてしまったところも少なくない。

それでも、いわきはハワイアンズと小名浜というふたつの大観光地を抱え、石炭産業が完全に潰えてからも新たな産業への転換に成功したといっていい。それは他の炭鉱の町には見られなかったことだ。

1964（昭和39）年には「常磐・郡山地区」が新産業都市に指定され、工業都市への道も開けた。近代以降のいわきを支えてきた常磐炭田は、これらの新しい産業が定着しつつあった1976（昭和51）年に閉山し、歴史の向こうに消え去った。

そしていま、常磐線は東日本大震災に伴う福島第一原子力発電所事故による長期運休を経て復活し、特急「ひたち」「ときわ」が走っている。

とりわけ「ひたち」は品川〜仙台間のロングラン。常磐線が長きにわたって分断されていたことで、復旧後仙台まで走る特急が復活するかどうか、懐疑的な声もあった中で不死鳥のごとく蘇った。石炭産業を失っても観光に活路を見いだした常磐炭田の思いが乗り移っているのかどうか。いずれにしても、在来線特急斜陽の時代も存在感を示す常磐線特急は、首都圏のエネルギーを支えた常磐炭田の栄枯盛衰も背負って走り続けているのだ。

#15 川崎

「初詣」と「電車運転」はお大師さまのお導き

DATA

1872年	川崎駅開業
1899年	大師電気鉄道開業
1902年	京浜電気鉄道川崎駅（現・京急川崎駅）開業
1959年	川崎駅に駅ビル開業
2006年	ラゾーナ川崎開業

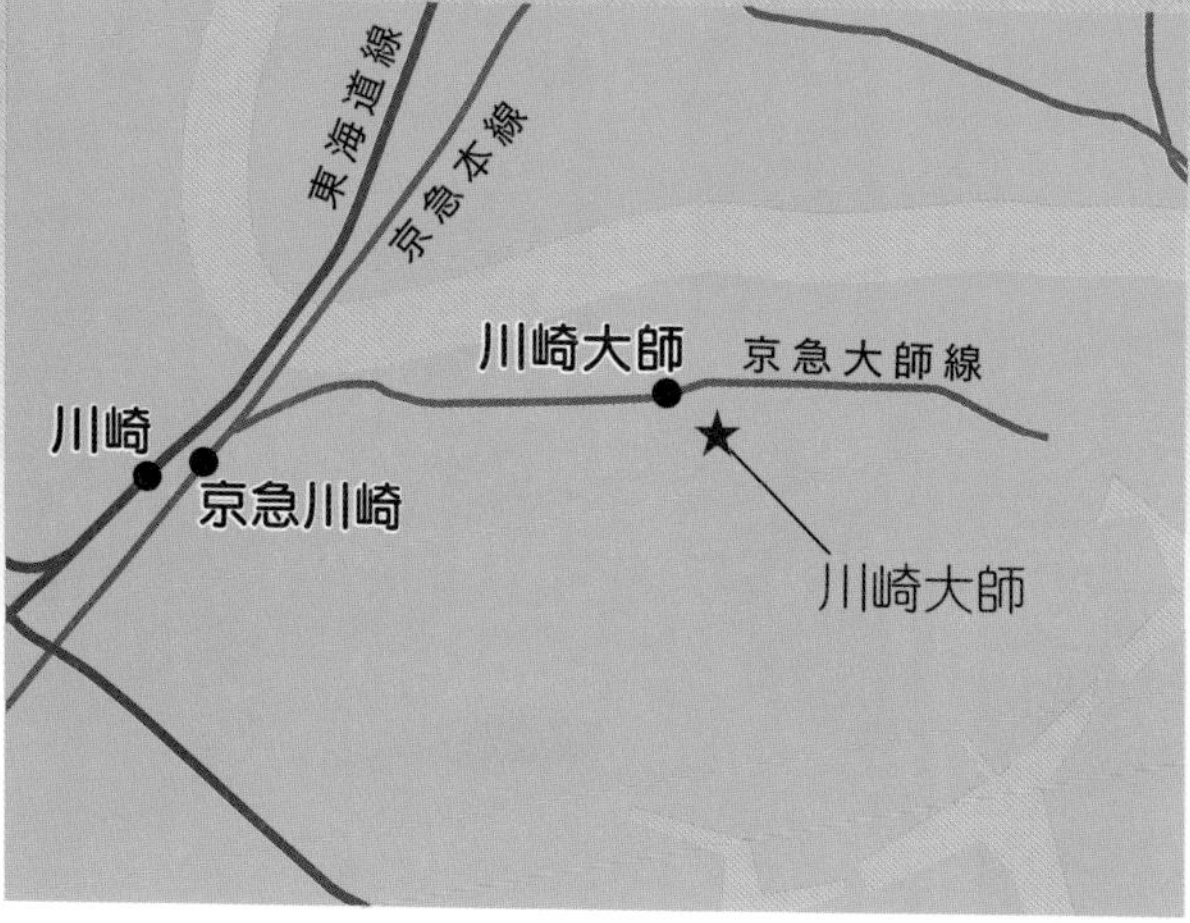

工業都市のターミナル・川崎駅

わが国でいちばん最初に開業した駅は、品川駅と横浜駅だ。どちらも1872（明治5）年5月7日（旧暦）の仮開業に合わせて開業した。この時点では新橋〜品川間は営業をはじめていなかったので、品川と横浜が150年の鉄道史に燦然と輝く最初の駅というわけだ。

そしてそれからおよそひと月後、はじめての中間駅が開業した。川崎駅である。いまでは品川と横浜の間に京浜東北線の駅がいくつか設けられていて、それらは正しくは東海道本線の所属駅という扱いになっている。ただ、いまも東海道線の列車は品川を出れば次は川崎までノンストップだから、品川〜横浜間の途中の駅は、150年経っても川崎駅が唯一無二の存在なのだ。

川崎駅は、多摩川を渡って東京都から神奈川県に入ってすぐの場所にある。東海道線に加えて京浜東北線、そして多摩地域から多摩川沿いを下ってくる南武線が交わっている。

さらに駅前の広場を挟んで東側には京急本線の高架も通る。京急線の京急川崎駅はJRの駅とは完全に別立てになっていて、歩いて移動して10分弱。急ぎ足なら5分でもなんとかなりそうな気もするが、その間にターミナルらしく大きなビルがひしめいているのでどうしたってそれくらいの時間がかかってしまう。

そしてこのふたつの川崎駅の周りを取り囲むようにして、巨大な商業エリアが広がっている。駅前の商店街の賑わいはもちろんのこと、西側の東芝工場の跡地に設けられたラゾーナ川崎、アゼリアと名の付いた地下街、川崎ルフラン、チッタデッラなどの大規模商業施設も集まっている。人通りは絶えることがなく、まさしく首都圏を代表する繁華街のひとつだ。

川崎駅の東側を通る旧東海道。川崎宿時代の面影はともかく、いまも繁華な町中だ

かつてロッテの本拠地だった川崎球場は、照明灯を残して姿をアメフトのグラウンドに変えた

駅を中心に商業エリアがあり、そこからさらに外縁に向かっていけば住宅地へと移っていく。そうした川崎の町の構造だけをみると、ごく普通の大都市の駅前風景に思える。しかし、もう少し詳しく分解してみると、それほど単純ではない川崎の移り変わりが見えてくる。

川崎の繁華街の真ん中を、JR・京急の線路と同じように南北に貫いているのが旧東海道である。その場所は京急線の高架より少し東側。細くて微妙にくねくねしているその道を歩くと、なんとなくかつての街道筋であったことが伝わってくる。江戸時代まで、川崎には東海道の宿場町があった。江戸からみると品川宿に次ぐ2番目の宿場町。それが大都市・川崎のルーツだ。

ちなみに、旧東海道からさらに東、第一京浜と挟まれた一角には堀之内と呼ばれる風俗街がある。宿場町にはそうした類いの商いがあるのが常だったから、業態こそ変わったものの、堀之内の風俗街は宿場町時代の名残なのかもしれない。

風俗街から第一京浜を渡ってさらに東に行くと、最近になって建てられたとおぼしき巨大なマンション群があって、その向こうには川崎競馬場や川崎競輪場といったギャンブル場。競輪場のすぐ隣には、かつてプロ野球・ロッテの本拠地だった川崎球場もあった。現在はアメフトなどで使われるグラウンドに変わっているが、錆びた照明塔が往時の姿をいまに伝えている。

いまでこそ、プロ野球のスタジアムは女性も子どもも誰もが楽しめる空間になっているが、川崎球場はそれとは似ても似つかぬ昭和のスタジアム。スタンドの傾斜を利用して流しそうめんをしたり、カップルが人目も憚らずに濃厚なキスをしたり、とても子どもだけで安心して行けるような野球場ではなかったという。

つまり、真新しい商業施設やマンションのすぐ脇に、いかにも庶民的、言い換えれば猥雑な類いの町が広がる。それが川崎というわけだ。

明治中ごろ、ちょうど大師電気鉄道が開業したころの川崎駅。人力車が停まっているのがみえる（『懐かしの停車場』）

川崎大師は全国的に見ても有数の初詣参詣客を集める。正月には川崎駅からの直行バスも

もともと宿場町としてはじまった川崎は、近代に入って駅が開業すると工業都市として発展していった。その先駆けは、多摩川鉄橋の脇に１９０７（明治40）年に建てられた横浜製糖の工場。続いて東京芝浦電気や日本コロムビア、味の素などの工場も続き、大正時代に入ると港湾部に臨海工業地帯が誕生。戦後も埋め立てが進んで日本を代表する工業都市に育った。風俗街やギャンブル場などは、そうした工場群で働く人々の憩いの場としての役割を持っていたのだろう。駅前に広がる繁華街も、工業都市であることを背景に形作られた。いま、湾岸部などを残して内陸の工場の多くは、再開発でマンションや商業施設に生まれ変わっている。

川崎大師がもたらした、関東初の電車運転

しかし、川崎という町の本質はこれだけでは片付けられない。もうひとつ、鉄道の歴史とも大いに関わりの深いテーマがある。川崎大師だ。

川崎大師は正しくは平間寺といい、１１２８（大治３）年の創建と伝わる真言宗智山派の寺院だ。最寄り駅は京急大師線川崎大師駅。駅前の厄除門の先から参道を歩いて行けば、10分ほどで川崎大師にたどり着く。初詣の人出は３００万人前後で、明治神宮・成田山新勝寺などと並ぶ日本の代表的な初詣スポットになっている。

創建は古いが多くの参詣客を集めるようになったのは江戸時代の後期以降のことだという。きっかけは、１７９６（寛政８）年と１８１３（文化10）年の二度にわたる第十一代将軍徳川家斉の参詣。上野寛永寺や芝増上寺が徳川の菩提寺として知られるが、家斉がわざわざ多摩川を渡って川崎大師を訪れた。これが江戸の庶民たちに大きなインパクトを持って受け止められ、人気の参詣スポットになる。

それでも歩くしか手段がない時代のこと、江戸から川崎はそうそう気軽に出かけ

川崎大師駅は川崎大師の門前駅。駅前から参道を歩いて行けば10分程度だ

大師電気鉄道の初代川崎駅は六郷橋の土手にあった。写真がその当時の駅付近

られる距離でもなかった。川崎大師をここまで人気の参詣スポットにしたのは、まぎれもなく明治に入って鉄道が開業したおかげなのだ。

１８７２（明治５）年に新橋～横浜間に鉄道が通り川崎駅が開業すると、川崎大師の最寄り駅として多くのお客を集めるようになる。たとえば、秋の鉄道本開業の約１週間後には、川崎大師の縁日にあわせて日中１時間に１本の参詣客向け臨時列車を運行している。川崎駅から川崎大師までは歩かねばならないにせよ、品川から川崎駅までは列車に乗れば20分もかからない。その当時、庶民のレジャーと言えば寺社参詣くらいなものだったから、お客が殺到したのもとうぜんのことだ。

もちろん、政府が鉄道を開業させた目的は東京と貿易港の横浜を結ぶことにあって、川崎大師の参詣客のためなどとは毛頭考えていなかったに違いない。ただ、それでもすぐに臨時列車を走らせるあたりを見ると、意外に柔軟に需要に応えている。鉄道が新時代の乗り物としていちはやく定着したのは、こうした点にも理由があったのかもしれない。

なお、まだ明治初めのこの時期には、いまのような初詣という文化は存在していなかった。むしろ毎月21日の縁日に参詣するのが定番だった。しかし、明治に入って週休制が定着していくと、21日に決まって参詣するほうが難しい。その代わりとして、休日になっていた元日に参詣するという初詣の文化が生まれたのではないかと考えられているという。

初詣文化の定着に鉄道が一役買ったのはもちろんで、１８９２（明治25）年には川崎大師の参詣に合わせて早朝５時30分から列車を走らせている。さらに１８９９（明治32）年には大師電気鉄道（現在の京急大師線）が開業。官設鉄道と大師電気鉄道の２路線が整ったことで、初詣スポットとしての川崎大師は最高潮の賑わいを得るようになってゆく。

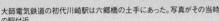

川崎大師駅前に電車運転発祥を示す碑が建つ。右側には京急電鉄のマスコット・けいきゅんも

ちょっと寄り道

全国に生まれた「参詣鉄道」

川崎大師をきっかけに鉄道での寺社参詣がブームを巻き起こすと、各地で参詣客をあてこんだ鉄道が勃興する。その代表例が現在の総武本線と成田線。成田山新勝寺への参詣客輸送を目論んで開業した。同様に京成電鉄も狙いは成田山。互いに競合して旅客を奪い合った。

地方でも同様の例は目立ち、現在の南海電鉄は大阪と堺を結ぶことを目的に開業したものの、開業直後は住吉大社参詣客が殺到したという。四国では金刀比羅宮への参詣路線として讃岐鉄道が開通し、それが現在の予讃線・土讃線になった。また、九州唯一の大手私鉄・西日本鉄道は、太宰府天満宮へのアクセス路線だった太宰府馬車鉄道が源流のひとつだ。これらの路線はいまでも参詣客輸送が大きな役割である。

大師電気鉄道は、関東地方で初めて電車を営業運転に用いたことでも知られる。すでに4年前には京都で〝電車〟がお目見えし、以後都市部を中心に多くの電車運転を前提とする鉄道・軌道の計画が勃興する。そのひとつとして結実したのが大師電気鉄道であった。

川崎大師駅のすぐ脇には、電車運転の発祥を伝える小さな碑が建っている。電車というまだまだ未知の技術を取り入れるという〝冒険〟ができたのは、川崎大師というドル箱がそこにあったからに他なるまい。

その証拠に、大師電気鉄道が開業すると、大師電気鉄道は川崎大師参詣客を巡って官設鉄道と壮絶な旅客争奪戦を繰り広げることになる。それまで臨時列車を走らせるだけだった官設鉄道も運賃の割引に踏み切り、大みそかから元日にかけての終夜運転も定着していった。お客を呼び込むためのキーワードはもちろん「初詣」。こうして鉄道の開業によって、初詣という文化が一層普及した。

バレンタインデーにチョコレートを贈る風習は、昭和30年代に洋菓子店が発案して百貨店などにも波及して定着したというが、初詣も明治時代にそれと同じような経過を辿って広まっていったというわけだ。いまや老若男女、猫も杓子もこぞって出かける大みそかから元日にかけての初詣。その文化が定着した立役者は、かつて新時代を象徴した鉄道だったのである。

すべてのはじまりは、川崎駅が日本初の鉄道の中間駅として開業したことにあった。たまさか川崎大師という、庶民にも人気の参詣スポットが近くにあったことでお客を集めるようになり、それがゆえに大師電気鉄道という〝電車〟もやってきた。ほんらい、政府はもっと鉄道を公的な存在として考えていたはずだ。そこに寺社参詣という庶民文化が結合したことで、鉄道を身近な乗り物にしていった。そういう意味で、川崎駅は偉大なる途中駅なのである。

#16 下関

大陸に通じる航路と直営ホテル

DATA

1897年	徳山～赤間関～門司間の連絡線就航
1901年	馬関駅（現・下関駅）開業、関門連絡船就航
1902年	山陽ホテル開業
1905年	関釜連絡船就航
1911年	貨車航走を開始
1942年	関門トンネル開通
1964年	関門連絡船廃止

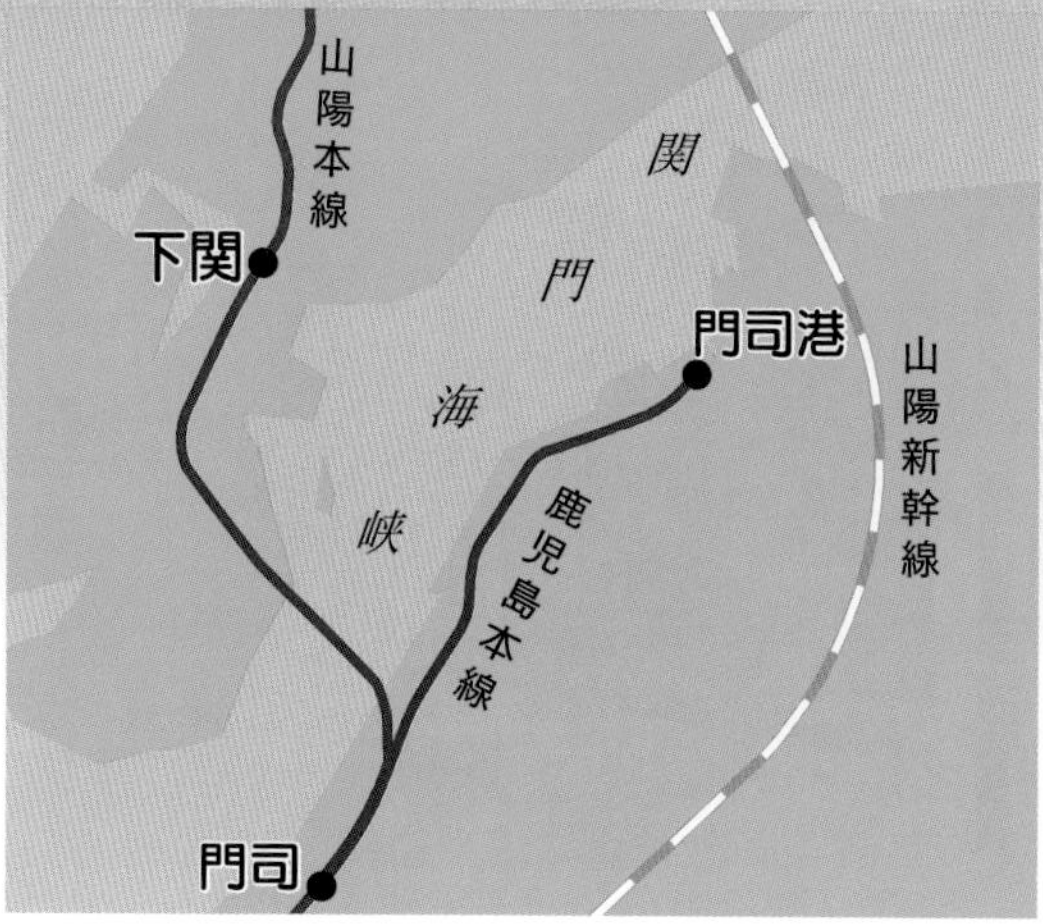

山口県下最大の都市の玄関口は、山陽鉄道の終着

今回、本書で旅をしているのは、鉄道150年の歴史と深い結びつきを持つ町だ。北は北海道から南は沖縄まで全国津々浦々。多少都市部偏重のきらいもあるが、鉄道の密度の濃さからいってしかたがない。

そうしてこの旅を続けていて気がついたことがある。

それは、鉄道の歴史と密接な町は、鉄道どころか日本の歴史においても大きな意味を持っているということだ。そのひとつが、まさにここ、下関である。

関門海峡を隔てて九州と接する下関は、古くから海外に向けて開けた町として栄えてきた。弥生時代から人が暮らしていた痕跡があり、国府が各国に置かれていた時代には、下関市街から少し東にいった長府が長門国におけるその所在地。平安時代の末に平家が滅亡したのは関門橋のたもとの壇ノ浦だし、鎌倉時代は長門探題が置かれて蒙古襲来の備えになった。

史実かどうか怪しいところもあるらしいが、宮本武蔵と佐々木小次郎の巌流島決戦は関門海峡に浮かぶ船島が舞台だ。江戸時代には西廻り航路の拠点港で商業都市として発展。

幕末に尊皇攘夷を旗印に掲げた長州藩は、関門海峡を通る外国船を砲撃して、米英仏蘭の四か国連合との間で下関戦争を繰り広げた。

明治に入り、大陸との関係がより重要になるにつれて下関の存在感もいっそう高まった。1895（明治28）年には日清戦争の講和会議の開催地となり、その結果結ばれたのが下関条約。この条約を巡っては、三国干渉によって遼東半島の返還を余儀なくされて国粋主義が高揚、日露戦争につながる歴史的なターニングポイントにもなっている。

高杉晋作にちなんだ晋作通りは、現在の下関駅付近と旧駅舎付近を結ぶ市内随一の歓楽街

現在の下関駅。2006（平成18）年に以前の駅舎を火災で焼失し、2014（平成26）年に建て替えられた

かくのごとく、あらゆる場面で下関は歴史に姿を見せる。地理的な環境からしてとうぜんのことでもあるのだが、かつて赤間関と呼ばれていた海峡の町は、ときに日本の歴史そのものを左右する事件の舞台になってきたのだ。

ただし、ここまで振り返った下関の歴史において、鉄道はまったく登場していない。下関にはじめて鉄道が到達したのは１９０１（明治34）年。日清戦争は終結し、日露戦争まであと２年というタイミングでの下関駅開業だった（開業時は馬関《ばかん》駅と名乗っていた）。

馬関駅を開いたのは私鉄の山陽鉄道。１８８８（明治21）年に兵庫～明石間を開通させたのを皮切りに少しずつ西に線路を伸ばし、足かけ13年、ようやく本州のいちばん西にたどり着いたというわけだ。

現在の下関駅は下関の町の西の端っこに位置しており、駅のすぐ西側には海が広がる。貨物駅を横目に少し南に進んだところで関門トンネルに潜り込んで九州へ。そういうわけで、下関の駅周辺の市街地はいやおうなしに駅舎の東側に広がっているということになる。

下関市は人口約25万人、山口県では最大の都市だ。その玄関口だけあって、下関駅も立派のひとこと。駅ビルもあるしペデストリアンデッキを取り囲むようにホテルもあれば商業施設もあり、その直下を通る国道９号は６車線の大通り。

ペデストリアンデッキを北側から降りると、線路に沿って続く商店街はグリーンモール商店街という。戦後のヤミ市にルーツを持つコリアンタウン系の商店街で、古くから朝鮮半島との結びつきの強い下関らしい町並みのひとつだ。グリーンモール商店街から東に伸びる道には高杉晋作にちなんで晋作通りという名が与えられ、並行する路地を含めて下関最大の歓楽街になっている。

このように、下関駅周辺はまさしく山口県最大の都市の玄関口らしい、堂々たる

関釜航路で用いられた新羅丸。1913（大正2）年に就航した（『日本国有鉄道百年史』）

古くからの市街地・唐戸地区を通る国道9号。左手に見えるのは旧イギリス領事館

町並みといっていい。

ところが、古い地図を見てみると、いまの下関駅やその周辺の町の形が完成したのは、戦後以降のことだということがわかる。むしろかつての下関の中心は、唐戸市場や海響館などがある唐戸地区。古来より下関の中心的存在だった赤間神宮がすぐ東にあることからもわかるとおり、この唐戸地区を核として下関は発展してきたのだ。

さらにいうと、下関駅そのものもかつてはいまよりも東側、海峡ゆめタワーのあたりにあった。駅の場所自体が、いまとはまったく違ったのである。

この背景には、山陽鉄道が開業以来背負っていた宿命があった。

九州へ、そして大陸へ——日本の生命線を担う

山陽鉄道は創設の準備段階では神戸から姫路までの鉄道建設計画を持っていた。それに対し、政府は最終的に下関まで延伸することを前提に特許を与えたという。下関は海峡を隔てて九州に接し、さらに大陸にも近い。それを見越した政府は、開業前の段階から山陽鉄道に対して九州連絡・大陸連絡というあまりに大きな役割を与えていたというわけだ。

山陽鉄道、現在の山陽本線が結んでいる中国地方の瀬戸内海沿いは、もともと船が盛んに行き交うエリア。つまり航路との競争は山陽鉄道にとって避けられないものだったが、加えて自ら九州や大陸に向かう航路を営む必要性も抱えていた。当時はなかなか厳しい経営環境と思われていたのかもしれない。

実際、山陽鉄道は1891（明治24）年に尾道駅まで延伸した際に、大阪商船が開いた尾道～門司間の航路と接続している。さらに1897（明治30）年に徳山ま

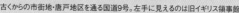

貨車航走は関門航路からはじまった。写真は1929（昭和4）年の下関貨車航走場（『懐かしの停車場』）

現在連絡線の桟橋は埋め立てられてしまったが、その跡地にはレリーフが設置されている

で延伸すると、その翌年には事実上直営の徳山～門司間の航路を開く。鉄道会社が直営することが鉄道連絡船の条件のひとつだとすれば、これこそが日本で初めて海に漕ぎ出た鉄道連絡船であった。そして馬関駅延伸に伴って徳山～門司航路が馬関～門司間にリニューアル。いわゆる関門航路の完成である。

次いで日露戦争が終結して朝鮮半島に京釜線《けいふせん》（ソウル～釜山間）が全通すると、それに接続する関釜《かんぷ》航路も開かれる。

当初は壱岐丸１隻のみで隔日運航だったが、すぐに対馬丸が就航して毎日運航になり、日本と大陸を結ぶ重要航路となってゆく。のちには朝鮮半島から先は南満州鉄道とも接続し、さらにシベリア鉄道経由でヨーロッパにまでつながる国際連絡運輸の一端を担い、日本の生命線であった大陸進出に一役買うことになったのだ。

以後、関門航路と関釜航路はともに輸送量を大いに増やし、運航数も増加していく。とりわけ革命的だったのは１９１１（明治44）年にはじまった貨車航走だろう。のちには青函連絡船などでも採用された手法だが、その最初の例が関門航路。ただし、九州での乗り入れ先は門司ではなく小森江となり、これによって関門航路・関釜航路・関森航路の３本立てになっている。

大陸、ひいては南方にも通じる下関駅の航路は、太平洋戦争の時代に入るとますます重要性が増し、輸送量も増加する。昭和10年代後半には、戦時体制に伴って１日に１８５運航というまさしく驚異的な輸送量だった。さすがにそれでは輸送体制も追いつかず、１９４２（昭和17）年６月に関門トンネルが開通することになる。

関門トンネルの構想は古くから存在していたが、費用面や技術面の課題からなかなか実現せず、それがいよいよ輸送逼迫によって実現した形であった。引き換えに関森航路は役割を終え、旅客輸送の関門航路は門司港エリアと下関を結ぶいわば〝都市交通〟として残存。それも関門国道トンネルが１９５８（昭和33）年に開通する

開業から関門トンネル開通による移転まで同じ駅舎が使われていた。正面駅舎の右手に見えるのが山陽ホテル（『懐かしの停車場』）

右の写真と同じアングルで撮影した旧下関駅舎跡の現在。交差点の角には下関駅があったことを伝える碑もある

といよいよ利用者が激減し、1964（昭和39）年に廃止されている。

ともあれ、下関駅は開業から関門トンネル開通までの約40年にわたって、航路接続を大命題とする駅だったのだ。下関の町が山がちで駅にふさわしい広大な土地を確保するのが難しかったという事情もあろうが、なにより航路接続を前提に駅が置かれた。いまは埋め立てられて当時の痕跡を探すのは難しいが、海に面する細江地区が航路接続時代の下関駅。それがトンネル接続に変わり、1942（昭和17）年に現在の位置に移ったのである。

ちなみに関釜航路の時代には、下関駅は大陸からやってくる外国人にとって日本の玄関口となる駅だった。さらに市街地から外れた場所に駅ができたこと、船待ち・鉄道待ちの時間が生じてしまうことなどを受け、山陽鉄道は1902（明治35）年に駅前に直営の山陽ホテルを建てている。

山陽ホテルは当時の下関駅舎を出てすぐ左手。現在では下関警察署の正面あたりが山陽ホテルのあった場所だろうか。明治の御代にもかかわらず、山陽ホテルは欧米人をも満足させる先進的なサービスを展開していたという。

山陽鉄道はほかにも食堂車・寝台車の連結や最急行列車の投入、赤帽制度の導入など日本で最初のサービスを次々に実施している。のちの鉄道においては当たり前になったものばかりだ。将来は基本のサービスになるとの先見性があったのか、それとも瀬戸内海航路への対抗があったのか。いずれにしても、下関駅はあらゆる意味で日本最先端のターミナルだったことは間違いないだろう。

そしていま、新幹線の時代になって、下関駅には寝台列車はもとより優等列車すら一本もやってこない。新幹線の新下関駅に停まるのもほとんどが「こだま」だ。時代の要請とはいえ、鉄道史に大きな足跡を残した下関だけに、もうちょっと配慮があってもいいのではないかと思うのである。

#17 境港

DATA

1902年　境駅開業

1919年　境港駅に改称

山陰の
鉄道のはじまりは
ゲゲゲの町で

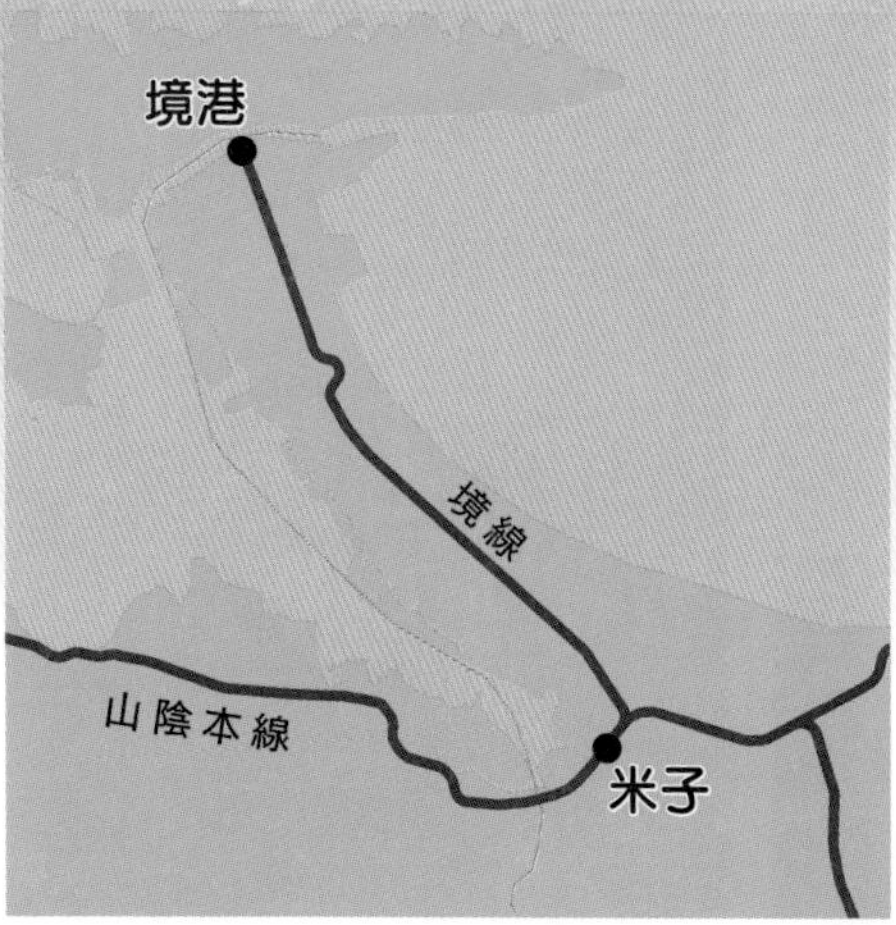

山陰ではじめて鉄道が通った町

いまではほとんど使われることはなくなっているが、「裏日本」という言葉がある。東京や大阪、名古屋といった大都市が連なる太平洋側の〝表日本〟に対して、日本海側を指して「裏日本」と呼ぶ。

表と裏というのは単に地理的な位置関係を示しただけということになってはいるのだが、まあそこにはどうしたって差別的なイメージが含まれているのは否定しきれないところだろう。だからひと昔前まではテレビのニュースなどでも平気で使っていたが、最近は日本海側の諸都市に対して「裏日本だから」などと言うことはない。もしも政治家のセンセイが使ったら大炎上間違いなしといったところだろう。

裏日本という言葉がはじめて登場したのは1895（明治28）年。「中学日本地誌」といういわば教科書のようなものに書かれたのが最初だという。次いで1907（明治40）年にも『大日本地誌』の中で表日本・裏日本の地域区分が取り上げられている。

これは別に明治人が差別的だったということではまったくない。むしろ、その時代の太平洋側と日本海側において、明らかな格差が生じていたことをこう表現したというのが正しい。近代化が進み、日清・日露の戦争も経験し、工業化と都市化が進んだ〝表日本〟。それに対して、工業化や都市化が遅れて資本主義社会の形成もままならなかった前近代的な〝裏日本〟。そういう実態を示していた言葉だったのだ。

そしてまた、そうした偏りが固定化されつつあったのが、明治後半だった。

明治時代の半ばまでは、〝表日本〟〝裏日本〟の偏りはあまり見られなかった。1888（明治21）年の都道府県別人口では、160万人を超えていた新潟県が全国1位というのも、そうした状況を裏付ける。

江戸時代、日本海側には西廻り航路が開かれており、蝦夷地《えぞち》や東北から山陰に至

境港駅を出発して米子に向かう境線の列車。奥に見える白い建物は駅ではなく隠岐汽船のターミナル

明治の終わりから大正時代にかけての境港駅。奥に煙を上げるSLの姿が見える（『懐かしの停車場』）

るまで、各地に北前船が寄港して盛んに交易が行われていた。北前船は瀬戸内海にも入ったので、そういった地域との接続も強固であり、決して遅れていた地域などではなかった。山陰地方は日本一の鉄の産地という経済的な基盤もあった。

明治半ばに新潟県が日本一の人口だったというのもそうだし、百万石の加賀藩や日本一の豪商・本間家を生み出した米どころの庄内藩など、豊かな藩が数多くあったのも、決して日本海側が遅れていたわけではないことを示している。

しかし、残念ながら近代化という点では太平洋側に後れを取ってしまった。その最たる例が、鉄道である。

山陰地方にはじめて通った鉄道は、１９０２（明治35）年に開通した現在の境線と山陰本線にあたる、境（現・境港）～米子～御来屋《みくりや》間だった。

１９０２（明治35）年とは、もう新橋～横浜間が開業してから30年も経っているし、同じ中国地方でも山陽鉄道が神戸～馬関（現・下関）間を全通させた翌年のことだ。つまり、それほどに鉄道という近代を象徴する乗り物の導入が遅れてしまったというわけだ。

いま、山陰地方の鉄道というとだいいちに思い浮かぶのが山陰本線だろう（というか山陰本線しか思いつかない）。山陰本線はご丁寧に山陰地方の海側を東から西まできっちりと走り抜けている。

ただ、山陰地方のひとびとのニーズからすれば、山陰地方の沿岸都市を結ぶ山陰本線よりも、瀬戸内海側の山陽地方と結ぶ陰陽連絡の方がよほど重要だった。というわけで、１８８７（明治20）年に島根・鳥取の両県会議員有志が集まって、岡山と境港を結ぶ鉄道の建設促進を決議するなど、盛んに陰陽連絡鉄道建設を求める運動が展開されていた。

そうした事情を受けて、１８９２（明治25）年に制定された鉄道敷設法では、「山

水木しげるロードを歩くとあちこちに水木先生の作品に登場する妖怪が。観光客も多い

大正時代の境港の海岸通り。鉄道が通っても港町としての賑わいは健在だった（鳥取県立博物館）

陰及山陽連絡線」として次の予定線が示されていた。

「兵庫県下姫路近傍ヨリ鳥取県鳥取ニ至ル鉄道又ハ岡山県下岡山ヨリ津山ヲ経テ鳥取県下米子及境ニ至ル鉄道若《もしく》ハ岡山県下倉敷又ハ玉島ヨリ鳥取県境ニ至ル鉄道」

〝又ハ〟の連発でややこしいが、いまでいう津山線や因美線、伯備線、姫新線、境線、山陰本線、智頭急行線などが網羅されている。

ただ又ハ連発は、具体的にさまだっているところは何もないということの裏返し。そこで山陰地方では競うように鉄道建設を訴える動きが続き、1902（明治35）年に至って境～御来屋間の開業にこぎ着けたのである。境港は、鉄道敷設法の中にも山陰側の終点としてその名が登場する、山陰地方随一の港町であった。

駅の回りも駅の中も、そして列車も鬼太郎ワールド

現在の境線は米子～境港間の17・9kmを結ぶ山陰地方のローカル線だ。米子も境港も人口約23万人の米子都市圏に含まれているので、通勤通学に資する路線というのが現在の境線の性質といっていい。

弓ヶ浜半島のほぼ中央部を、米子駅を起点に北西に向かって走る。途中、米子空港の脇では空港の滑走路を避けるようにちょびっと迂回しているが、これは2008（平成20）年の米子空港滑走路拡張に合わせて経路を変更したためだ。

気動車が主役の非電化路線だが、米子～後藤間だけ電化されている。これは後藤駅に隣接して後藤総合車両所があるため。米子市内なのに米子総合車両所ではなく後藤総合車両所なのは、鉄道開業に際して当地の豪商・後藤快五郎が私財を投じるなど、大きな功績があったことにちなんだものだという。

終点の境港駅に降り立つと、この駅のイメージはまったく完全に水木しげる先生

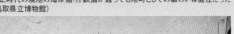

境港駅の裏側から境水道を望む。以前はこのあたりまで貨物線が延びていた

境港の町の全景。市街地の方向に向けてカーブしている境線の線形がよくわかる（鳥取県立博物館）

の世界観になっていることがひと目でわかる。港町らしく灯台を模した小さな駅舎を出ると、駅前広場には『ゲゲゲの鬼太郎』に登場する妖怪たちの像があちこちに建っているのだ。

駅舎を出てすぐ目に付く場所には、机に向かって筆をとる水木先生を見守る鬼太郎とねずみ男と目玉おやじ。普通ならば、駅舎の入口の目の前のこんな場所にオブジェがあったら往来の妨げになると言われそうなものだが、境港のひとたちはそんな無粋な発想はないらしい。他にもまあ、数え切れないくらいのゲゲゲの世界。もちろんこれは水木しげるが境港の出身であることにちなんだもので、２０１０（平成22）年にＮＨＫ朝の連続テレビ小説『ゲゲゲの女房』が放送された直後には、年間２５０万人以上が押し寄せる観光スポットになっていたという。

筆者が境港を訪れたのは『ゲゲゲの女房』から干支がひとまわりした２０２２（令和４）年だが、そのときも境港の駅前とそこから東に延びる水木しげるロードにはたくさんの観光客がいて、沿道の土産店や飲食店もそこそこの賑わい。朝ドラの舞台となった町はいっときたくさんの観光客に恵まれるが、それがバブルで終わるか否かは町の人たちの取り組み次第。その点、境港はある程度うまくいっているということなのかもしれない。

境港というからには、とうぜん港にもつながっていて、駅舎は隠岐汽船のフェリーターミナルと隣接。隠岐島などへのフェリーが発着する港に隣接している。

境線が走っている弓ヶ浜半島は、境水道を隔てて北に島根半島がある。この半島のおかげで季節風の影響を受けにくく、古くから境港は天然の良港として栄えた。鎌倉時代、北条義時に承久の乱で敗れて隠岐島に流罪になった後鳥羽上皇も、境港に寄港したという。江戸時代には西廻り航路の寄港地になり、木綿や鉄の積み出し港として繁栄。明治になっても鉄道が遅れたこともあって、日本海定期航路の拠点

境港駅と同じく米子駅も山陰における鉄道発祥の地のひとつ。駅前にはSLの動輪とともに大きな碑が置かれている

境港駅と馬場崎町駅の間に建つ記念碑。このあたりに初代境駅があったという

になっていた。

つまり、山陰の鉄道のスタート地点としては、すでに交通上の要衝であった境港ほどふさわしい場所はなかったということだ。船を使って建設のための物資を運ぶのも容易だという事情もおおいにあっただろうが、それがすべてではない。境港はそれだけ重要な位置を占めている港町だった。

1902（明治35）年に現在の境線が開業した当時、境駅（現・境港駅）はいまよりもほんのすこし南にあったようだ。鬼太郎ワールドに覆われてしまった境港駅付近で〝山陰の鉄道発祥地〟なる痕跡を探すのはほとんど不可能に近い。ただ、線路に沿って馬場崎町駅方面へと歩いて行くと、線路際に「山陰鐵道発祥之地」の碑がひっそりと建っている。このあたりが最初の境駅の場所だったという。

その後の境港駅は何度かの移転を経験している。港に直結するようになって、境水道沿いには貨物線も敷設されていたようだ。駅舎の位置はこれまたほんの少しだけ東側。そうした時代を経て、貨物輸送も廃止されていまの位置に駅が移り、鬼太郎ワールドの中に組み込まれている。

境港で水木しげるロードが整備されたのは1993（平成5）年のことだ。それまで鉄道駅と漁港の目の前ということで栄えていた中心地がモータリゼーションなどで空洞化、そのてこ入れのための町おこしだった。つまり、朝ドラがどうこうというものではなくて、もっと年季の入った鬼太郎ワールド。1993（平成5）年からは境線にも鬼太郎列車が走っている。いまでは鬼太郎・ねずみ男・ねこ娘・目玉おやじ・こなき爺・砂かけ婆の黄金メンバーが勢揃いしているし、各駅にも妖怪の名の愛称がつけられている。何の事情も知らずに突然「ざしきわらし駅」などと言われたらちょっとおっかないが、それも含めて山陰初の鉄道は、すっかり水木しげるの世界観の中にいるのである。

第3章

国有鉄道と電車の時代

1906(明治39)年に公布された鉄道国有法によって、明治期に建設された多くの私鉄路線は国有化された。その後、鉄道院・鉄道省などと変遷し、いわゆる“国有鉄道”として発展していくことになる。

とはいえ、私鉄が消え失せたわけではない。むしろ地方において、地域輸送を中心に担う私鉄が雨後の筍のごとく現れた。それを促したのは、1910(明治43)年に公布された軽便鉄道法。文字通り軽便な規格の鉄道敷設を認めるもので、人口規模の小さい地方においても鉄道の建設が進むことになった。

また、軌道法に基づいて電車運転を行う“電鉄”が誕生したのも、大正から昭和のはじめにかけて。箕面有馬電気軌道、転じて阪急電鉄はそうした電鉄会社の先駆けとして、沿線開発やターミナルビルの運営といったいまにも通じる私鉄経営手法を生み出した。

かくのごとく、多数の私鉄も生まれて国鉄でも特急列車の運行がはじまるなど、わが国の鉄道はこの時期に黄金時代を迎える。現在の鉄道ネットワークが事実上完成したのもこの時代だ。しかし、世情は戦争へ向かう。戦争は、鉄道にも大きな傷跡を残すことになるのである。

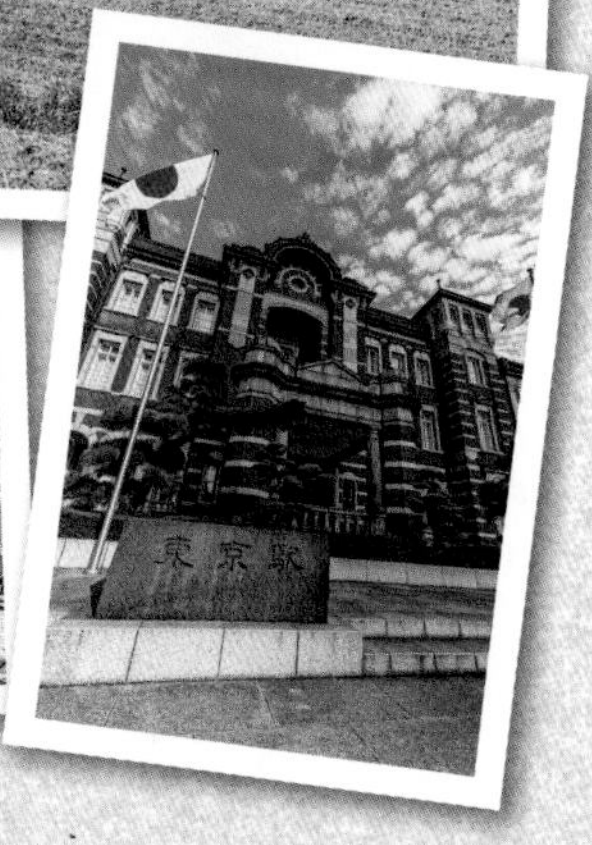

主な出来事

1908(明治41)年	青森～函館間の青函航路開設。鉄道院設置
1909(明治42)年	鉄道院が線路名称を制定
1910(明治43)年	箕面有馬電気軌道(現・阪急電鉄)梅田～宝塚間、開業。日韓併合。軽便鉄道法公布
1914(大正3)年	東京駅開業。第一次世界大戦
1919(大正8)年	地方鉄道法公布
1920(大正10)年	鉄道省設置
1922(大正11)年	改正鉄道敷設法公布
1923(大正12)年	関東大震災
1925(大正14)年	山手線の環状運転が始まる
1927(昭和2)年	東京地下鉄道上野～浅草間、開業
1929(昭和4)年	東京～下関間の特急に「富士」「櫻」と命名
1934(昭和9)年	丹那トンネルが開通
1940(昭和15)年	陸運統制令公布
1941(昭和16)年	太平洋戦争勃発
1942(昭和17)年	関門トンネル開通
1945(昭和20)年	終戦

#18 青森

『津軽海峡・冬景色』の連絡船も駅舎も消えて

DATA

1891年	青森駅開業
1906年	青函連絡船運航開始
1988年	青函連絡船廃止
2016年	北海道新幹線開業

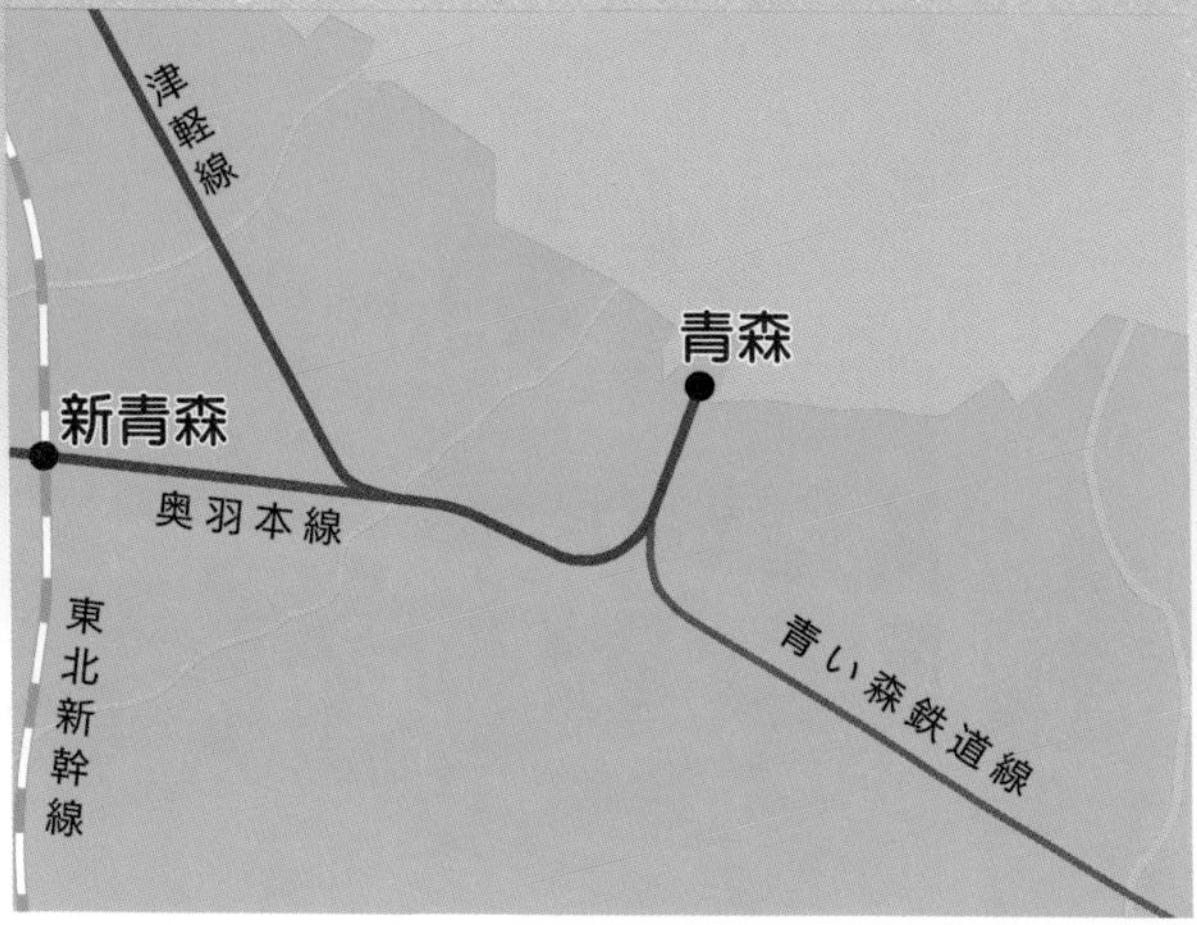

弘前藩の外港としてはじまった青森の町

1958（昭和33）年に津軽線が三厩《みんまや》駅まで開通したとき、当時の山崎岩男青森県知事は、青函トンネルの完成に期待を込めて次のように話している。

「津軽線の延長が海底トンネルにつながることは疑う余地がない。トンネルが開通になる十数年先には、東北開発が北海道開発に並んで行われているはずで、貨物輸送はいまの二倍以上になっているだろう。海底トンネルは、旅客をさばくのに追われて貨物の輸送にまでは手が出ない。だから青森も函館もこの貨物輸送の拠点として栄えると思う」

昭和30年代の前半は、洞爺丸事故などを受けて青函トンネルの構想が具体化しつつあった時代だ。まだルートが正式に決定しているわけではなかったから、山崎知事の言葉の通り、津軽線が龍飛崎《たっぴざき》近くにまで線路を延ばしたことが、そのまま青函トンネルにつながるであろうと考えたことはムリもない。

ただ、山崎知事の言葉の中で現実になったのは海底トンネルが開通したということくらいで、それ以外のすべてが現実にはならなかった。

青函トンネルが開通したとき、すでに本州と北海道を結ぶ輸送モードは飛行機が揺るがぬ立場を確立していた。そのおかげでトンネルが旅客をさばくのに追われて、などということは残念ながらなく、むしろ北海道新幹線が本当に必要なのかという疑問まで呈される始末だ。

貨物輸送にしても、鉄道の時代は終わりを告げてトラックが主流になった。わざわざ函館から青森に船で運んで鉄道に積み替えて、などという手間をかける必要はなく、最初から本州のどこか目的地まで船で運んでしまえばいい。それに、青函トンネルに貨物列車が走っているから、函館も青森も事実上素通りしている。鉄道ネ

建設途中の青森駅。当初は市街地の反対側を向いていたという(『懐かしの停車場』)

四代目青森駅舎。連絡船の黄金時代を見つめてきた印象深い駅舎であった

ットワークにおける青森駅の存在感は、明らかに低下してしまったのである。

１８９１（明治24）年の開業以来、長きにわたって青森駅の存在意義は、何はなくとも北海道連絡にあった。もっといえば、青森駅というよりも青森という町がそういう役割を担っていたといっていい。

青森の町の興りは、１６２４（寛永元）年に弘前藩が善知鳥《うとう》村に建設した港町にある。青森の名が与えられたのもこのときで、米を江戸に輸送するための外港としての機能を持たされた。いまは県庁所在地になっている青森だが、最初はいまの弘前市に城を構える弘前藩の外港としてはじまったのだ。

江戸時代を通じて西廻り航路からは上方の荷が入り、さらには蝦夷地交易の中継港という役割も得て発展したという。この時代の青森は、善知鳥神社を中心としてその東側に向けて広がった。善知鳥神社は青森駅から東に約７５０ｍにある。いまも、青森市内の南北の大動脈である柳町りは善知鳥神社の東側にあり、東西に走る寺町通りなどを中心に繁華街が形成されている。

明治に入り、１８７１（明治４）年に青森県の県庁所在地となり、北海道開拓が国策として重視される中で北海道連絡の要港としてさらなる成長を遂げる。江戸時代の末にすでに青函間の定期航路は開かれており、１８７３（明治６）年には開拓使による航路も開設。これは１８７９（明治12）年に至って郵便汽船三菱会社（のちの日本郵船）に取って代わり、港町・青森の重要性は高まるばかりであった。

そしてこの時期も、青森の中心は善知鳥神社よりも東側。江戸時代からの町並みを継承していたのである。

それが一変したのが、１８９１（明治24）年の日本鉄道青森駅開業であった。

青森駅は、当初から航路接続を考慮して計画されている。青森より先はもう海なのだから改めて言うまでもない。それであれば、通過型の駅である必要はなく、頭

昭和40年代の青森駅と青森港。桟橋に線路が延びている様子がわかる（青森県史デジタルアーカイブ）

青函連絡船が登場したのと同時に就航した比羅夫丸。青森〜函館間を4時間で結んだ（『日本国有鉄道百年史』）

端式のターミナルを海の近くに設ければそれでよい。

ところが、ここで青森には一騒動あった。青森駅の設置場所を巡っていくつかの候補地が上がったが、その中からどこを選ぶのかで揉めたのだ。

ひとつの案は、青森市街地の東側を流れる堤川の東側。これならば川を渡る鉄橋を架ける必要がないし、用地買収の手間も省ける。他には当時の中心市街地に近いいまの青森市役所付近という案もあった。

こうしていくつか候補地が上がると、候補地付近の土地を買い占める輩が現れて地価が高騰するなどして、その場所への設置が難しくなるという悪循環に陥ったのだ。おかげでいつまでも駅の設置場所が決まらず、そうなると終着駅は青森ではなく別の都市になる、などという噂まで流れる始末。さすがにそれではマズイとなって、市街地裏側である西の外れに駅が置かれることになった。これが現在の青森駅である。

青函連絡船がもたらした、青森駅前の賑わい

日本鉄道国有化後の1908（明治41）年、青森駅は青函連絡船の接続駅となった。青函連絡船はいうまでもなく、青函トンネルが開通するまで80年にわたって本州と北海道の連絡を支えた、日本の鉄道史に燦然と輝く鉄道連絡船の横綱格だ。青函連絡船そのものの歩みはあちこちに書かれているのでここでは触れないが、トンネルもなく飛行機も気軽に使えない時代には、人もモノもほとんど青函連絡船だけが唯一無二の北海道連絡手段だったのである。

青函連絡船の運航上の基地は、実際のところ青森ではなく函館だったという。函館の経済の多くが青函連絡船によって支えられていた、というくらいに大きな存在だったようだ。だが、お客にとってその辺の事情はあまり関係がない。青森も、列

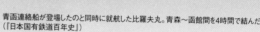

青森駅前広場から新町通りを見る。駅前が青森の中心市街地だ

こちらは昭和40年代の青森駅前。正面から奥に伸びる通りが新町通りだと思われる（青森県史デジタルアーカイブ）

車から船に乗り換える立派なターミナルだった。

そうして青森駅の存在感が高まると、青森の町の中心も、旧市街地から駅の東のエリアに移っていった。善知鳥神社より東側の旧市街地に対し、青森駅前からまっすぐ東に延びる新町通り。いま、青森でいちばんの繁華街になっているこの通り沿いは、青森駅の開業と青函連絡船によって形作られたといっていい。

青函連絡船は１９８８（昭和63）年になくなり、青森駅は青函トンネルを抜ける列車の中継地点となった。実際にはお客は列車に乗りっぱなしで良くなったわけで、青森の町にもたらした影響は大きかっただろう。

そしていまや青函トンネルには北海道新幹線が走るようになった。新幹線は青森駅にそっぽを向いて、新青森駅を経由する。連絡船からトンネルへの移り変わりは、津軽線が開通したときに青森県知事が話した言葉とはまったく裏腹の結果を招いてしまったというわけだ。

いまの青森駅は、そうした連絡船時代からの面影を振り払おうとしているのか、まさに再開発工事の最中にある。１９５９（昭和34）年に竣工し、石川さゆりの『津軽海峡・冬景色』にも描写される四代目駅舎は２０２１（令和３）年に閉鎖されて取り壊された。そして入れ替わるようにして新しい五代目駅舎が完成し、駅前広場の整備が行われている最中だ。

四代目駅舎は連絡船のための駅舎で、連絡船廃止後に線路はなくなってしまったが、港へとまっすぐに伸びる線路の途中に設けられた駅だった。いま、青森駅の北側にはメモリアルシップ八甲田丸があるが、ちょうどそこまで線路がつながっていたのだ。Ａ－ＦＡＣＴＯＲＹというきれいな土産物店は、ちょうど廃線跡の上に建てられている。

いっぽう、駅前の新町通りの賑わいは変わっていない。実際には往年の賑わいと

新町通り沿いに建つ「アウガ」。平成の青森市を語るなら避けて通れない再開発ビルである

駅から栈橋方面に向かう途中には土産物店が。ここも連絡船への“廃線跡”の一部だ

比べればかなりさみしくなったというが、いまのご時世において地方都市の駅前の繁華街にしては充分な賑わいぶりといっていいだろう。やたらとあちこちでリンゴを売っているのは、さすが青森である。

その新町通りの一角に、アウガと名付けられた大きなビルが建っている。アウガは連絡船を失って中心市街地の空洞化に悩む青森の町が、再活性化を目論んで仕掛けた乾坤一擲の勝負の象徴だ。

連絡船が青森から消えた80年代の終わり頃にはさくら野百貨店が、次いで西武百貨店が入居する再開発ビルの計画があったが、バブル崩壊のあおりを受けて頓挫。そこで青森市が約１８５億円の事業費のほとんどを負担して、図書館や多目的ホールなどが入る複合施設として２００１（平成13）年にアウガが竣工する。

開業直後は若年層向けのテナントが多数入居するなどして賑わい、中心市街地活性化、コンパクトシティの成功例として紹介された。しかし、その内実は熟れたリンゴもびっくりの大赤字。初年度から約2億５０００万円の赤字を計上し、２０１５（平成27）年度には超過債務が23億円を超えた。テナントの売り上げが予想を下回ったことが理由だという。

結局、青森市が約17億円の債務放棄をするなどしてアウガの運営母体が破綻。地下１階の市場を除き商業フロアのテナントは撤退し、青森市の市役所機能を移していまに至っている。

そんな建物が駅前の繁華街のど真ん中にある。それ自体が、青森駅の盛衰を現していると言えるのかもしれない。ただ、いっぽうでは新町通りは人通りが絶えず、路地に入れば横丁のような一角も賑わいを見せる。青森の中心市街地は、いまも新町なのだ。連絡船があろうがなかろうが、本州で最北のターミナルという青森駅のもっとも本質的な部分は、１３０年間変わっていないのである。

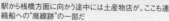

#19 梅田

私鉄ターミナルの誕生と大阪駅

DATA

1874年	大阪駅開業
1906年	阪神梅田駅開業
1910年	阪急梅田駅開業
1929年	阪急百貨店開業
1933年	地下鉄御堂筋線梅田駅開業

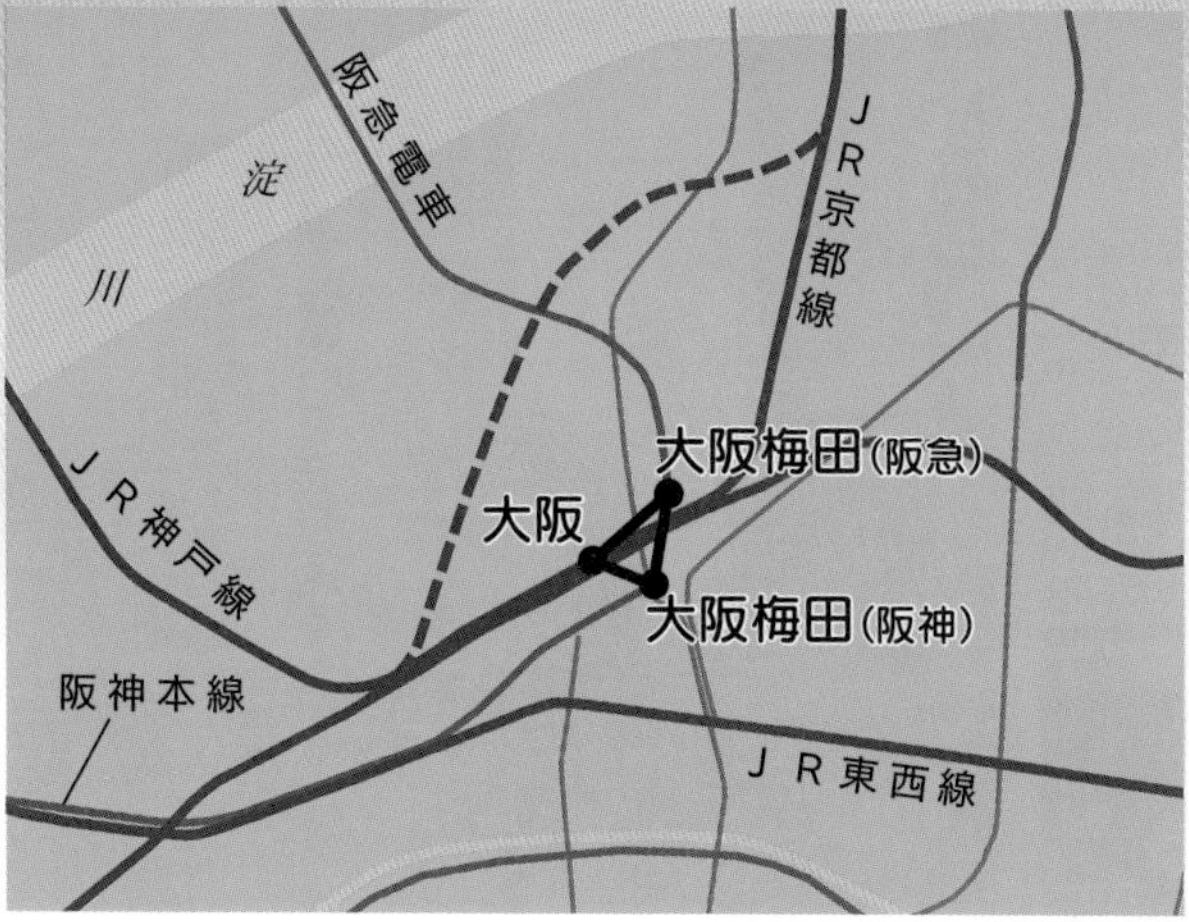

うめきたエリアの再開発も進む大阪駅前

東京の人が関西にやってきて、まず最初に戸惑うことのひとつが「梅田」ではないかと思う。「梅田」とは、おおざっぱにいえばＪＲ大阪駅周辺のことを指す。つまり、大阪駅があるのにその町のことを梅田と呼ぶのだ。

まあ、この程度のことをわかりにくいと言い出したらキリがなく、東京だって東京駅というより丸の内だとか大手町だとか、そういう風にも言うではないかと詰められたら立つ瀬がない。

さらにややこしいことに、大阪の人たちは梅田一帯のことを、周辺地域などともひっくるめて「キタ」と呼んだりもする。このあたりは地元の人でもないと感覚がつかみきれないところがある。とにかく、東京の人が大阪に来ると、梅田だとかキタだとか言われて面食らい、大阪の洗礼を浴びるのである。

わかりにくいなんてことはないだろうと反論もあろう。確かにいちど理解してしまえばなんてことはない。ただ、阪神電車と阪急電車が２０１９（令和元）年に梅田駅を大阪梅田駅に改称したりしているから、戸惑う人も少なからずいるということなのだ。

さて、そんな梅田はどんな町なのか。

ＪＲ大阪駅を中心に見ると、東西にＪＲの線路が通って南東側には大阪駅と阪急・阪神の百貨店をつなぐ歩道橋がある。大阪駅前、梅田駅前の風景でよく見かける歩道橋がそれだ。戦後、周辺の発達が著しい中で交通事故が増加し、それを受けて１９６４（昭和39）年に松下幸之助と松下電器が寄贈したものだという。

この歩道橋の下を南に向かって延びているのが、大阪市街地の〝背骨〟御堂筋。地下にはＯｓａｋａ Ｍｅｔｒｏ御堂筋線が通り、クルマ通りも人通りも絶えない道

阪急百貨店と大阪駅の間の横断歩道。大阪駅前の風景などでよくテレビに登場する場所だ

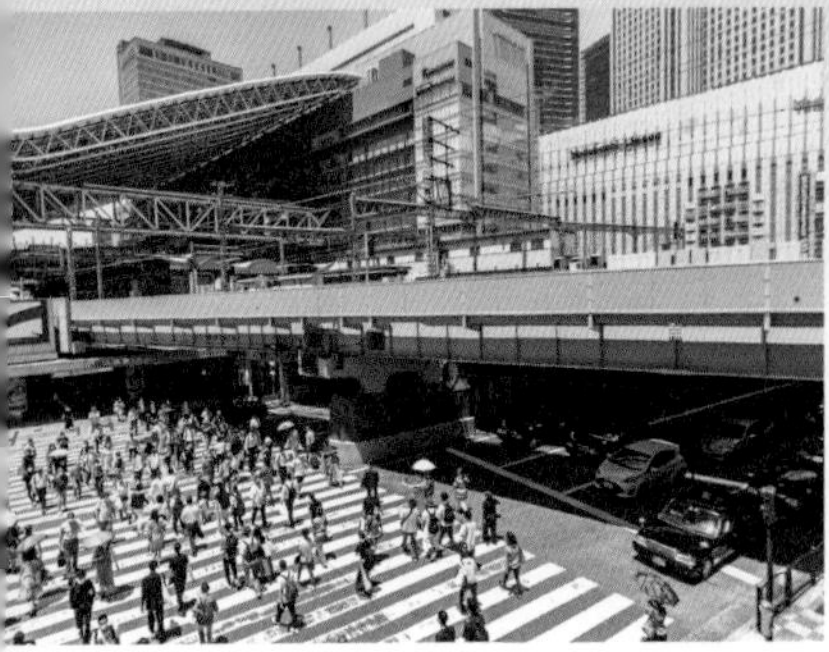

阪神前の交差点付近から御堂筋の南側を見る。右手が阪神百貨店

筋だ。両脇にはオフィスビルを中心にぎっしりと大きな建物が建ち並ぶ。さらに御堂筋の東側には新御堂筋が通り、御堂筋と対となった大阪の南北交通を支えている。

御堂筋は１９３７（昭和12）年に完成した比較的新しい通りで、新御堂筋は１９６９（昭和44）年に開通。新御堂筋は千里ニュータウンや万博会場と都心部を結ぶ役割を持たされたものだが、いずれにしても戦前から戦後にかけて〝キタ〟はまったく様相を一変させるほどの発展を遂げたのだ。

反対に大阪駅の北側に目を向けてみると、まずインパクトがあるのはヨドバシカメラだろうか。

大阪に限らず、ヨドバシカメラはやたらと駅前の超一等地に巨大な店舗を構えている。秋葉原しかり、横浜しかり、仙台しかり。とくにヨドバシ梅田に限っていえば、もともとこの場所には旧国鉄大阪鉄道管理局、分割民営化後はＪＲ西日本本社があった。

そこを国鉄債務削減のために民間に売却することになったのだが、折しもバブル全盛期。土地の高騰に拍車をかけるわけにもいかず、しばらく塩漬けにされていた。ようやく売却されたのは１９９７(平成９)年で、ヨドバシカメラが落札。２００１(平成13）年に家電量販店としては日本一の売り場面積を誇る旗艦店としてオープンしたのだ。

そのヨドバシカメラのすぐ西側は、グランフロント大阪というビルを挟んで〝うめきた〟の再開発エリアだ。こちらも元国鉄の敷地で、２０１３（平成25）年まで梅田貨物駅が置かれていた。

梅田貨物駅は１９２８（昭和３）年に開業したターミナル。以前は大阪駅で旅客も貨物もまとめて取り扱っていたが、あまりに取扱量が増えてしまったので隣接地に貨物専用の駅を設けて貨客を分離した。それが梅田貨物駅である。いまではまっ

戦前、高架時代の阪急電車。このあと地上に降り、さらに高架に戻って今のJR線北側に移っている（『懐かしの停車場』）

うめきたの再開発エリア。2023（令和5）年春にはこの地下にも大阪駅が開業する

たく考えられないことだが、昭和の初めごろには大阪駅の北側にはこうした広大な貨物駅を置くだけのスペースがあったということだ。

さすがにこの超一等地の貨物駅をいつまでもそのままにしておくわけにもいかず、ヨドバシカメラと同じように民間に売却されて再開発エリアとなった。駅の廃止が2013（平成25）年にまで遅れたのは、移転先の計画に時間がかかったからだ。

いまでも梅田貨物駅の跡地には線路が通っていて、新大阪方面から大阪駅を経由しないで西九条・天王寺方面に向かう列車（特急「はるか」など）が走っている。2023（令和5）年春にはこの区間にも駅が設けられる予定で、再開発とあわせ、大阪駅前という超一等地が目下まったく新しく生まれ変わろうとしているのだ。

阪急が作った阪急村と複雑怪奇な地下街と

などと、大阪駅を中心にした話ばかりをしてきてしまった。しかし、それは梅田という町の本質ではない。梅田はやはり、阪急電車なくして語ることのできない町なのだ。

阪急電車の梅田駅（大阪梅田駅が正しいが、以後すべて梅田駅で統一します）は、阪急百貨店からJR線の高架を挟んで北側にある。もともとは阪急百貨店の中に突っ込むようにして地上に駅を設けていたが、それが手狭になって、1967（昭和42）年から1971（昭和46）年にかけて高架化した上でJR線（当時は国鉄）の線路の北に移転し、現在の形になっている。

戦前にはもっと驚きの大改良があった。もともと阪急電車は高架、国鉄は地上を走っていたが、1934（昭和9）年にそれを入れ替える大事業を実施しているのだ。この町は、大阪駅が開業した1874（明治7）年から、ほとんど絶え間なく変わ

茶屋町一帯は、1980年代以降開発が進んだ比較的新しい商業エリアだ

阪急百貨店は、私鉄直営のターミナルデパートとしては日本で初の例

り続けているといっていい。

いまの阪急梅田駅のすぐ東側には、茶屋町と呼ばれる繁華街が広がっている。もちろんこのあたりも阪急系列のビルが建ち並んでいて、南に下ってＪＲのガードをくぐれば観覧車がシンボルのＨＥＰ ＦＩＶＥ。昭和の終わり頃から開発が進んだ梅田周辺では、比較的新しい繁華街だ。

阪急電車が開業したのは１９１０（明治43）年のこと。箕面有馬電気軌道が梅田～宝塚間で営業を開始したのが阪急電車のはじまりである。このとき、梅田と宝塚は約50分で結ばれていたという。いまは急行で約40分だから、所要時間はそれほど変わっていないのだ。

阪急電車を率いた小林一三は、ご存知の通り私鉄経営手法の基礎を築き上げた人物だ。小林の名言「乗客は電車が創造する」とは、電車を走らせて沿線に住宅地やレジャー施設を作り、ターミナルに百貨店を設けていけば、必然的にお客がたくさん乗るようになるという、その経営手法をみごとに表現した言葉だ。そんな簡単にはいくまいと思うが、何しろ小林自身がまったく何もない原野に線路を通し、住宅分譲などによって沿線住民を自ら増やしていったのだから文句も言えまい。

そしてその起点であった梅田には、日本で初めてのターミナルデパートが開業した。現在の阪急百貨店だ。

阪急百貨店のルーツは、阪急神戸線が開業した１９２０（大正9）年の秋にさかのぼる。5階建ての駅ビル「阪急ビル」を建て、1階には白木屋百貨店、2階に直営食堂、3～5階には本社事務所を置いていた。5年後に白木屋との賃貸契約が終了すると改造工事を行い、2・3階に直営の阪急マーケットを開店している。これが発展し、阪急百貨店へとなっていった。

阪急が開発した住宅地に暮らし、阪急電車で通勤し、会社帰りには阪急百貨店で

ホワイティうめだの「泉の広場」。2021（令和3）年には売春婦が61人逮捕される事件もあった

阪急東通商店街はよく言えば庶民的、悪く言えば猥雑な雰囲気が残る商店街だ

お買いもの。休日には家族で宝塚にレジャーへ……。小林一三はこうしたライフサイクルをつくりあげた。いまの人々も、よくよく考えればさほど違わない暮らしをしている。いまにも通じる生活のサイクルが生まれた町。梅田にはそういった意味合いも隠れている。

かくのごとく、阪急電車のお膝元といったイメージの強い大阪梅田だが、ここにはもうひとつ忘れてはいけない特徴がある。地下街である。

梅田の地下街は、大阪駅を中心に東にホワイティうめだ、西には大阪ガーデンシティがあり、南のディアモール大阪はそのままドージマ地下センターにもつながっている。さらに阪急梅田駅にも阪急三番街という地下街もある。これらが実にわかりにくいのだ。

ホワイティうめだに迷い込んだことが何度かあるが、地下街の定めとして行けども行けどもどこにいるのかが判然としない。最終的に泉の広場という有名な待ち合わせスポットにたどり着く。ここから地上に出ると、もうまったく見知った梅田の駅前ではない。新御堂筋と扇町通が交差する交差点で、少し北には庶民的で雑多な阪急東通商店街がある。

この商店街を西に辿っていけば阪急百貨店の裏手に出るのだが、とにかく大阪梅田はひとことで説明するのが難しい。目下再開発の続く新しいエリアがあると思えば、阪急色に染められた茶屋町の一角があり、迷宮のごとく地下街が張り巡らされ、阪急東通商店街付近は猥雑さも残す。南に下って曾根崎通りを渡ると、大阪で一番の歓楽街・北新地だ。

これほどに、大阪梅田の町はあらゆる要素が詰まっている。狭いエリアに〝都会〟のすべてがあるといっていい。密度の濃さにおいては、もしかしたらこの町が日本一なのかもしれない。

#20 東京駅

政治的装置として生まれた〝中央停車場〟

DATA

1914年	東京駅開業
1929年	八重洲口設置
1954年	大丸百貨店の入居する鉄道会館ビル（八重洲口）が完成
1964年	東海道新幹線開業
2012年	丸の内駅舎復原完了

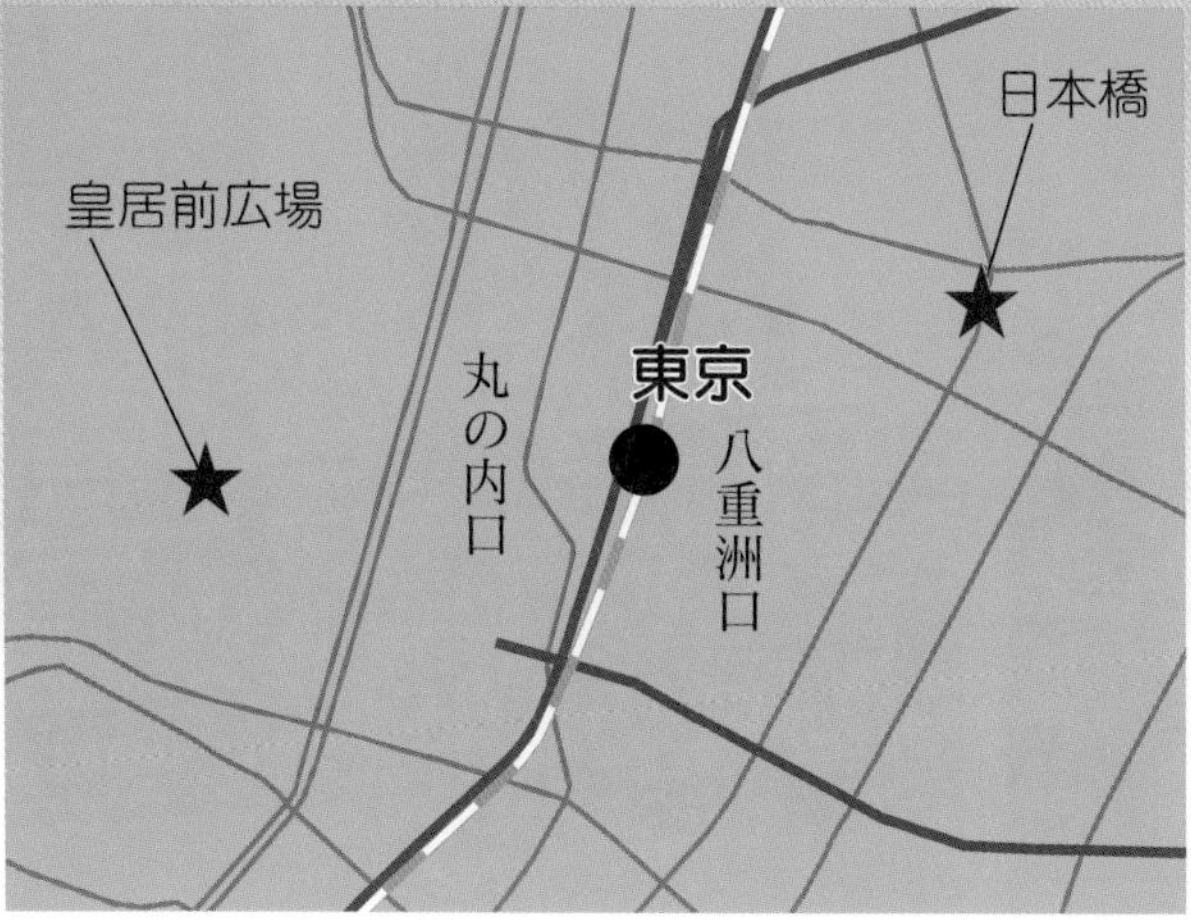

最初は駅舎も設けられなかった八重洲口

東京駅はわが国の鉄道のシンボル的な存在である。

……などと言い切っていいのかどうか、いささか心許ないところがあるが、少なくとも東京駅丸の内駅舎の偉容は他のどの駅をも圧倒している。北へ西へと走る新幹線のターミナルであることなどもあわせて考えれば、東京駅が特別な駅であることに異論はないだろう。

東京駅があるのは文字通り東京の中心。南北に線路が通る中で、西には丸の内のオフィス街を経て皇居前。東側には巨大なオフィスビルが駅の両脇にそびえ立ち、人の往来も激しいいかにも東京のターミナルらしい駅前が広がっている。

東京駅の周りを歩きながらその地理的な特徴を考えてみると、この駅の東西で実のところまったく性質が変わっているのではないかと思えてくる。いったいそれはどういうことなのだろうか。

まずは東側、八重洲口と呼ばれる側から歩いてみよう。

八重洲口の名の由来は、江戸時代の初めに日本に漂着して家康に召し抱えられたオランダ人航海士ヤン・ヨーステンの屋敷があったことからだという。ただ、ヨーステンの屋敷は実際には内堀沿いにあり、八重洲という町も現在の東京駅の西側だった。東京駅によって東西が隔てられ、その際に八重洲の地名が東側に移ってきている。地名すらも移動するということになると、地名から町の歴史を探るのも難しくなりそうだが、これはまた別のお話だ。

八重洲という名は、まっすぐ東に伸びる大通りの名にも使われている。八重洲大通り。線路に並行している外堀通りを渡ってこの道を進んでいくと、ほどなく日本橋三丁目の交差点に着く。右に曲がれば京橋、左に曲がれば日本橋だ。

中央通り沿いの日本橋高島屋。奥には道路元標もある日本橋。東京駅八重洲口から10分もかからない

現在の八重洲口。新幹線側の出入り口として大きく発展し、地下には八重洲地下街も広がる

このあたりの地理感覚は東京の人でもなければ理解しにくいかもしれないが、東京駅八重洲口は日本橋と地続きなのである。

日本橋三丁目交差点から日本橋方面に歩くとすぐに日本橋高島屋が見えてきて、奥には頭上に首都高が通る日本の道路の起点・日本橋。このあたりから東京駅八重洲口まではものの５分とかからない。間には小さな飲食店からカラオケ店までが集まるような庶民的な繁華街になっている。

もちろん再開発が進んでいるエリアもあり、八重洲通りを挟んで京橋側には背の高いオフィスビルがいくつも建っている。徐々に生まれ変わっている途上にあるのだろうが、それでも東京駅八重洲口はいかにも庶民的な江戸の町、日本橋との地理的連続性をもって特徴付けられるといっていい。

東京駅が開業した１９１４（大正３）年の時点で、この八重洲側には出入り口は設けられていなかった。東京駅そのものが丸の内、すなわち皇居に正面玄関を向けた皇族のための駅という性質を持っていたからというのもあるが、それ以上にそのときの東京駅と日本橋方面は外濠によって隔てられていたことが、日本橋側が〝駅裏〟になってしまった大きな理由なのだ。

開業時の東京駅には八重洲口は設けられず、丸の内側の4面のホームと外濠の間には広大な操車場があった。つまり、その頃の八重洲口は〝裏口〟だったのである。はじめて八重洲口が設けられたのは開業から15年後の１９２９（昭和４）年。まだ4面だったホームとは跨線橋で結ばれた、小さな駅舎であった。

八重洲口が現在のように大きくなっていったのは戦後になってからのことだ。終戦からまもない１９４８（昭和23）年に新しく2階建ての駅舎ができたが、半年も経たずにタバコの不始末から焼失。その後はしばらくバラック建ての仮駅舎でしのぎ、ようやく１９５４（昭和29）年に百貨店大丸が入った新駅舎が完成。その間に

1948（昭和23）年に完成した八重洲駅舎だが、半年後にタバコの不始末で失火している（『日本国有鉄道百年史』）

現在も丸の内駅舎前はクルマの乗り入れられない広場になっており、多くの人が集まる観光スポットだ

外濠の埋め立ても行われて日本橋方面と地続きになって、いまの八重洲口の原型が形作られていったのである。
　東京駅の構内は八重洲口側に向けて拡張を続けており、客車操車場は1942（昭和17）年に移転。生まれたスペースに新たなホームが次々に設けられ、1964（昭和39）年には東海道新幹線も開業した。さらに駅の拡張は続き、現在の地上ホームは10面20線。それだけでも足りずに、地下にも合計4面8線のホームを持つに至っている。

三菱が原に現れた荘厳な中央停車場

　出入り口すらないところからはじまった八重洲口に対して、丸の内側は開業当初から基本的な形はほとんど変わっていない。

　国の重要文化財でもあるレンガ造りの丸の内駅舎は、戦時中の空襲で被害を受けてしばらく仮の姿で営業を続けていた。2012（平成24）年に開業当初の形で復原工事が完了したが、基本的には〝同じ駅舎〟といっていい。何度も代替わりをしている八重洲口とは対照的に、大正時代の絢爛な駅舎がそのままに使われて続けてきているのだ。

　丸の内駅舎の駅前は、他のどの駅でも見られないほど大きな広場になっており、周縁部を除いてはクルマが入ることも許されない。広場にはいつの時もたくさんの観光客がいて、〝鉄道の父〟井上勝の像が絶えない人波を見つめている（ちなみに東京駅開業時点ですでに井上はこの世を去っていた）。

　駅前広場の周囲を取り囲むのは丸ビルや新丸ビル、JPタワーといった高層ビル群。さらにまっすぐに皇居に向けて行幸通りが続いていて、その名の通りこの道を

開業時の東京駅丸の内駅舎。周囲の環境を除けば駅舎の形はまったくいまと変わらない（『日本国有鉄道百年史』）

明治末、東京駅開業前の丸の内。"一丁倫敦"と呼ばれた三菱のオフィスビルが建ちはじめているが、まだまだ空き地も目立つ（国立国会図書館デジタルコレクション）

ゆけば皇居前広場、そして皇居正門へと通じている。

ところで、ここで気になるのは大都市・東京のど真ん中であるこの場所に、どうしてこれほど大きな駅を設けることができたのか、という問題だ。大都会の真ん中に、こんな広い土地があったのか。

この問いの答えはシンプルで明確、〝ここに土地があった〟のだ。

内濠と外濠の間に広がるいまでいう〝丸の内〟と呼ばれるエリアは、江戸時代までは大名屋敷が建ち並ぶ武家ゾーン。それらは明治初期に取り払われて陸軍の兵舎や練兵場、監獄などが置かれるようになった。ただ、近代日本の陸軍の兵舎にしてはさすがに手狭に過ぎ、その移転のために丸の内一帯はすべて岩崎弥之助率いる三菱に売却される。

1894（明治27）年以降、三菱によるオフィス街化が進行するが、それでも大半は背丈を超える雑草が生い茂る不毛の地になっていたのである。皇居の目の前の超一等地にそんな場所があれば、とうぜんそれを中央停車場とするのに大きな障壁はなかろう。

むしろ新橋駅から東京駅までの市街地の間に高架路線を建設することのほうが、よほど多くのハードルがあったことだろう。東京駅の開業を契機に、丸の内は日本のビジネスセンターとして発展していくことになる。

いずれにしても、そうして完成した東京駅は荘厳な丸の内駅舎に示されるように、列強の仲間入りを果たした近代日本のシンボル的な存在であった。1872（明治5）年の鉄道開業から42年。ようやく日本は、近代科学技術の結晶たる鉄道の中央停車場を設けることができるようになったのである。

ただし、東京駅の開業は近代日本の歩みの中では大きなできごとであっても、鉄道史においてはそれほどのインパクトはないのではないかと思っている。

丸の内南口のきっぷ売り場付近が原敬暗殺事件の襲撃現場。壁にレリーフが埋め込まれ、床にもマークがある

現在の丸の内は大手町・日比谷などと一体化した巨大ビジネスセンターだ。その形成のきっかけは東京駅の開業だった

といのも、東京駅開業によって大きく変わったのは東海道方面の列車の起点がすべて東京駅に集約されたこと、数年のちの山手線の完成につながったことくらいなもので、基本的な鉄道ネットワークの在り方にはあまり影響を与えていないのだ。

東京駅が開業する以前、東京から地方に向かう鉄道のターミナルは方向別に役割を分けていた。南が新橋、北が上野、東が両国、西が飯田町・万世橋。東京駅の開業にはこれらの統合という狙いもあったであろうが、実際には上野はその後も長らく北の玄関口として存在感を示し続けたし、東に向かう鉄路が隅田川を渡ってくるのは昭和になってから。飯田町・万世橋はそもそもターミナル性には乏しかった。

結局、東京駅は東海道方面に向かう列車のターミナルというくらいの意味しか持ち得なかったのだ（それとて充分評価できることではあるのだが）。それ以上に、近代日本の政治装置として、東京駅は大きな意味合いを持っていた。

だから、ということでもないだろうが、たびたび東京駅は歴史的なできごとの舞台になっている。原敬《はらたかし》・濱口雄幸《はまぐちおさち》というふたりの現役総理大臣が襲撃されたのも、そうしたできごとのひとつだ。

鉄道との関わりにおいては原敬暗殺事件だろうか。立憲政友会を率いた原は、我田引鉄とも呼ばれるローカル線建設推進政策によって支持を拡大していった。いわば、今にも通じる利益誘導政治のはじまりともいえるのだが、鉄道の旅、なかでもローカル線の旅を好む者にとっては恩人といっていい。

１９２１（大正10）年11月４日夕方、関西で行われる政友会の大会に出席するために原は東京駅にやってきた。駅長の案内で乗車口（丸の内南口）に向かったところで、大塚駅の転轍手を務めていた中岡艮一に刺されて即死。鉄道の発展に尽力した原が鉄道職員に殺害されるとは皮肉だが、理由は鉄道とは関係ないところにあったようだ。戦前において、政党政治が全盛期を迎えていたころの事件である。

#21 田園調布

日本一有名な高級住宅地はいかにして生まれたか

DATA

1918年	田園都市株式会社設立
1923年	多摩川台住宅（田園調布）の分譲開始、田園調布駅開業

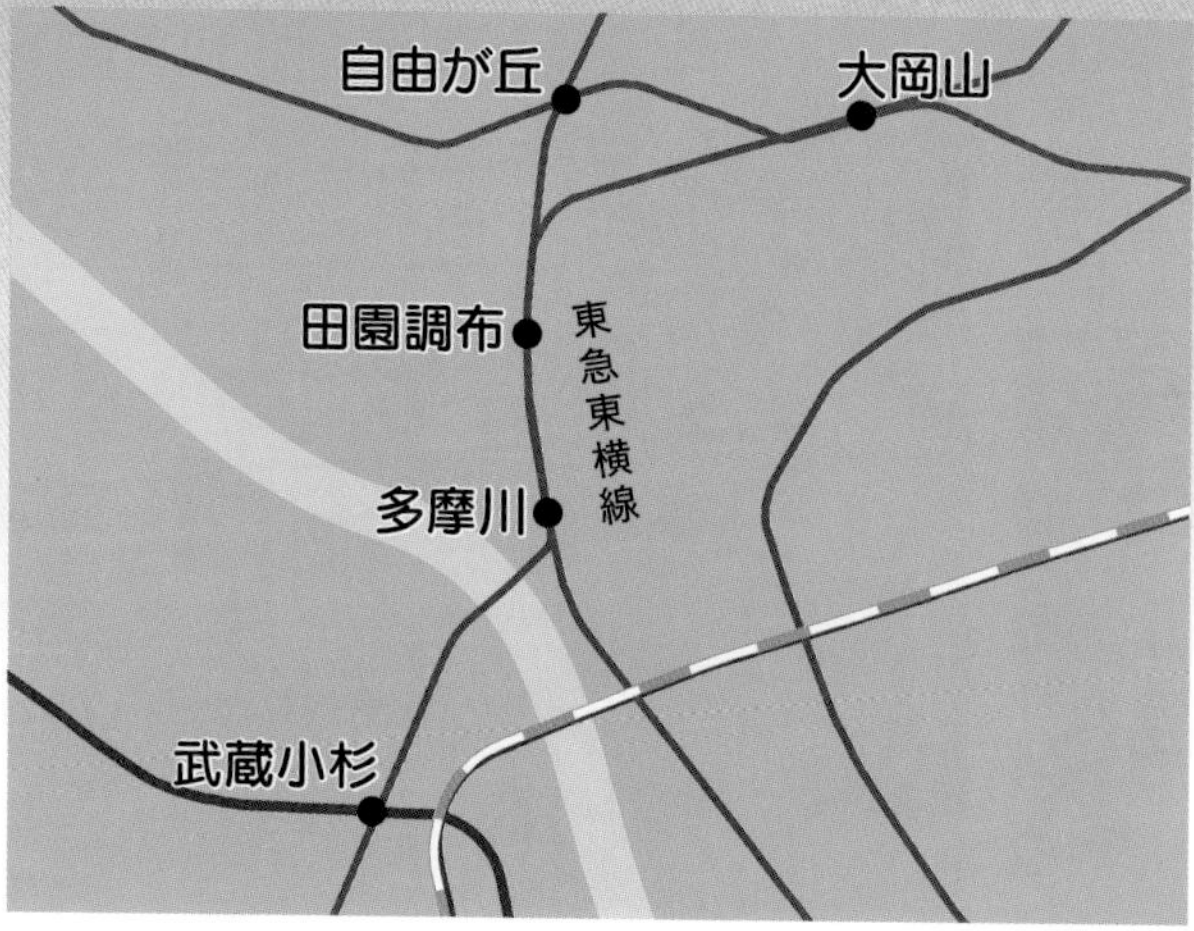

東急＝高級住宅地のイメージを作った田園調布

田園調布には、すっかり高級住宅地のイメージが染みついている。イメージというか、現実に高級住宅地なのである。

駅に入る直前で東横線は地下に潜り、またすぐに地上に顔を出すというほんの短いトンネル区間に、田園調布駅のホームがある。地上に出て改札口を抜けると、もうすぐそこは田園調布の真ん中だ。

駅舎はそのままショッピングビルになっていて、階段を登って駅の西側に出るとシンボルのごとく建っている旧田園調布駅舎。中世ヨーロッパの民家で見られたマンサードルーフの屋根が特徴的な、小ぶりだが品のある建物だ。

その旧駅舎の真ん中をくぐり、噴水のある駅前広場から先はいちょう並木が続く住宅地。これぞ田園調布、というほどの大きな邸宅ばかりが並んでいる。半円のエトワール型と呼ばれる街路になっているのもこの町の大きな特徴といっていい。どこまで歩いてもデカいお屋敷ばかりなので、カメラを持った筆者のごとき貧乏ライターがうろついていたら、まったく不審者として通報されてもしようがない……などと自虐的なことすら考えてしまう。

この田園調布駅西側は、第一種低層住居専用地域と第二種風致地区に該当、つまり高い建物も建てられないし、町の見た目の統一感を乱すようなものも建てられない。かつては土塀や板塀なども設けず、花垣か生け垣の低いものだけを用いて家の敷地を囲っていたそうだ。これだけ広い邸宅が並んでいても、圧迫感がない。それこそが、真の高級住宅地ということなのか。

エトワール型の西口には、商店街のようなものはない。駅前にケンタッキーフライドチキンがあってなぜか行列ができていたが、マクドナルドはないし、ドトール

田園調布駅の西口広場。駅舎は復元されたものだが、駅前広場の雰囲気は昔と変わらない

東口にはまっすぐ東に向かって延びる商店街もある

コーヒーもない。コーヒーチェーンに関していうなら、駅ビルの中にスターバックスがあるだけだ。

聞いた話では、田園調布に暮らすほどの人たちは、昔は商店街で買い物などしなかったという。買い物かごを持って魚屋でサンマを買って、今日の夜はサンマの塩焼きにしようと八百屋に行って添えるための大根を、などという庶民的な振る舞いは必要ないのだ。お手伝いさんのような人がそうした雑事はすべてやってくれるし、何か欲しいものがあれば百貨店の外商が直接家まで訪ねてきてくれる。そんな暮らし、一度でいいからしてみたいようなしたくないような。

ただ、いまはさすがにそんなことはないようで、東口に移ると駅前からまっすぐ東に向かって下ってゆく道筋に商店街がある。ドラッグストアにコンビニに菓子店にお花屋さん。このあたりのラインナップは田園調布だからといって特別なことはなく、チェーンの飲食店もあるようなごく普通の商店街だ。

線路と並行している通りにも小さな飲食店などが並んでいて、そこには長嶋茂雄が文化勲章を受章したことを祝う横断幕も掲げられている。長嶋さんは田園調布に暮らしている町の顔みたいな人だから、地元からも愛されているのだろう。

こうして田園調布駅を降りて周囲をうろうろと約1時間。わかったことは、商店街はあるものの、全体的に言えば田園調布はやっぱり高級住宅地だった、ということだ。町歩きをするときには事前にどんな町なのかをほんのり調べるが、そのイメージそのままということは意外に少ない。しかし、田園調布だけはまったくイメージ通りの町であった。

田園調布の特徴が、西口に広がるエトワール型の街路にあることは間違いないだろう。同様の街路を持っている町はほかにもいくつかあって、たとえば1936（昭和11）年に分譲を開始した板橋区のときわ台住宅地。東武東上線ときわ台駅東側に

一万円紙幣の肖像になることが決まっている渋沢栄一。田園調布の生みの親でもある（国立国会図書館『近代日本の肖像』）

2019（令和元）年の航空写真。中央の田園調布駅から西側がエトワール型になっているのがわかる。南には多摩川台公園（国土地理院）

広がっている。〝板橋の田園調布〟と呼ばることもあるようで、二番煎じ感が前面に出てしまっているネーミングだが、東武鉄道が開発した高級住宅地である。

また、変わったところでは兵庫県姫路市の英賀保《あがほ》駅前も似たような街路になっている。駅前の様相は高級住宅地のそれとはまったく違うが、町を整備する際に田園調布を参考にしたのだという。

それらの町の中で、最初に登場したのはもちろん田園調布である。実業家・渋沢栄一が田園都市構想のもとに設立した田園都市株式会社によって、大正時代に開発がスタート。目黒蒲田電鉄など鉄道も敷設して、東京城南地区を一大住宅地として開発する、その足がかりのひとつが田園調布の高級住宅地だったのである。

鉄道会社ではなく、創立時からデベロッパー

田園調布の開発は、1918（大正7）年に田園都市株式会社が設立したことにはじまる。

田園都市株式会社が掲げた理念は、理想的な住宅地『田園都市』の開発であった。

田園都市とは、19世紀の終わり頃にイギリスのエベネザー・ハワードが提唱した都市形態をいう。産業革命の進行によって大都市への人口集中が進み、工業化によって人々は環境の悪化にも苦しめられていた。そこで、ハワードは〝都市と農村の結婚〟という概念を提唱。大都市の利点（利便性など）と農村の利点（生活環境など）を結合させて、自然と共生できる緑豊かな都市を建設しようと試みた。その例のひとつがイギリスはロンドン郊外のレッチワースである。

田園都市のアイデアは日本にも早くから輸入され、1907（明治40）年に内務省の有志が『田園都市』を刊行してその理念を広く紹介している。

西口から直線的に伸びる街路は、いちょう並木になっているのが特徴だ

1961（昭和36）年の田園調布駅前。まだ当時は地上駅で、旧駅舎も現役だった（大田区）

実際に形にしたのは関東地方より関西が先行し、1910（明治43）年に箕面有馬電気軌道の小林一三らによって池田駅周辺が開発されたのがはじまりとされる。ただ、日本における田園都市は本場・イギリスのそれとは若干事情が異なっていた。というのも、本場の田園都市は職住近接を大前提としており、中心部に工場などの職場を配置。周囲に商店や娯楽施設、さらにその外側に住宅地を配するものだった。だが、日本の田園都市は職住分離スタイルを採る。ちょうど大正時代はサラリーマンが増加し、職場と住宅を離すことで理想的な住環境を得るという発想が受け入れられやすかったのだろう。

小林一三のそれもそうだったし、それを関東に持ち込んだ渋沢栄一らの田園都市もそうだった。

田園都市は、洗足《せんぞく》・多摩川台・大岡山の3か所で用地を買収。1922（大正11）年に洗足田園都市の分譲を開始し、翌1923（大正12）年に多摩川台住宅地の分譲をスタートする（大岡山の用地は東京工業大学のキャンパスになっている）。この多摩川台住宅地が、現在の田園調布である。

田園調布に鉄道が通ったのは分譲が開始される直前の1922（大正12）年3月で、目黒蒲田電鉄目蒲線の目黒～丸子（現・沼部）間の開業と同時であった。

この目黒蒲田電鉄は田園都市株式会社の鉄道部門が子会社として独立したもので、東急電鉄のルーツともいうべき鉄道会社だ。同年中には蒲田まで全線で開通している（現在は目黒～多摩川間が目黒線、多摩川～蒲田間が多摩川線として分離されている）。

関西で田園都市構想を牽引した小林一三は、まずは鉄道（箕面有馬電気軌道）の経営に携わることからはじまり、沿線開発によってそのお客を増やすという順番で進めていった。

田園調布の南端、多摩川台公園から武蔵小杉方面を見る

ちょっと寄り道

私鉄の沿線宅地開発

私鉄による沿線開発は、東急や阪急によるものが広く知られている。だが、もちろんそれ以外の私鉄各社も積極的に沿線開発に乗り出している。本文中でも触れたとおり、東武鉄道はときわ台住宅地を開発している。また、東急同様にデベロッパーが基礎にある西武グループ（コクド）も、沿線ではないが国立の開発を手がけた。

戦後はさらに鉄道会社による沿線開発が加速。相模鉄道は万騎が原や緑園都市など広大なニュータウンを建設、京成電鉄も八千代台などの住宅地を整備している。地方でも名鉄や近鉄など、大手私鉄のほとんどが沿線の宅地開発を担っており、戦後の人口急増による住宅問題の解決の一助になった。沿線に眠っていた未開発の土地は、鉄道会社にとってドル箱だったのだ。

いっぽうで、渋沢の田園都市は田園都市株式会社といういわばデベロッパーを設立し、開発対象の住宅地の利便性を確保するために鉄道を通すという順を踏んでいる。結果は同じでも、多少前後関係に違いがある。渋谷駅周辺の再開発などを含めて東急を〝鉄道会社なのに〟などという人がたまにいるが、むしろ東急の本質は鉄道ではなくデベロッパーにあり、というわけだ。

いずれにしても、田園調布はそうしてスタートした。ちょうど分譲開始と同じ年に関東大震災が起こり、郊外住宅地はさらに注目されるようになる。もともとは中流階級向けの住宅地だったというが、関東大震災で被災した富裕層の移転が相次ぎ、高級住宅地として完成されていった。

そして、それから約100年経ったいまでも田園調布の町の性質は変わっていない。お隣もお向かいもさらにそのお隣もすべて大邸宅だから、セキュリティという意味では万全といっていい。さらに国分寺崖線の上、武蔵野台地突端の高台の上にあるから災害対策という点でもぬかりがない（開発時点でそれを踏まえていたかどうかは分からない）。超高級住宅地・田園調布の価値が衰えることは、そうそうないのではないかと思う。

その田園調布の住宅地を線路に沿って南に抜けていくと、多摩川の河川敷に出る手前に多摩川台公園という公園へ。ここには田園調布古墳群という4～5世紀にかけて築造された古墳群がある。中心になるのは全長107mの前方後円墳、亀甲山古墳。この地域を治めていた豪族の首長の墓とされている。

亀甲山古墳のある多摩川台公園では、かつて東急の祖・五島慶太と下村宏（終戦時の情報局総裁）が高台から眼下を見下ろしながら、開発のアイデアを話し合っていたという。田園調布の南の端、多摩川台の高台からは、滔々と流れる多摩川と、その向こうに武蔵小杉のタワマン群がよく見える。

#22

甲子園

モダニズム文化と聖地を生んだ沿線開発

DATA

1905年	阪神電鉄本線開業
1915年	豊中で第１回全国中等優勝野球大会開催
1924年	甲子園球場開場、甲子園駅開業
1929年	甲子園の住宅地分譲開始
1935年	大阪タイガース誕生

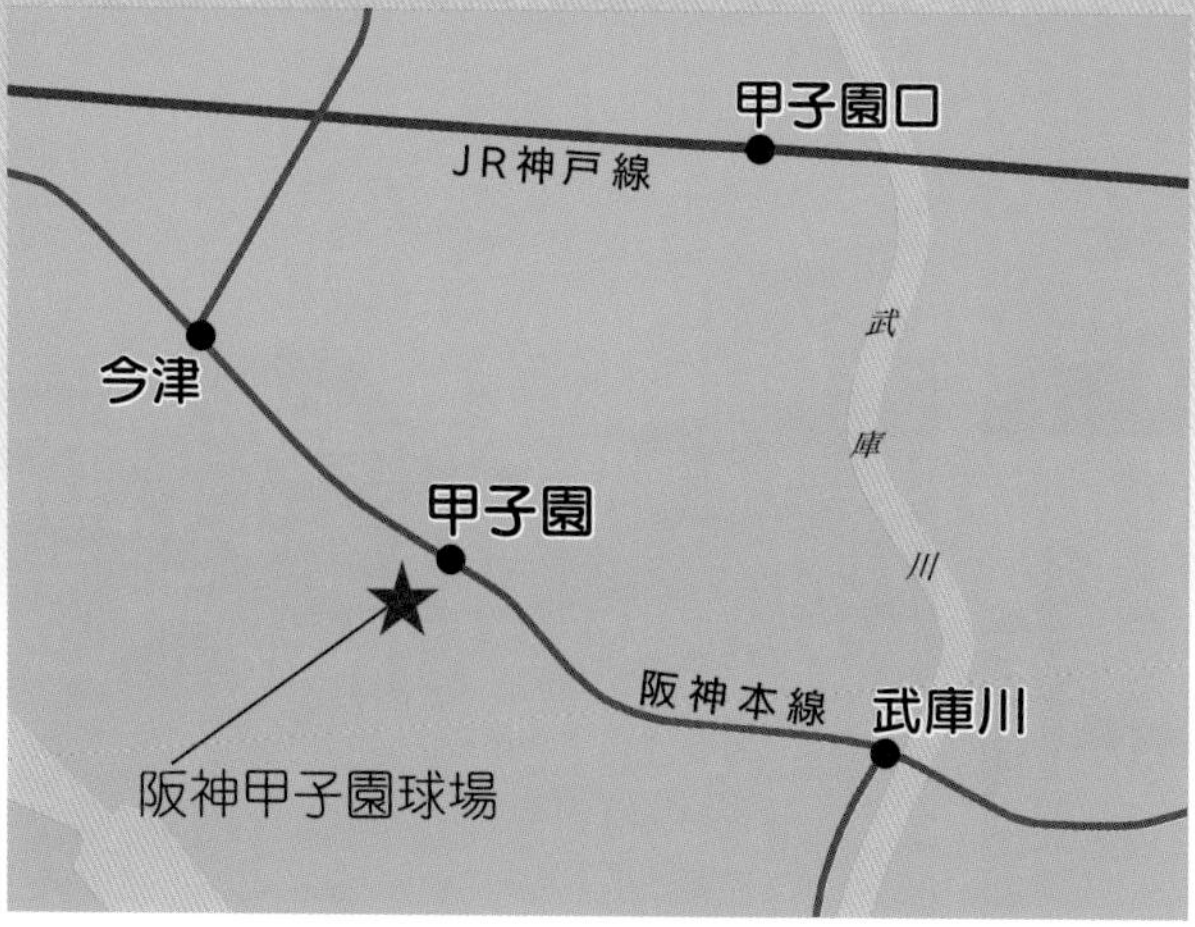

甲子園球場の最寄り駅、甲子園駅には球場のほかに何がある?

野球場に行くときは、誰もがワクワクしている。目的が野球観戦であっても、ほかのアーティストのライブなどであっても、もっとも気軽に非日常を味わわせてくれるのが野球場をはじめとするスタジアム。だから、そこに向かう道中も気持ちを高めてくれるしかけの中にあるといっていい。

その点でいうと、阪神電車の甲子園駅は実によくできていると思う。

もう、駅の名前からして「甲子園」。甲子園というワードは、もはや野球の聖地を示す言葉として定着している。「今日から甲子園、はじまるね」なんて会話は夏になれば誰しもしたり聞いたりしているだろう。

駅で降りてからのしかけもバツグンだ。

高架のホームを足早に降りて、改札口を抜けると広場の向こうに阪神甲子園球場がチラリ。というのも、駅と球場の間に阪神高速が通っていて、それが視界を遮っている。遮っているというと東京の日本橋よろしくガッカリ感がありそうだが、ここでは違う。甲子園においては、阪神高速のおかげで球場の全貌が見えず、それが期待感を高めてくれて、どうしたって早足になってしまうのだ。あの視界を遮る阪神高速も、もはや非日常を演出するしかけのひとつになっている。

ちなみに駅前広場の脇にはCorowa甲子園という、かつてはダイエーだった商業施設がある。2003(平成15)年の阪神とダイエーの日本シリーズではなんとなく話題になったように記憶している。さらに球場に向かう道の途中には阪神タイガースのグッズショップ、バス乗り場などになっている東側には松の木が植えられて、こうしたものもひっくるめて甲子園駅のおなじみの光景だ。

そして阪神高速の高架をくぐって球場の中に入れば、あとはもう夢の時間である。

甲子園球場ライト側の裏手に甲子園素盞嗚神社

甲子園筋の両側には高級住宅地が広がる

甲子園駅の駅前広場は4万人超の観客に対応できる広さだ

ビールを飲みながら声援を送るも良し、汗を垂らしながら球児たちの活躍に目を細めても良し。筆者などはタイガースファンなのでだいたいぶつぶつ文句を言いながら野球を見て、終わったあとはしょんぼりと帰る。「自分が球場に行くと負けるんだよなあ」などというのは、多くの野球ファンに共通しているぼやきだろう。まあ、そういうものも含めて楽しいのである。

と、そんな聖地・甲子園。しかしここで疑問を持たねばなるまい。なぜ、阪神間のあの場所にあれだけ大きな野球場が生まれ、聖地となったのか。

沿線に暮らしている人以外からすると、阪神間の沿線開発というとどうしたって阪急電車のイメージが強い。ところが、阪神電車には甲子園という圧倒的な存在がある。大手私鉄の中ではいささか地味な印象の阪神電車は、甲子園球場と阪神タイガースによって全国区になっているのだ。

このナゾに答えを出すべく、甲子園駅の周りをもう少し歩いてみることにしよう。

甲子園球場周辺の喧噪から離れると、もうまったく違った静かな住宅地が広がっている。球場の南側には素戔嗚《すさのお》神社という、球場ができるより前からあったのであろう小さな神社があって、さらにそれより海に近い南側はマンションエリア。

対して阪神電車のガードをくぐって北側に行くと、こちらは甲子園筋（もともとは阪神国道とつながる路面電車が走っていた道だ）と名付けられた広い道沿いに一戸建て住宅が連なっている。つまりは閑静な高級住宅地。賑やかしいタイガースファンのイメージとは真逆の住宅地が、甲子園駅の周囲には広がっている。つまり、甲子園駅は熱狂の中心たる甲子園球場の玄関口であると同時に、静謐な住宅地の駅でもあるというわけだ。

甲子園球場と甲子園の町は、どのようにして誕生したのだろうか。

甲子園のある西宮市を含む阪神間一帯は、今でこそほとんどが住宅地になってい

1915年8月15日、箕面有馬電鉄（現・阪急）の豊中グラウンドで開かれた第1回全国中等学校優勝野球大会の始球式。球を投げる村山龍平・朝日新聞社社長（右端）と鳥取中の鹿田一郎投手（左端／朝日新聞社）

第1回大会が行われた豊中グラウンドの跡地にはモニュメントがある

るが、阪神電車が開通する以前はほとんどが農村集落だった。

１８７４（明治７）年に官設鉄道大阪～神戸間が開業するが、この鉄道の目的は大阪と神戸を結ぶことにあり、沿線開発を促すものではなかった。本格的に阪神間の開発が進んだのは、１９０５（明治38）年の阪神電車開業以降ということになる。

私鉄の沿線開発としては阪神より阪急のイメージが強いが、実際には阪神も開業直後から沿線開発に取り組んでいる。大阪・神戸の市街地だけでなく、沿線に住宅地ができればお客の増加に直結するのだから、私企業としてはとうぜんのことだ。

開業と同じ１９０５（明治38）年には打出海水浴場を開設、１９０７（明治40）年には香櫨園遊園地を開園させた。さらに１９０８（明治41）年にパンフレット『市外居住のすすめ』を発行。工場の煤煙にまみれた都市部から離れ、のどかな阪神間に暮らしましょう、とアピールしている。

ただし、この時期の阪神電車による沿線開発は、海水浴場などを除くと西宮・鳴尾での賃貸や御影での分譲などにとどまっており、規模としてはごく小さなものだった。もちろん、甲子園球場など影も形もない頃のお話である。

武庫川の大改修がもたらした「甲子園」誕生

ちょうどその頃、野球ブームが加熱していた。そうした状況に目をつけたのが、当時は箕面有馬電気軌道と名乗っていたのちの阪急電車だ。１９１３（大正２）年に現在の宝塚線豊中駅の近くに豊中グラウンドを開く。そして１９１５（大正４）年、第１回全国中等学校優勝野球大会が豊中グラウンドで開催。これが現在の〝夏の甲子園〟に通じる大会のはじまりであった。

この豊中グラウンドでは、１９１８（大正７）年に高校サッカー・ラグビーの全

甲子園駅前にある松の木は、ここが武庫川支流・枝川沿いだった時代の名残だ

国大会のルーツにあたる第1回日本フートボール優勝大会や、あの金栗《かなくり》四三《しそう》も参加した日本オリムピック大会という陸上競技大会も行われている。日本が近代五輪に参加したのは１９１２（明治45）年のストックホルム大会からだから、まさに日本における近代スポーツの夜明けの地といっていい。日本の近代スポーツは、〝阪急〟ではじまったのである。

　しかし、野球人気のあまりの過熱ぶりで豊中グラウンドは早々に手狭になってしまう。そこで１９１７（大正６）年の第3回大会から鳴尾球場に舞台を移す。鳴尾球場は、香櫨園にあったグラウンドを廃止した代わりに阪神電車によって鳴尾競馬場の馬場内に設けられたもので、１９１６（大正５）年に完成したばかり。ここに来て、中等野球の舞台は阪急から阪神へと移ったのである。

　ただ、鳴尾球場も常設のスタンドを持たずに仮設スタンドを設けるしかない構造で、お客の増加には対応しきれない。それだけ当時の中等野球のブームは過熱していた。なんとか新しい球場を、というムードが高まったところで持ち上がったのが、武庫川の大改修事業だ。

　阪神間のちょうど真ん中あたりを流れる武庫川はしばしば洪水を起こしており、抜本的な治水対策が求められていた。そこで国は１９２０（大正９）年から改修事業に取りかかったのだが、その工事のひとつに河口付近の支流であった枝川の埋め立てがあった。阪神は枝川の埋め立て地の払い下げを受けて大開発を実施。それがいまの甲子園、である。

　折しも阪神電鉄専務の三崎省三が、アメリカ視察でヤンキースタジアムなどの大球場を目にしていた。三崎はまだ入社間もなかった技師の野田誠三（のちの阪神電鉄社長）に「アメリカにも負けない東洋一の大球場を」と指示し、１９２４（大正13）年に甲子園球場が完成。中等野球はその年の第10回大会から甲子園球場に舞台

ヒョウとライオンをかけあわせた“レオポン”も人気だった甲子園パークは、ららぽーと甲子園になっている

阪神タイガースの本拠地としてもおなじみの甲子園球場。高校野球とはまた違った熱狂に包まれる

を移し、いまに至るまで歴史を紡いできたのである。

阪神電鉄は甲子園球場だけでなく、周辺の開発も進めた。1928（昭和3）年以降、甲子園の住宅地分譲を実施。その住宅地の真ん中を貫く街路として設けられたのが、枝川を埋め立てた跡の甲子園筋だ。さらに1929（昭和4）年には甲子園娯楽場、のちの甲子園阪神パークも開業している。

このころは阪急神戸線が開業した直後で、阪神・阪急の間での競争がもっとも熾烈だった時期。阪急はいわずと知れた宝塚のレジャーランド化に成功し、住宅地も次々に開発していた。沿線開発においては阪急の方が一枚上手だったといっていい。

しかし、そんな中でも〝阪神の甲子園〟は格別な存在感を持つ。甲東園・苦楽園など名だたる高級住宅地と肩を並べる甲子園の住宅地。そして甲子園球場は時代とともにすっかり阪神電車のシンボルとなり、高校野球の聖地になった。

甲子園球場に本拠地を置く阪神タイガース（当時は大阪タイガース）が発足したのは1935（昭和10）年12月。年が明けるとすぐに阪急も阪急軍を設立しており、そこに阪神への対抗意識が働いたのは間違いないだろう。それがのちに近鉄・南海など鉄道のチームが誕生につながり、プロ野球人気の定着にもつながってゆく。

また、阪急と阪神が競い合って沿線開発を進めた阪神間には、大正から昭和のはじめにかけて〝阪神間モダニズム〟とよばれる沿線文化が花開く。谷崎潤一郎の『細雪』にも描かれているこの文化は、郊外型の住宅地の拡張を背景に、伝統にとらわれない新しいライフスタイルを生み出している。

そんな阪神間モダニズムの中心に、まぎれもなく甲子園球場があった。鉄道会社が熾烈な開発競争の中で造りだした、大正文化を象徴するスタジアム。100年近くが経った夏も、変わらずに甲子園球場では球児たちが躍動している。「甲子園」という存在は、単なる野球場以上の価値を持っているのである。

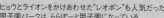

#23

浅草

東京一の盛り場に遅れてやってきた地下鉄道

DATA

1884年	浅草公園が整備される
1927年	東京地下鉄道浅草駅開業
1931年	東武鉄道浅草雷門駅開業
2005年	つくばエクスプレス浅草駅開業

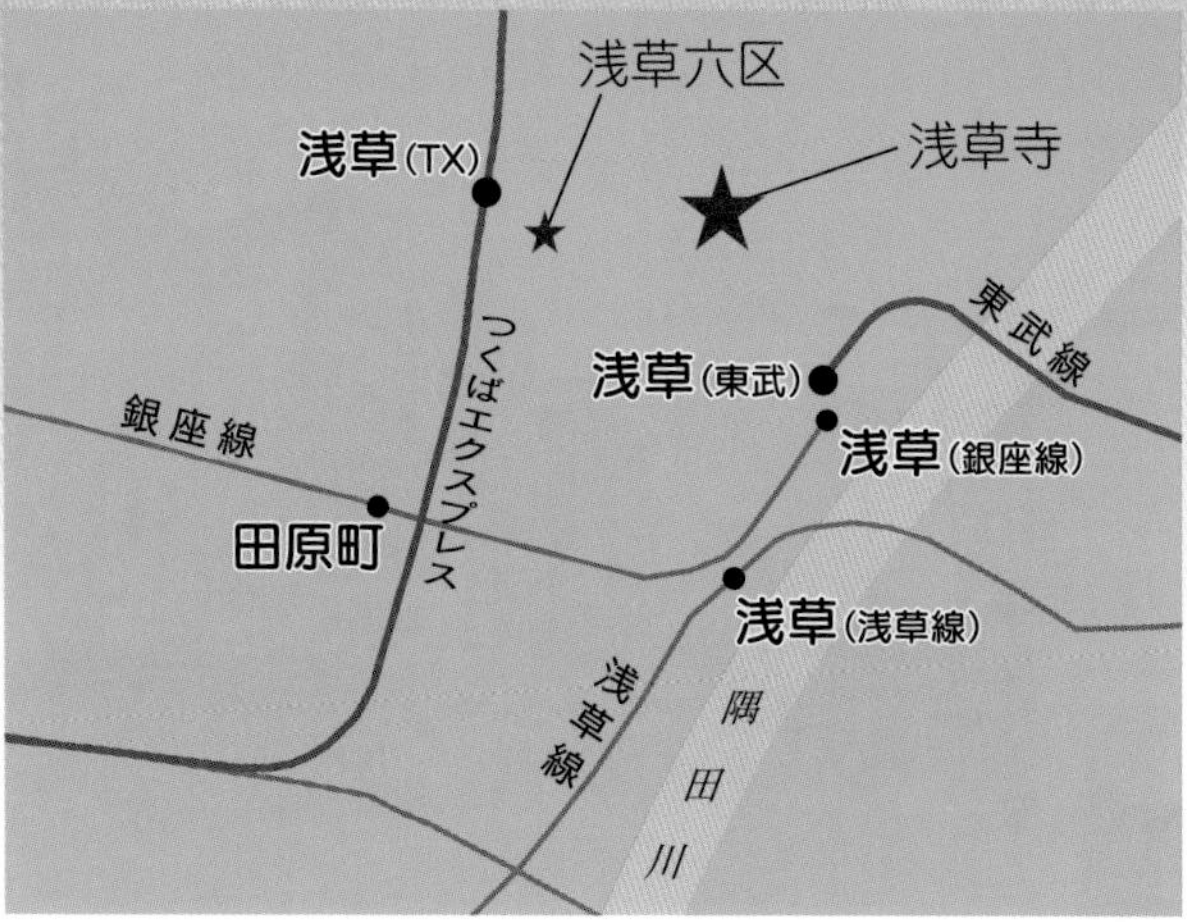

東京でいちばんの盛り場・浅草ができるまで

浅草という町は、人によってその位置づけがまったく異なる町ではないかと思っている。

まず、だいたいの人にとっては浅草は下町文化を体験できる観光地だ。浅草寺の門前から雷門に向けて続く仲見世もそうだし、雷門の前に列をなして客を待つ人力車もそう。浅草寺のすぐ傍らを流れる隅田川も、水上バスなどが出ていて観光地化が著しい。

Ｎｅｔｆｌｉｘで公開された映画『浅草キッド』やバラエティ番組「水曜日のダウンタウン」でのおぼん・こぼんドキュメントなどのおかげで、最近は演芸場も大盛況だという。これも観光地・浅草のひとつの顔といっていい。

もうひとつは、地元の人や東京の東部に暮らしている人にとっての、日常的な繁華街という立場であろう。

浅草は、江戸時代以来の江戸・東京を代表する庶民的な盛り場である。浅草寺や仲見世の西側、浅草六区と呼ばれる一帯を歩けば、個人経営の小さくも味のある飲食店が軒を連ね、東洋館やロック座などが他の町にはない浅草らしさを醸し出す。こうした町は、地元の人にとっては普段使いの繁華街になっている。そしてそれが、翻って観光客にとっても魅力になっているという、浅草は実によくできた町なのだ。

そんな浅草の玄関口は、もちろん浅草駅である。

浅草駅と名乗る駅を持っているのは4路線。東武鉄道・東京メトロ銀座線・都営地下鉄浅草線・つくばエクスプレスだ。このうち、東武・メトロ・都営は江戸通りと雷門通りが交わる吾妻橋交差点付近に集まっている。

東武浅草駅は百貨店の松屋も入るザ・私鉄ターミナル。この駅を出ると超のつく

隅田川に架かる吾妻橋の対岸。スカイツリーも間近に望める

東武浅草駅前の吾妻橋交差点から雷門方面を見る。右手の神谷バーは1880(明治13)年創業

徐行で急カーブを曲がって隅田川を渡るシーンは、鉄道ファンなら知らぬものはいないというくらいの名場面のひとつだ。

ちょうど吾妻橋交差点の真下にホームを置く東京メトロ銀座線は、浅草から上野・銀座・新橋・永田町・青山・渋谷と東京の名だたる町を結んで走る。日本で初めての地下鉄というだけあって、みごとにいいとこ取りをしている路線である。

都営浅草線は、東武・メトロと少し南に離れている。浅草線と名乗っているからにはもう少し中心に近いところにあってもいいような気もするのだが、吾妻橋の手前で東に折れて隅田川を渡らねばならない（といっても地下で）ので仕方がないのだろう。

この3路線が浅草の東側に固まっているのに対して、つくばエクスプレスはまったく違う場所に浅草駅を置く。場所としては浅草寺よりも西に行って、浅草六区を越えた先の国際通りの地下だ。

たとえば東武の浅草駅からつくばエクスプレスの浅草駅に乗り換えようと思えば、盛り場の中を10分は歩かされる。とうぜん、他の浅草駅とは接続駅扱いになっていない。

しかし、実はこのつくばエクスプレス浅草駅こそ、近代都市・東京における最大の盛り場であった浅草の中心・浅草六区に一番近い場所にある駅なのである。

浅草が盛り場になったのは古く元禄時代からで、江戸時代のうちに東京随一の繁華街になっていたという。浅草寺の門前町であることに加え、蔵前に米蔵が設けられたこと、浅草寺北側に吉原遊郭が移転したことなどが繁栄をもたらした。

ただ、それでも明治初め頃の浅草は一部を除いてまだまだ市街化は進んでいなかった。きっかけは浅草寺境内が浅草公園として整備されたこと。1884（明治17）年に一区から六区までに分けられて、そのうち六区には見世物小屋が建ち並んで盛

明治末の浅草六区。すでに活動写真館（映画館）が開きはじめた頃だ。奥には凌雲閣も見える（国立国会図書館デジタルコレクション）

浅草寺の雷門前は観光客が多く集まるスポットのひとつだ

り場としての基礎が形作られてゆく。

最初は見世物小屋にはじまり、仲見世に対する新仲見世商店街が完成。1889（明治22）年には凌雲閣（浅草十二階）も建った。大正時代に入ると浅草オペラが人気を博し、関東大震災で凌雲閣が失われるなど大きな被害を受けるもすぐに復興し、軽喜劇や女剣劇、ストリップなどが流行。昭和のはじめになると映画館が相次いで進出し、映画の町として賑わうようになった。

戦時中は空襲の被害を受けて焼け野原になるも、これまたすぐに復興し、浅草六区は最盛期の繁栄を謳歌することになる。映画館の復興はもちろんのこと、昭和20年代からキャバレーにストリップ劇場、演劇場などが次々に開場。休日には10～15万もの人を集めるなど、東京最大の盛り場として成長していったのである。

遅れてやってきた鉄道と浅草の盛衰

ところが、そうした浅草の栄光の歴史において、鉄道はほとんど登場しない。むしろ、鉄道とは無縁のままに発展してきたといっていいだろう。

鉄道に類するものがはじめて浅草に通ったのは1882（明治15）年。新橋～日本橋～上野～浅草間を結んだ東京馬車鉄道だった。ただ、これは読んで字のごとく馬車であった。路面電車の形としては、馬車鉄道が東京電車鉄道に改めたのちの1904（明治37）年のことだ。

ただ、その後長らく本格的な鉄道には恵まれなかった。都市部への人口集中は加速し、浅草の賑わいもますます加速していく反面、路面電車（市電）は混雑が常態化してクルマの交通量も増える中で遅延も頻発。交通機関としてはもはや機能不全に陥りつつあった。

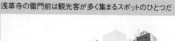

東京地下鉄道開通時のポスター。モダンな印象で多くのお客を集めることに成功した

東京地下鉄道浅草駅は寺社建築を模した出入り口。その形状はいまも引き継がれている（『図説鉄道百年の歴史』）

そうしたところではじめての鉄道が浅草にやってくる。１９２７（昭和２）年、東京地下鉄道の浅草駅が開業。東京一の盛り場にとって最初の鉄道は、日本で最初の地下鉄だったのだ。

東京地下鉄道を率いた早川徳次《はやかわのりつぐ》は市電の輸送逼迫を受けて、その混雑がひときわ激しい区間を選んで計画を策定。その結果、まずは新橋〜上野〜浅草間で開業させることになった。関東大震災などの影響で建設費の確保に難航したこともあって、最初に開業させたのが上野〜浅草間だ。

東京の北の玄関口になっていたターミナル・上野と、最大の盛り場を結ぶ地下鉄は、開業直後から爆発的な人気を得たようだ。開業したのは年末の12月30日。すぐに年が明けると、元日と１月２日の２日間は利用者が７万人を超え、駅には大行列ができて１時間以上待たねば乗れないほどだったという。

そして１９３１（昭和６）年に東武鉄道の浅草駅が開業する（当時は浅草雷門駅）。東武鉄道は１８９９（明治32）年に北千住〜久喜間で開業。１９０２（明治35）年には吾妻橋駅（現・とうきょうスカイツリー駅）まで延伸していた。しかし隅田川を渡って都心へ乗り入れることはなかなか叶わず、苦肉の策として１９０４（明治37）年に現在の亀戸線を開業させて、亀戸駅から総武鉄道（現・総武本線）に乗り入れている。隅田川の先のターミナル建設はまさしく開業以来の悲願だったのだ。それがようやく成就したのが１９３１（昭和６）年の浅草駅開業であった。

すでに関西などでは私鉄のターミナルビルが当たり前になっていた時代であり、それを模して百貨店の松屋が入居した駅ビルを建設。これがいままで続く浅草のシンボルになっている。駅のすぐ先で急カーブを強いられる構造は、すでに市街地化が進んでいた浅草において、ターミナルを設けられる余地が限られていたことに起因するものだ。

ちょっと寄り道

東洋初の地下鉄道のその後

1927（昭和2）年に浅草〜上野間で開業した東京地下鉄道は、その後も延伸を続けた。1930（昭和5）年には上野〜万世橋間が開業し、1934（昭和9）年までに新橋駅まで開通している。いっぽう、新橋〜渋谷間は東急グループ総帥の五島慶太が率いる東京高速鉄道が建設・開業させた。高速鉄道は地下鉄道との直通運転を目論んでいたが、地下鉄道は現在の京浜急行との直通を計画していた。そのため対立関係に陥り、最終的には内務省が仲裁に乗り出して直通運転が実現し、現在の銀座線の形が完成している。このとき、東京高速鉄道は東京地下鉄道に多くの役員を送り込む事実上の乗っ取りに成功したとされる。1941（昭和16）年に両社は合併して帝都高速度交通営団が発足している。

現在の浅草六区。全盛期ほどではないが、東洋館などの演芸場もあって賑やかさは健在だ

いずれにしても、こうして浅草は〝東洋初の地下鉄〟と〝私鉄のターミナル〟とともに持ったのである。

しかし、昭和20〜30年代の栄光の時代を経て、盛り場としての浅草に衰えがみえはじめる。映画の町としては最新鋭の設備を持つ日比谷や有楽町が優勢になり、さらにテレビの普及によって映画産業そのものが斜陽化してしまう。浅草の賑わいを支えていた遊郭街の吉原も、1958（昭和33）年の売春防止法施行によって転機を迎えていた。

加えて郊外の拡大によって、新宿・渋谷などが繁華街として成長する。新宿や渋谷は、都心で働く人が仕事帰りに立ち寄って、買い物をしたり食事をするスタイルの繁華街だった。通勤の人たちは定期券を持っているから、途中下車をしても運賃は余分にかからない。つまり、ターミナルであるがゆえに発展できた繁華街なのだ。

対して、鉄道なくして発展してきた浅草は、地域密着の盛り場だった。郊外路線では唯一浅草にターミナルを置いていた東武鉄道も、1962（昭和37）年に北千住駅を介して地下鉄に乗り入れるようになった。それでは浅草は素通りしてしまう。

こうして、盛り場としての浅草は衰退していったのである。かつて10以上の映画館が建ち並んでいた浅草六区にも、いまは映画館はない。

ただ、いま浅草を歩くと、決して衰えたかつての盛り場という印象は抱かない。むしろたくさんの人が集まり、賑やかな繁華街としてはまだまだ健在といっていい。わざわざ遠方から浅草に足を運ぶ人も少なくないようだ。

それは、チェーン店ばかりが建ち並ぶような、他の私鉄の駅前でおなじみの〝ターミナル型繁華街〟とは一線を画し、江戸時代以来の長い歴史を刻んできた浅草ならではの空気感があるからだろう。映画館は消えても、〝浅草らしさ〟はいまも確実に息づいている。

#24

伊勢神宮

列車に乗ってお伊勢参りは近鉄？ＪＲ？

DATA

1893年	参宮鉄道山田駅開業
1930年	参宮急行電鉄が外宮前駅まで開業
1931年	宇治山田駅開業
1961年	三重交通神都線・近鉄伊勢本線廃止

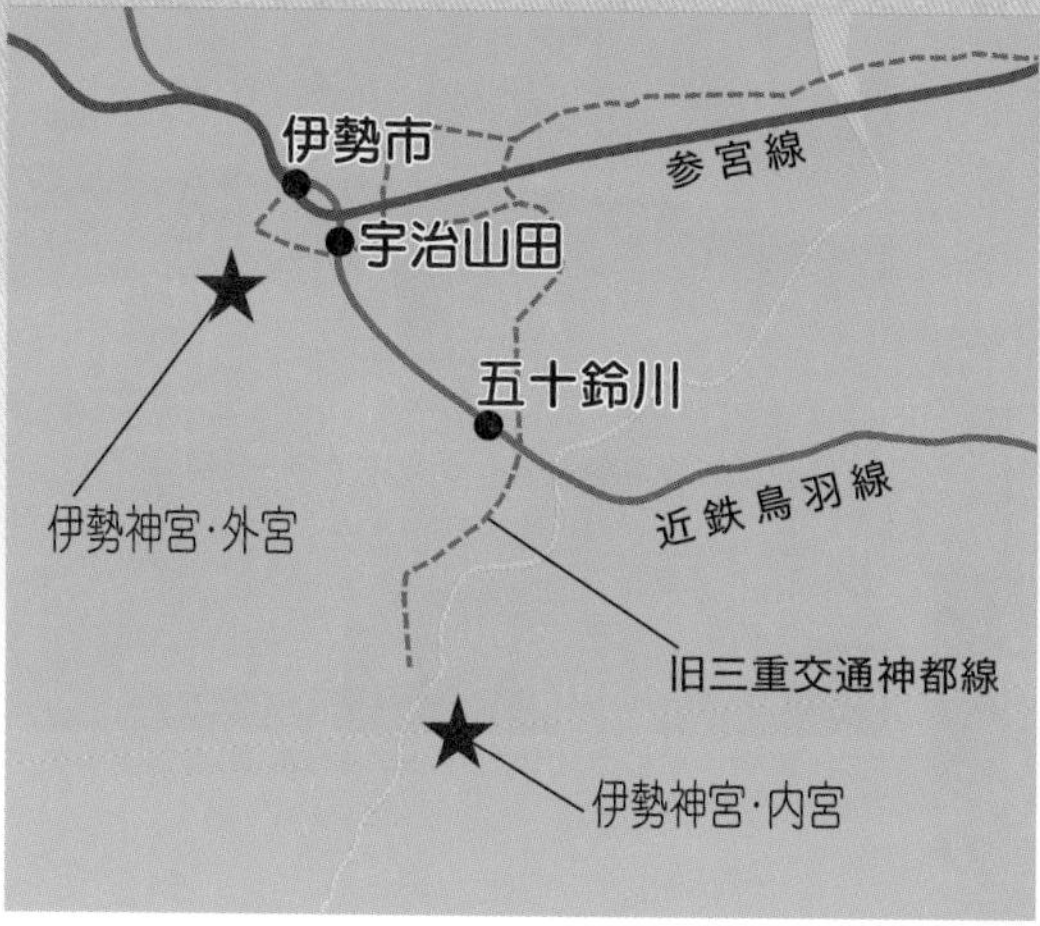

昔もいまも、日本人は伊勢神宮を目指す

現代の日本人にとって、伊勢神宮は特別な神社として認識されている。三種の神器のひとつ八咫鏡《やたのかがみ》が奉安されているというし、祀っている天照大神《あまてらすおおみかみ》は天皇家の祖だ。神社本庁の本宗で、つまりは国内のすべての神社の上に立つ。天皇もことあるごとに参拝しているし、特別な神社であるというのは別に間違っていない。

ただ、実は天皇が伊勢神宮を頻繁に参拝するようになったのは、明治になってからなのだとか。飛鳥時代に持統天皇が参拝してから明治天皇が参拝するまで、実に1000年以上にわたって天皇が公式に伊勢神宮を参拝した記録はないそうだ。だからといって伊勢神宮は特別などではないというつもりはさらさらないが、こういう話を聞くといまのように特別視されるようになったのは意外と最近のことなのだろうと思えてくる。

とはいえ、江戸時代から伊勢神宮への参拝は庶民にとっての何よりの楽しみのひとつだった。

いまのように移動の自由が憲法で保障されているわけでもないご時世。庶民が気軽に旅に出ることはもちろん許されていなかった。が、伊勢神宮への参拝であれば通行手形をもらえて関所が通過でき、ついでに京や大坂の見物をすることもできた。いわば、お伊勢参りは庶民が旅行するための大義名分のようなものだったのだろう。

伊勢神宮周辺のガイドブックのようなものが発行されたり、宿の手配などを行ういまでいう旅行代理店の類いの商いが発達したり、近代までの庶民の旅行は伊勢神宮を中心に回っていた。60年に一度、数百万人が伊勢神宮を訪れる〝おかげ年〟があったという。

となれば、明治に入ってどことなく伊勢神宮の格式が高くなった感じがしたとし

宮川を渡って伊勢を目指す参宮線の蒸気機関車。最初に伊勢にやってきた鉄道だ（『懐かしの停車場』）

伊勢市駅の正面（外宮側）はJR東海の駅舎。近鉄のきっぷも売っている

ても、お伊勢参りは変わらず庶民の楽しみであり続けたはずだ。川崎大師がそうであったように、寺社参詣は鉄道がその力を存分に発揮する場面だ。

最初の伊勢神宮への参詣路線が開業したのは、明治時代半ばの１８９３（明治26）年。参宮鉄道が山田駅として現在の伊勢市駅を開業させたのがはじまりだ。参宮鉄道は１９０７（明治40）年に国有化され、現在はＪＲ東海の参宮線になっている。

その後は長らくこの参宮鉄道・参宮線が寡占状態で伊勢神宮参詣客の輸送を担った。日本一の格式を誇る神社への参詣ルートなのだからどんどん新規参入があってもしかるべきだと思えるが、実際には伊勢は名古屋や四日市など伊勢湾沿いの都市からかなり距離がある。伊勢神宮付近だけに鉄道を敷いても孤立路線になってしまってあまり意味がない。

そういうわけなのか、参宮線の次の参詣路線が開業したのは昭和になってから。１９３０（昭和５）年に近鉄名古屋線・山田線の前身・参宮急行電鉄が外宮前《げくうまえ》駅（現・宮町駅）まで開通。次いで翌１９３１（昭和６）年には外宮前駅から山田駅（現・宇治山田駅）まで延伸して、現在の近鉄山田線が全通している。

また、１９３０（昭和５）年には伊勢電気鉄道が新松阪～大神宮前間を開業させた。昭和のはじめ頃は全国的な私鉄ブーム。その波に乗ったのもあろう、既存の参宮線に加えて私鉄２路線が伊勢神宮参詣客輸送に乗り出したのである。

ただし、私鉄２路線は遅れてきたことと地域輸送が中心の路線だったこともあって、基本的に参宮線の優勢は揺るがなかった。名古屋はむろんのこと、東京や京都、大阪などからの直通列車も運転されている。よく知られたところでは、急行「紀伊」が東京から、「志摩」が京都から、「いすゞ」が名古屋からの優等列車である。

力関係が変わってきたのは戦後になってからで、近鉄名古屋線が山田線と同じ標準軌に改軌されて、１９５９（昭和34）年に名古屋～宇治山田間の直通運転が開始

伊勢神宮の内宮の鳥居。鳥居をくぐって宇治橋を渡ると静謐な空間が広がる

伊勢市駅前の鳥居と、その向こうにまっすぐ続く外宮への参道

されたことがひとつのきっかけになった。また、１９６４（昭和39）年に東海道新幹線が開通すると、新幹線から名古屋で近鉄に乗り継ぐというルートが確立する。加えて近鉄グループによる社運をかけた伊勢志摩観光開発もあって、運転本数が充実。参詣路線の王者は徐々に参宮線から近鉄へと移っていったのである。

参宮線は１９８６（昭和61）年に優等列車が全廃され、ＪＲになってから快速「みえ」の運転がはじまるものの状況はあまり好転していない。近年の輸送密度は１８００（人／日）弱で推移しており、国鉄末期ならば充分廃止対象に挙げられてもおかしくない水準である。

なお、近鉄山田線とまったく競合していた伊勢電気鉄道は１９３６（昭和11）年に参宮急行電鉄に合併、近鉄伊勢本線になった後の１９６１（昭和36）年に廃止されている。

伊勢市駅か宇治山田駅か、そしてバスに乗り継いで

かくして現状はほとんど近鉄一強の様相を呈している伊勢神宮への参詣路線だが、ならば駅から伊勢神宮まではどのようにいけば良いのだろうか。

参宮線と近鉄山田線の共用駅である伊勢市駅は、駅前の広場に鳥居があって、それをくぐってそのまままっすぐ行けば伊勢神宮の外宮に着く。歩いて10分とかからず、駅前から参道が伸びているという形だ。参道沿いには伊勢うどんをはじめとする飲食店から土産物店などが建ち並ぶ。お伊勢参りが外宮・内宮《ないくう》の順番でというならば、まずはこの伊勢市駅が最初の玄関口ということになる。

外宮の参拝を済ませたら、次は内宮だ。内宮は外宮から南東に約４㎞離れている。五十鈴川をさかのぼって平野部から山に入ったところに内宮がある。最寄り駅は厳

宇治山田駅の高架ホームに設けられたバス用転車台。今は使われることはない

宇治山田駅は久野節の設計、国の登録有形文化財にも登録されている

密にいえば近鉄鳥羽線の五十鈴川《いすずがわ》駅だ。

もちろん五十鈴川駅からもバスが出ているのでそちらを使ってもいいが、そこはうまく出来ているもので、宇治山田駅から伊勢市駅を経由して内宮に向かうバスも多い。だから伊勢市駅がいちばん便利なのだろう。

ただ、やはり鉄道ファンならば宇治山田駅を素通りして欲しくはないものだ。

1931（昭和6）年に開業した宇治山田駅は、国の登録有形文化財にもなっている開業当初からの駅舎が現役だ。東武浅草駅や南海難波駅と同じく久野節が設計を手がけたザ・モダンな駅舎。南側の出入り口の上には「近鉄」と社名が書かれた塔があるが、これは火の見櫓として使われていたという。

高架ホームの1番のりばの脇にはバス乗り場とバスの転車台が残っている。鳥羽や賢島方面に向かうバスとの乗り継ぎの便を図るために設けられたものだ。いまは鳥羽線・志摩線が開通しているのでそもそもバスに乗り継ぐ必要はなくなったが、往年の近鉄のターミナルらしい痕跡である。

伊勢神宮参詣の玄関口としての機能を持っていることは、貴賓室があることからもわかる。皇族や総理大臣などのVIPが伊勢神宮を参拝する際には、近鉄宇治山田駅を利用するのが常になっていることの証のひとつだ。

伊勢神宮の内宮に向かうには、この宇治山田駅からやはりバスに乗らねばならない。むしろ駅の周辺だけを切り取れば、伊勢市役所などもある当地一帯の中心市街地だ。伊勢うどんの名店もあるし、小さい店が集まっているような古い商店街もある。逆にホテルなど宿泊施設の類いはほとんどなく、伊勢観光の拠点機能は伊勢市駅のほうにまとまっているようだ。

こうしてみると、伊勢神宮は伊勢市駅と宇治山田駅というふたつのターミナルを抱え、いまでは観光客（参詣客）の拠点は外宮に近い伊勢市駅、いかにも伊勢神宮

三重交通神都線が乗り入れていた内宮前。写真がかつて内宮前駅だったバス停だ

ちょっと寄り道

宇治山田駅前の銅像は大投手

伊勢神宮の玄関口・宇治山田駅の駅前広場には神宮とはまったく関係のない銅像が建っている。その銅像とは、不滅の大投手・沢村栄治だ。足を大きく上げる独特のフォームがそのまま再現された銅像で、他にも「沢村栄治生誕の地」をアピールした横断幕などもちらほら。宇治山田駅というピンポイントでいうなら、神宮よりも沢村栄治生家跡のほうが近いのだ。

沢村は宇治山田の青果商の長男として生まれ、子どもの頃から剛速球投手として名を馳せた。小学校から地元でバッテリーを組んでいた山口千万石とともに京都商業に進学し、以後の活躍は周知の通り。生誕100周年の2017（平成29）年には伊勢市が沢村栄治生誕100周年記念事業も行うなど、郷土のヒーローなのである。

のためのターミナルらしい風格を持つ宇治山田駅は裏腹に地域の拠点駅という役割分担が成立しているようにみえる。伊勢神宮に向かうバスが宇治山田→伊勢市→外宮→内宮と運転しているのは、そういった地域事情の兼ね合いもあるのだろうか。

ちなみに、伊勢市駅と宇治山田駅は歩いても10分とかからない。

いずれにしてもバスを使わなければ内宮への参拝は難しい伊勢神宮。伊勢市駅から10分ちょっとで内宮前の停留所に着く。たったの10分だから文句をいうのもおかしいが、わざわざバスへの乗り換えが面倒くさいといえばまあその通りだ。

実は、内宮前に向けてはかつて路面電車が通っていた。三重交通神都線で、最初の区間が開業したのは1905（明治38）年と、この地域においては参宮線に次ぐ古参路線だ。大正時代のはじめに内宮まで到達し、伊勢市駅から外宮・宇治山田駅を経て内宮に向かう運転系統だった。外宮から内宮までの所要時間は20分ちょっとだから、バスの方がよほど早くなっている。

この三重交通神都線の終点が、いまの路線バスの三重交通内宮前バス停だ。バス停のきっぷ売り場には、「乗合自動車内宮前驛」という看板が掲げられていて、ほんのりとかつての路面電車時代の名残をとどめている。伊勢街道と御幸道路の交差点から内宮までの国道上は、三重交通神都線が走っていた〝廃線跡〟である。

内宮前バス停は、伊勢神宮内宮まで歩いて何分という次元ではないほど目の前だ。一本東側には伊勢街道沿いのおはらい町通り。参拝の前後に散策したり食事をしたり、そういう人たちが行き交う観光地らしい町並みだ。その一角、赤福本店から西に向けてはおかげ横丁も伸びている。伊勢神宮の門前というのにだいぶイマドキなものを売っている店も目立つ。どうなのかなあとちょっとだけ思ったが、江戸時代もお伊勢参りは庶民の楽しみ。もしかしたら門前町の雰囲気は、本質的には何も変わっていないのかも知れない。

#25 丹那盆地

一世一代のトンネル工事と湧き水の関係

DATA

1918年	丹那トンネル着工
1925年	熱海線熱海駅開業
1933年	丹那盆地の渇水問題が決着
1934年	丹那トンネル開通
1964年	新丹那トンネル開通

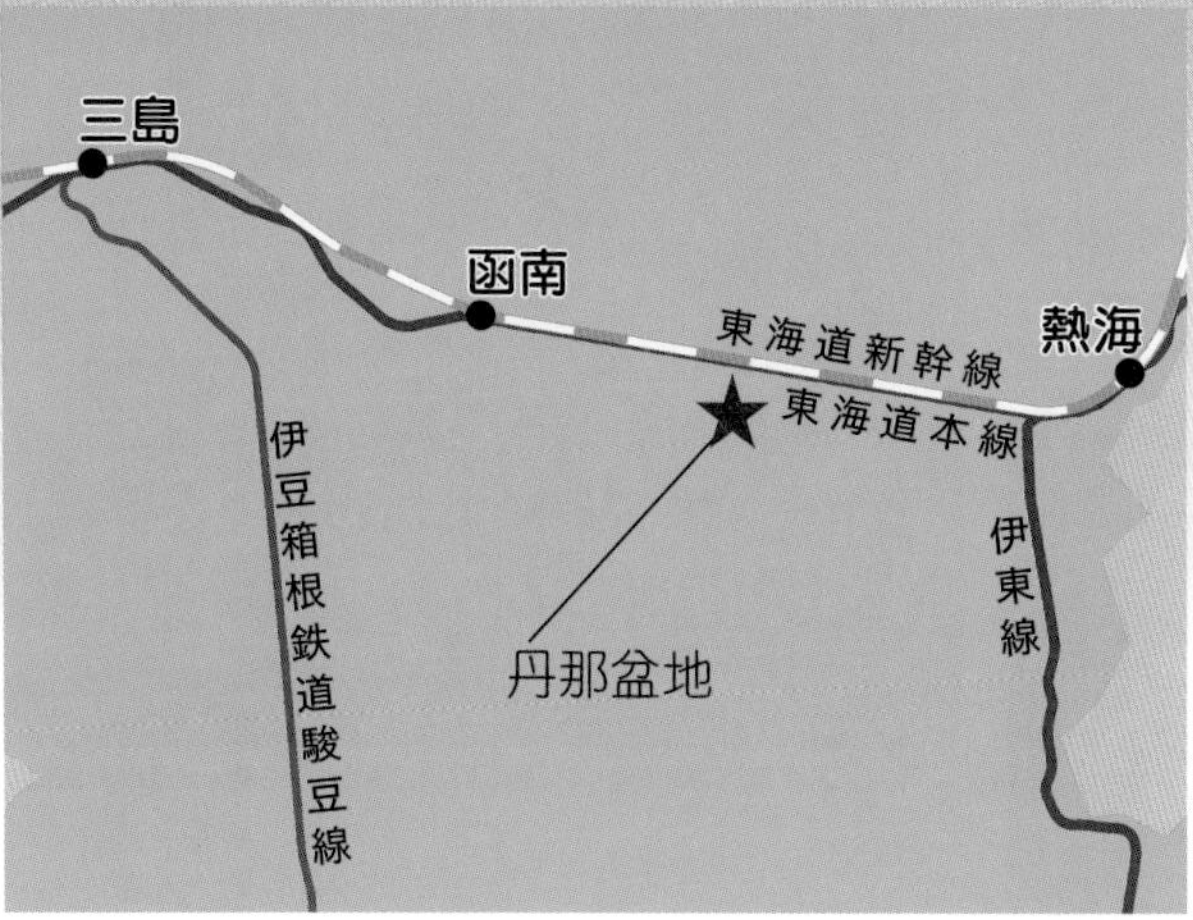

昭和のはじめに開通した、鉄道網を変えたトンネル工事

「トンネルを抜けるとそこは雪国だった」と書いたのは川端康成である。「トンネルのむこうは、不思議の町でした」といって神々の世界に導かれたのはジブリ映画の『千と千尋の神隠し』である。

ジブリのほうは川端康成をオマージュしたのではないかという気もするが、いずれにしてもどちらも〝トンネル〟が実に印象的に使われている。トンネルに入って暗闇に包まれて、それが開けて明るくなると、それまでとは別の世界に導かれているのではないか――。そんな期待感が、トンネルにはある。

個人的にも、鉄道の旅の中でトンネルがけっこう好きだ。スマホが通じないとか、車窓を見ても真っ暗だとか、あとは耳がツンとするとか、そういう理由でトンネルを嫌う人も少なからずいるだろう。筆者も地下鉄のトンネルはあまりおもしろく感じない。どこまでいっても地下鉄は地下鉄だからだ。

いっぽうで、山を貫いたり海の底を抜けるようなトンネルは、魅力のかたまりである。真冬に上越国境のトンネルを抜ければ本当に雪国に出るし、不思議の町はなくてもトンネルを抜けると、いままでとはまったく変わった風景が広がっていることも珍しくない。はじめて乗る路線であれば、トンネルの先ではいままで知らない未知の世界が待っている。ちょっとの間包まれる暗闇は、その未知の世界への期待感を高めてくれる、旅の演出のひとつだと思うのである。

丹那トンネルも、そうした楽しいトンネルのひとつだ。

東海道本線熱海～函南《かんなみ》間、伊豆半島の付け根の山地を貫く延長７８４０ｍの丹那トンネルは、１９３４（昭和９）年に開通した。それまで、東海道本線は国府津《こうづ》駅から北側に迂回し、現在の御殿場線ルートを取っていた。丹那トンネルのルートは

人がトロッコ（客車）を押して崖っぷちをゆき、小田原と熱海を結んだ豆相人車軌道（『日本国有鉄道百年史』）

工事がはじまった頃の丹那トンネル三島口の坑口。三島口では36名の殉職者を出した（『日本国有鉄道百年史』）

明治時代の技術ではとうてい及ばない難所だったからだ。

ただ、御殿場線経由のルートも急カーブと急勾配が続く難所で、輸送力が激増していた東海道本線においてボトルネックになっていた。そこで計画されたのが、国府津から海岸線を通って小田原や湯河原、熱海を経由して丹那トンネルで山岳地帯を抜け、三島を経て沼津に合流するルートだった。

もともと小田原から熱海にかけては温泉地が連なっており、江戸時代から一定の人気を誇っていた。しかし、鉄道が国府津から北に抜けたためにそのルートから外れ、地域の人々も鉄道の開通を熱望していたという。

1888（明治21）年、国府津〜小田原〜箱根湯本間に小田原馬車鉄道（現在の箱根登山鉄道）が開業。次いで1895（明治28）年から翌年にかけて、小田原と熱海を結ぶ豆相《ずそう》人車鉄道が開業した。これは文字通り人がトロッコのような客車を押して走る列車で、脱線事故も日常茶飯事だったらしい。

さすがに人が押すのではどうにもならぬと蒸機運転に切り替え、最終的には国に売却。東海道本線の一部になった熱海線の開業と関東大震災で廃止されている。

丹那トンネルのルーツをさかのぼると、この人車軌道ということになろうか。少なくとも、丹那トンネルの東側の入口である熱海にはじめて達したのは、人が押したトロッコであった。

そしてその後継の熱海線を延伸する形で、1918（大正7）年に丹那トンネルが着工。熱海の観光スポットになっている梅園の近くの坑口で起工式が行われている。工事は熱海口と三島口それぞれから掘削を進めることになり、熱海口は鉄道工業、三島口は鹿島組（現・鹿島建設）が請け負った。予算は770万円、完成予定は7年後の1925（大正14）年であった。

ところが、その工事が予想を遥かに上回る難工事になった。そもそも山岳地帯を

函南駅のホームから撮影した三島口の坑口を出てくる電車。左手には新丹那トンネルも並んでいる

熱海口の坑口上部には殉職者の名前が刻まれた慰霊碑がある

貫く７０００ｍを超えるトンネルは、当時の技術力では不可能なレベルだったのだ。さらに地質調査も充分とは言えず、掘ってみなければ何が出るかわからないという状況でもあった。実際、工事は多量の湧水に悩まされ、掘削は遅々として進まず、１９２１（大正10）年には熱海口２７０ｍの地点で崩落事故が発生。このときに16名が命を落としている。

丹那トンネルは最終的に16年かかって１９３４（昭和９）年に完成。総工費は２６００万円にまで膨れ上がり、熱海口31名・三島口36名の殉職者も出した。殉職者の慰霊碑は、熱海口・三島口それぞれの坑口近くに設けられている。

シールド工法や圧気工法、電気機関車の使用などあらゆる最新技術を試したのも丹那トンネル工事の特徴で、これは後世のトンネル工事に大いに役立てられた。

トンネル工事の真上では、突然水が涸れ果てて

ともあれ、難工事を経て丹那トンネルが開通したことで、東海道本線は大幅に短絡された。戦後には隣に新丹那トンネルも掘削され、こちらは東海道新幹線が走る。丹那トンネルの工事は、まさに鉄道を変えた、それだけのインパクトのある大事業だったのである。

ところが、それで話が終わればいいのだが、丹那トンネルはひとつの町を大きく変えてしまった。それもいい方ではなく、悪い方向に。その町は、丹那トンネルが貫く山地の真上にある丹那盆地の集落であった。

丹那盆地は、周囲を丘陵性の山に囲まれた火山と断層運動によって生まれた小盆地。柿沢川が盆地内部を東西に流れ、古くは周囲の町々もうらやむほどに水に恵まれた地域だったという。盆地のあちこちで泉が湧き、それを活かして栽培されたワ

丹那盆地の入口には渇水救済記念碑が建つ。盆地の人々の暮らしを激変させた一大事件であった

丹那断層は丹那盆地付近を南北に走る。北伊豆地震では2mほどずれており、丹那トンネルもルートをわずかに変更することになった

サビが特産品。農業用水はもちろん飲み水にも用いられ、水のあまりの豊富さに田んぼはむしろ困るくらいだった。

しかし、それが丹那トンネルの工事中に涸れてしまう。工事がはじまって6年ほどたった１９２４（大正13）年に盆地内の一部で湧水が減少しはじめ、それが盆地全域に広がっていったのだ。

当初、鉄道省当局はトンネル工事と丹那盆地の渇水は関係がないとして、知らぬ存ぜぬを決め込んだ。それでも渇水問題が一向に改善しないことを受けて、１９２７（昭和2）年頃から補償金の支払いをはじめる。加えて被害の著しい地域は飲み水にもこと欠くようになっていたので、水道の敷設も行い、貯水池も設けている。

結局この丹那盆地の渇水は、トンネル工事を悩ませた湧水と大いに、直接的に関係していたのだ。丹那盆地の地下から地上に湧き出ていた水が、トンネル工事によって地下水脈に変化が生じてトンネル内にあふれ出た。大量の湧水が工事を止めている一方で、地上ではそれまで豊富だった水が涸れ果てるという事態が起きていたのである（１９３０年の北伊豆地震で、丹那断層がずれたことが関係しているという説もある）。

鉄道省が応急的に行った措置も充分な効果を示さず、熱海口にあった鉄道省の工事事務所に集団で押しかけて過激な行動をするものも現れた。１９３２（昭和7）年には丹那盆地の集落が一丸となって渇水救済促進同盟会を設立。この段階に至っても渇水とトンネル工事の因果関係を否定していた鉄道省に見切りをつけ、静岡県知事に窮状を訴える。これがようやく実り、トンネル開通の前年、１９３３（昭和8）年に鉄道省から見舞金総額１１７万５０００円が給付されて落着したのである。

丹那盆地のひとびとは、この見舞金を活用して水利組合を設立。上下水道を整備するなど水問題の具体的な解決を試みた。この過程では函南町の人々の中で対立が

丹那盆地の風景。奥左側に見える赤い屋根の建物が「酪農王国オラッチェ」。右側には「丹那牛乳」の文字も見える

ちょっと寄り道

弾丸列車計画

丹那トンネルが完成してからそれほど建っていない1938（昭和3）年、鉄道省内部に鉄道幹線調査分科会が発足した。翌年には勅令で鉄道幹線調査会となり、そこで計画されたのが広軌新線、すなわち弾丸列車計画であった。

弾丸列車計画は、東京と下関を結ぶ新たな幹線の建設を目的としていた。東京～大阪間は4時間30分、東京～下関間は9時間で結ぶという当時とすれば壮大な計画だったが、新幹線の結果を見れば先見の明というべきだろうか。実際に1940（昭和15）年には計画が決定、用地買収と工事にも取りかかっている。函南駅の西側にある「新幹線」と呼ばれる集落は、弾丸列車計画に基づいて新丹那トンネル工事の作業員宿舎が置かれたことに由来する地名である。

生じて家を襲撃して暴行を働くという事件もあったが、ともあれ予期せぬ渇水問題はかろうじて決着を見たのであった。トンネル工事着工直後には丹那盆地の人々も人足として雇われるなどして、プラスの経済効果ももたらされていた。それだけに、自慢の水がとつぜん失われたことへの衝撃は大きかったのだろう。

見舞金と水道の整備で渇水問題は解決しても、失われた時は戻らない。丹那盆地で盛んだったワサビの栽培は衰え、稲作や畑作、そして酪農がその後の丹那盆地の主要産業になってゆく。

いま、丹那盆地には「酪農王国オラッチェ」という観光牧場がある。文字通り周囲を山に囲まれ、天候に恵まれれば富士山も見える山あいの盆地。ほとんどが田畑なのだが、その中にある酪農牧場。この盆地が酪農の地であることを伝えるものだ。

酪農はワサビ栽培や田畑などと比べて豊富な湧き水は必要としない。その上、鉄道省によって応急的に整備された水道は、牛舎でも蛇口を捻れば水を使えるというむしろ利便性を高める結果になったという。

酪農の専門誌『酪農事情』は、このことを「精神的にはもちろん犠牲になったが、乳牛だけは禍を転じて幸としたことになる」と書いている。明治の終わり頃に本格的にはじまった丹那盆地の酪農は、丹那トンネル工事による渇水を乗り越えて、いまにも続く産業になったというわけだ。

丹那トンネルが開通すると、三島口を出てすぐの場所に函南駅が開業した。当初は駅が設けられる予定はなかったが、地元の人々の強い要望に鉄道省が応じたものだ。開業当日は駅前広場に櫓がたち、花火も打ち上げられるほどの賑わいぶり。そして駅の南側の斜面には、大きな黒白の乳牛の看板があったという。

何気なく通り過ぎる一本のトンネルには、多くの犠牲と町の有様を一変させるようなできごとがあった。トンネルは、やはり奥深いのである。

#26 渋谷

ハチ公が見つめるターミナルはどこへゆく

DATA

1885年	渋谷駅開業
1907年	玉川電気鉄道が乗り入れ
1927年	東京横浜電鉄東横線乗り入れ
1934年	忠犬ハチ公像設置、東横百貨店開業
1938年	地下鉄銀座線乗り入れ
2013年	東急東横線が地下化

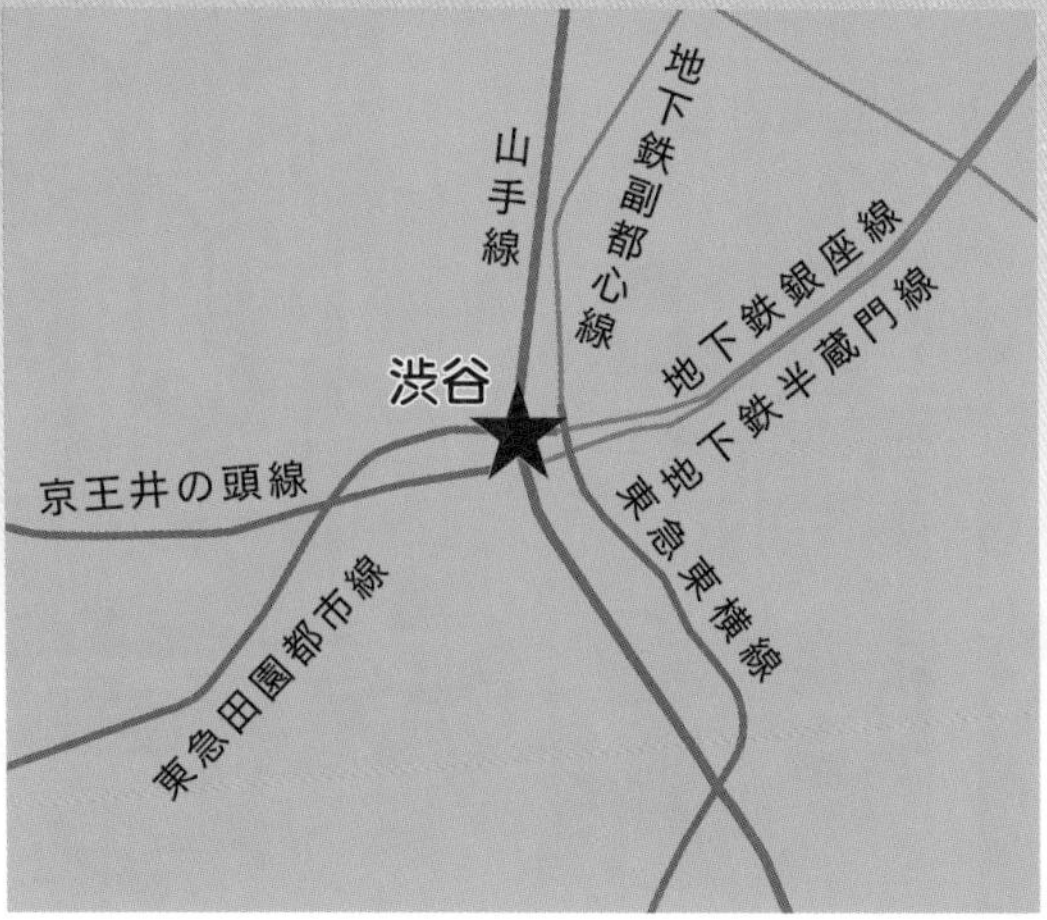

谷底の駅を中心に、あらゆる個性が凝縮された町

日本の町並みをヨーロッパなどのそれと比べて、計画性がないとか雑然としているとか批判的なひとがいる。

確かにヨーロッパの歴史のある町は、よく計画された街路に統一感のある建物が建ち並び、路面もアスファルトではなく石畳だったりして、写真でしか見たことはないがきれいだと思う。日本の小さな路地でおなじみの電信柱と輻輳する電線、なんて光景はもちろんない。そういうきれいなところを切り取っているだけではないか、という気もするが、批判する気持ちも分からないではない。

京都などは長い歴史ゆえなのか、東西南北碁盤の目に区切られた街路などが整っているが、東京はそうではない。おおよそ皇居を中心に環状線（外堀通りとか山手通りとか）が走り、それらを串刺しにするように郊外への大通り。そこに細かく入り組んだ路地のような細い道が加わって、地上や地下に高速道路。どの道も直線に見えて微妙なカーブを繰り返していたりするから、見た感じであまり整然としているとは言いがたい。

だが、それを言う前に、まずは渋谷の町を歩いてみるべきである。

渋谷駅は、よく知られている通り谷底に位置している駅だ。山手線に並行している南北はそれほどでもないが、東に宮益坂、西に道玄坂というそれなりの急坂がある。渋谷駅からどこかに向かおうとすれば、坂登りを避けることは難しい。

そういう地理的な条件が、地上3階という渋谷駅に乗り入れる鉄道で一番高いところを地下鉄の銀座線が通らねばならないという、謎の事態を招いている。渋谷駅が複雑なダンジョン駅であることはよく知られているし、さすがにみんな案内板を見て歩くだろうから、「地下鉄だから地下に降りてきたのに銀座線がないじゃないな

道玄坂下。左の坂道が道玄坂。右手を登っていくと東急本店へ

渋谷センター街。カラオケ店や飲食店が建ち並ぶ、人通りの絶えない渋谷の中心だ

いか！」と息巻く人を見かけたことはない。だが、地下鉄がいちばん高いところにあるなんて、よくよく考えたら不条理の極みである。

渋谷駅から外に出て、渋谷の町をさまよい歩けばますます不条理に直面することになる。だいたい坂だらけというのは大前提として、その道が本当に複雑に入り組んでいる。まっすぐ歩いてきたつもりがまったく思いもよらないところに出てしまったり、近道だと思って路地に入ったらだいぶいかがわしい類いの店ばかりが連なるところを歩かされたり。目印になるようなセンター街も、高校生の時に「あそこに行ったら絶対カツアゲされるぜ」などとナゾのカツアゲされ自慢をしている同級生がいたほど、なんとなく危ない町というイメージを持っていた（最近はそうでもないみたいですね）。

坂道だらけ、細くて曲がりくねった路地だらけ。それだけをピックアップしたら、まさに渋谷は「日本の町は雑然としている」と批判するのにうってつけの町である。

だが、もちろんこれには事情がある。なにしろ坂が多いのだから、多少なりとも勾配を避けつつ右へ左へ曲がりながら歩きやすい道にしなければならない。そうして生まれた昔の道に沿って店や家が建ち並ぶようになり、そうなれば新たに町を作り直すのも難しい。必然的に、複雑な町にならざるを得ないのだ。そしてむしろ、この複雑さが東京、とりわけ渋谷の町の個性のひとつになっているのではないかと思っている。

もしも、渋谷が勾配も何もかも無視した整然とした町だったなら、Ｂｕｎｋａｍｕｒａとラブホ街の円山町と高級住宅街の松濤《しょうとう》、ファッション文化の象徴・１０９と渋谷パルコ、スペイン坂などが渾然と交わり合うような、そんな濃密な町にはならなかったはずだ。

渋谷は１８８５（明治18）年に日本鉄道品川線（品川〜赤羽間、のちの山手線）

昭和初期の渋谷駅。現在のハチ公口、スクランブル交差点付近。まだハチ公像はない(『懐かしの停車場』)

大正初期、まだ渋谷駅が地上駅だった頃の道玄坂。坂上から渋谷駅方面を見下ろす(『渋谷駅100年史』)

の開通と同時に渋谷駅が開業し、ターミナルとしての歴史をスタートした。それ以前も宮益坂から道玄坂を経て西に向かうルートは大山街道の道筋であり、茶店などが建ち並んでいたというが、近代的な都市としては渋谷駅開業がはじまりとしてもいいだろう。

開業直後は、いまの渋谷駅よりも少し南の道玄坂から離れた場所に位置する簡素なつくりの駅で、お客にも恵まれていなかったという。運転本数が午前1往復・午後2往復の1日3往復だけだったのだから、それではお客に恵まれるかどうか以前レベルである。この時点の渋谷は、単なる東京西部の小さな途中駅に過ぎない。

変わり続ける渋谷の町と、変わらずそこにあるハチ公像

はじめて渋谷に乗り入れた他の鉄道は、1907(明治40)年の玉川電気鉄道(のちの東急玉川線)で、多摩川の砂利を都心部へ輸送するのが最大の目的だったという。さらに1911(明治44)年には東京市電が宮益坂下まで延伸している。

ちょうどこの時期には陸軍の代々木練兵場が現在の代々木公園一帯に完成し、そこで暮らす将兵たちのための店が渋谷一帯に建ちはじめ、市街地化が進んでいった。渋谷の繁華街のルーツは、軍隊の将兵のための町だったのだ。

そして1920(大正9)年に山手線が高架化されて現在地に移転。1927(昭和2)年には東京横浜電鉄東横線(東急東横線)が乗り入れ、1933(昭和8)年には帝都電鉄渋谷線(京王井の頭線)もやってくる。その翌年には東横百貨店が開業し、ターミナルデパートとして渋谷のシンボルになった。

と、このように明治の終わり頃から大正を経て昭和のはじめまで、この時期に渋谷駅は急速にターミナルとしての性質を強めていった。箱根土地(のちのコクド、

最初は精養軒など名店が並んだ百軒店も、現在はいかがわしい店が多くなっている。道頓堀劇場はストリップ劇場

渋谷駅東口から国道246号・首都高渋谷線方面を見る。複数の高層ビルが建ち並ぶエリアだ

西武グループ）の堤康次郎が、関東大震災で被災した都心の名店を集めて旧中川伯爵邸跡に誘致し、「百軒店《ひゃっけんだな》」を開いたのもこの時期のこと。渋谷駅から道玄坂を少し登った先にある百軒店は、以後渋谷の中心的な盛り場として賑わうようになる。

戦後も渋谷の歩みはとまらない。

1964（昭和39）年の東京オリンピックでは代々木練兵場跡（ワシントンハイツ）が選手村となり、欧米文化が流入。1967（昭和42）年に東急百貨店東横店がオープンし、続けて西武百貨店やパルコといった西武グループの進出も続いた。SHIBUYA109の開業は1979（昭和54）年のことである。

いまも渋谷は変わり続けている……というのは改めて言うまでもないことだろう。2012（平成24）年に完成した渋谷ヒカリエは、もはや渋谷駅周辺の再開発では古参の部類。渋谷キャスト、渋谷ストリーム、渋谷ブリッジ、渋谷ソラスタ、渋谷スクランブルスクエアと、恐ろしいまでの高層ビル建設ラッシュが続き、2022（令和4）年現在も東横百貨店跡地にスクランブルスクエア中央棟・西棟が建てられている最中だ。

この間に鉄道面でも、東京メトロ副都心線が乗り入れて東横線が地下に潜ったし、埼京線・湘南新宿ラインがだいぶ離れた場所に乗り入れたと思ったら、東横線地下化で生まれたスペースに移転してきたし……と変化は劇的だ。

少し離れたところでも、渋谷パルコがリニューアルしたり、西武百貨店にも建て替えの計画がある。かつてはホームレスが住み着いていた宮下公園も、2020（令和2）年にミヤシタパークとして商業施設まで入る現代的な施設に生まれ変わた。渋谷は1885（明治18）年の駅開業から絶え間なく変わり続けている。

これだけ町が変わっても、昭和のはじめから変わっていないものがある。渋谷のスクランブル交差点の脇に建つ、忠犬ハチ公の像である。

宮益坂下から渋谷駅方面を見る。右奥で工事中なのは旧東横百貨店跡地、スクランブルスクエア中央棟・東棟

あの宮下公園にヴィトンやグッチなどのブランドショップとは隔世の感

忠犬ハチ公のエピソードを改めて語るほどページに余裕はないが、ハチ公の飼い主である農学者・上野英三郎がこの世を去ったのは1925（大正14）年。以後、ハチ公は飼い主の姿を渋谷駅頭で待ち続けた（実際は残飯などが目当てだったという身も蓋もない話もあるが）。

それが昭和に入って東京朝日新聞に取り上げられるなどして話題を呼び、1934（昭和9）年にハチ公像が建てられた。除幕式には存命だったハチ公ご本人も、紅白の布をまとって臨席している。渋谷は空前のハチ公ブームに沸き、ハチ公せんべい・ハチ公チョコレート・ハチ公ブロマイドなどが売り出された。

かくしてハチ公像は完成直後から渋谷の新しいシンボルになって、さっそくそこで待ち合わせをする人も現れたという。

ハチ公像は戦時中に金属供出で一時撤去されたので、現在のものは1947（昭和22）に再建された二代目だ。が、もちろんシンボルであることは変わらず、待ち合わせをする人、ハチ公と記念撮影する人は絶え間ない。

ハチ公像は、日本における駅前待ち合わせスポットの先駆けといっていい。東京駅の「銀の鈴」は1968（昭和43）年にできたから、ハチ公はそれよりも24年も前だ。あちこちから人が集まり、猛スピードで休まず変化し続ける。そうした町において、ハチ公像のように町に何があろうが〝変わらずにそこにある〟存在は、あまりに大きい。誰もがスマホを持っているいまも、ハチ公前が待ち合わせ中の人で溢れているのはそういうことなのだろう。

そういえば、渋谷の再開発でハチ公像も一時移転するかも、という話を聞いた。いったいどこに移されるのだろうか。そしてその間、人々はどこで待ち合わせをすればいいのだろうか。「ただの一時移転です」と説明されたとしても、案外その影響は大きいのではないかと思っている。

#27 沖縄

戦火に消えたケービンと、58年後のモノレール

DATA

1914年	沖縄電気軌道・沖縄県営鉄道与那原線開業
1922年	沖縄県営鉄道嘉手納線開業
1923年	沖縄県営鉄道糸満線開業
1945年	沖縄戦で沖縄県営鉄道休止
2003年	ゆいレール那覇空港～首里間開業
2019年	ゆいレール首里～てだこ浦西間延伸開業

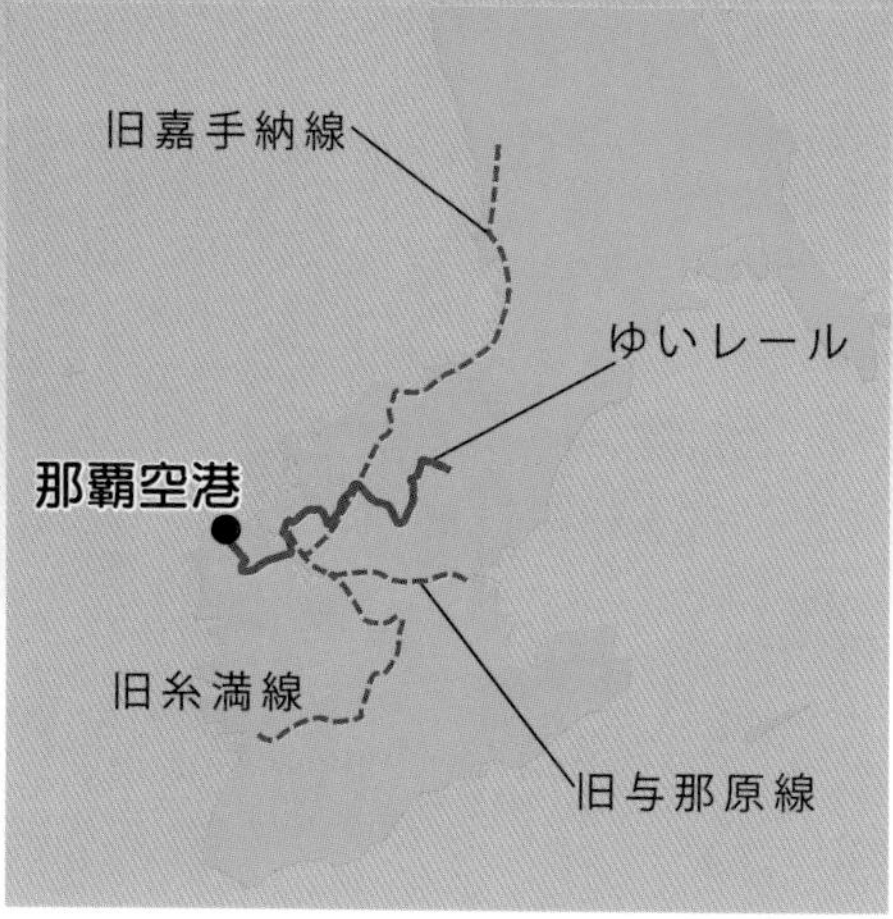

モノレールのゆく沖縄に、かつてケービンが走った

日本でいちばん鉄道に縁のない都道府県は、いうまでもなく沖縄だろう。

いま、沖縄を走っているのはゆいレールというモノレール路線だけだ。玄関口の那覇空港から那覇の中心市街地を抜けて首里・浦添を経て終点のてだこ浦西駅まで、17㎞の路線である。

アップダウンを繰り返しながら、沖縄の青空の下をゆくモノレール。副都心のおもろまちや世界遺産・首里城の脇も通る。そのルートからもわかるように、実に便利なモノレールだ。那覇空港に降り立った観光客はもちろんのこと、沖縄の人にとっても何かと役に立つ。実際に乗ってみても、とくに那覇市内においてはたくさんのお客で2両の列車は混み合っている。今後は3両編成化も計画されているというから、利用状況はまずまず順調ということなのだろう。

このゆいレールが沖縄に登場したのは2003（平成15）年8月10日。そのときは那覇空港〜首里間で、2019（令和元）年にてだこ浦西駅まで延伸した。つまり、ゆいレールの歴史は20年に満たない。それより以前、沖縄は半世紀以上にわたって〝日本で唯一鉄道のない県〟だったのである。

もちろん、歴史的に見れば沖縄もずっと鉄道と無縁だったわけではない。戦前、沖縄にはいくつかの鉄道・軌道が通っていた。

明治時代からサトウキビ輸送のためのトロッコのようなものがいくつかあったが（1902年に建設された南大東島のトロッコ・シュガートレインが嚆矢とされる）、本格的な沖縄鉄道史の発端は1894（明治27）年。大久保利通の長男で日本鉄道や甲武鉄道の経営にも関わった大久保利和が中心になって、那覇〜首里〜与那原《よなばる》間を結ぶ鉄道の敷設免許を出願している。ただ、これは資金難から特許を得るに至ら

ちょっと寄り道

南大東島のシュガートレイン

戦後の沖縄に鉄道はなかった……というのはある意味正しいが、実はある意味間違っている。というのも、本当に旅客鉄道はなかったものの、南大東島にサトウキビ輸送のための専用軌道（シュガートレイン）が存在していたのだ。

南大東島のシュガートレインは開拓者によってサトウキビ栽培が行われたことにはじまり、全島にその路線は広がっていたという。当初は手押し車（つまり人車軌道）、のちに蒸気機関車に置き換えられた。戦争で一時休止に追い込まれるも戦後復活し、ディーゼルカーへの置き換えを経て1983（昭和58）年まで運転されている。貨物専用の路線であったが、便乗という形で人が乗ることもあったようだ。現在は機関車などが南大東島や那覇市内などに残る。

嘉手納駅の跡。すぐ脇には在沖米軍嘉手納基地が置かれている

ずに日の目を見なかった。

続けて１８９６（明治29）年には沖縄電気鉄道が那覇～首里間で出願。こちらは特許を得ることこそできたが、同じく資金難で実現していない。

このように、なかなか鉄道開業には至らなかった沖縄だが、明治期のふたつの計画がいずれも県庁所在地の那覇と王朝時代の旧都・首里を結ぶ輸送ルートを採っていたことから、その連絡が重要視されていたことがわかる。加えて、本島北部から薪炭材などが運ばれ、逆に生活必要物資を北部に運ぶ山原船《やんばるせん》が就航していた要港・与那原と那覇の連絡。それらの充実は、沖縄の発展にとって不可欠なことであった。

そして明治時代には実現を見なかったこれらの計画は、大正時代に入ってようやく結実する。

最初に開業したのは沖縄電気軌道だ。やはりルートは那覇（通堂）と首里を結ぶものであり、１９１４（大正３）年に開業。まだクルマ社会が到来する以前、大正時代には大いに賑わったという。また、東海岸では与那原を起点としてサトウキビ輸送の軌道を改良し、沖縄人車軌道（のち沖縄馬車鉄道）として旅客輸送をスタートしている。

そして同じく１９１４（大正３）年12月には、那覇～与那原間を結ぶ沖縄県営鉄道が開業した。軌間７６２㎜の軽便鉄道であったことから、県民から〝ケービン〟として親しまれた、戦前期の、というより沖縄の鉄道史を代表する路線である。

ケービンは、いわゆる本線格の与那原線に加えて那覇駅と那覇港の桟橋を結ぶ貨物専用線、さらに大正の末には嘉手納線・糸満線の２路線も開業させている。

荷馬車の往来が多かった那覇～与那原間の与那原線は与那原に水揚げされる物資輸送の要として期待され、嘉手納線・糸満線はいずれも沿線の製糖工場に関連して原料輸送と製品輸送を担ったものだ。つまり、ケービンは旅客輸送もさることながら、

沖縄県営鉄道のターミナル・那覇駅。現在の那覇バスターミナル付近にあった（那覇市歴史博物館提供）

県営鉄道20周年の祝賀列車。客車11両を連結している（那覇市歴史博物館提供）

那覇バスターミナルの傍らに残る那覇駅の転車台跡

貨物輸送にも主目的を置いていたということになる。

ただ、現実にはケービンの鉄道収入の85～90％は旅客収入だった。軽便鉄道の簡素な規格では、大量貨物輸送に資するには限界があったのだろう。

鉄道に馴染みの薄かった沖縄のこと、開業直後はなかなかお客に恵まれずに経営難に苦しんでいたようだ。

国有化を求める声もありつつ、国の補助によって乗り切り、蒸気機関車だけでなくガソリン車を導入するなどライバルの路線バスに対抗。折しも戦争の時代が近づいて、ガソリン統制の影響で路線バスが減便されたことなどを受けて鉄道への傾斜が進み、お客を増やしてゆく。結果、昭和10年代には黒字に転換し、ケービンはすっかり県民の暮らしに欠かせない鉄道に育ったのである。

沖縄戦で消えたケービンの跡はいま――

このように順調に発展していったケービンを待ち受けていたのは、戦争であった。ケービンが最初に戦争から大きく影響されたのは、日米開戦を控えた兵員輸送だった。はじめてケービンが担った軍事輸送は１９４１（昭和16）年7月。以後、開戦までの約半年にわたって軍事輸送のための臨時列車が連日運行された。嘉手納線で従来の12kgレールから22kgレールに改めるなど、ケービン側も軍事輸送に応じて体制を整えている。

このときのケービン軍事輸送は１９４１（昭和16）年いっぱいでいったん落ち着きを見せる。その後しばらくは、県民たちが食料を買い出しに出かける際に盛んに利用された。ほとんどの列車が満員という活況ぶりだったという。

しかし、戦局が悪化すると沖縄の戦略的価値が高まり、再びケービンは軍事輸送

那覇市内、廃線跡に近い壺川東公園にはケービンのレールが展示されている（車両は南大東島シュガートレインのもの）

沖縄戦での銃弾の跡が残る糸満線の橋脚

に身をやつす。

本土からの部隊増員に合わせ、1944（昭和19）年7月11日には総員1万3000名の将兵を輸送する特別輸送作戦が実施されている。これが大きなきっかけとなって、以降のケービンは通常ダイヤでの運行を取りやめて、完全に軍事優先の輸送体制に転換していったのである。

1944（昭和19）年も後半にさしかかると、沖縄の上空にも米軍機が盛んに現れるようになる。同年10月10日にはフィリピン侵攻の準備作戦として、米軍が沖縄全域に対して空襲を行う。とりわけ那覇市内で大きな被害が出たこの空襲では、ケービンの那覇駅も焼失してしまった。

11月から運転を再開するも、12月には大量の弾薬を運んでいたケービンの列車が南風原《はえばる》村神里付近で大爆発、兵員210名余に加えて鉄道職員3名と便乗していた帰宅途中の女学生8人も巻き添えになる事故もあった。

そして年が明けて1945（昭和20）年。空襲は日に日に激化し、米軍の沖縄上陸の日が着実に近づいていた。

ケービンは嘉手納線が同年3月23日前後、与那原線・糸満線は3月28日前後が最後の運行であった。そして4月1日、沖縄本島に米軍がついに上陸。本格的な沖縄戦がはじまった。かくして、大正時代の開業以来、約30年にわたって県民の足を担っていたケービンは、戦火に消えたのである。

戦後、米軍統治下に置かれた沖縄では、鉄道を復旧しようという発想はほとんど見られなかった。物資輸送のために鉄道を復旧すべしという司令部からの指示もあったようだが、実際には道路整備が優先されてうやむやになっている。

さらに戦場に残置されたレールや機関車の残骸は〝くず鉄〟として何者かに持ち去られてしまい、駅舎などもほとんどが戦争で失われた。戦後の沖縄にケービンの

ケービンの資料館になっている与那原駅舎。再建されたものだが、現役時代のケービンをいまに伝える

ゆいレールのおもろまち駅付近はかつてケービンも通っていた。時代を隔てて重なっている区間はごくわずか

残滓はすっかり消えてしまった。いま、沖縄の町を歩いても、〝ここがケービンの廃線跡〟をはっきりと物語る場所はほぼ見当たらない。町がまるごと変えられた、沖縄戦の激しさを物語るもののひとつといっていい。

しかし、それでもいくつかはケービン跡が残っている。

たとえばゆいレール旭橋駅の脇、那覇バスターミナルの傍らには那覇駅で使われていた小さな転車台が保存されている。ところどころに道路整備などに際して発掘されたレールが展示されているところもあるし、サトウキビ畑の間には廃線跡とおぼしき農道があったり、糸満線の沿線には弾痕が残る橋脚もある。そして与那原線の終点・与那原駅はいまも駅舎が残っている。

与那原駅はもともと木造だったが、1931（昭和6）年にモダンなコンクリート造りに建て替えられた。そのおかげで、戦禍においても骨組みと柱が9本というほぼ壊滅状態とはいえ全壊を免れ、戦後修復されて役場やJAの事務所として活用。そして現在はケービンの歴史を伝える資料館として公開されている。

とはいえ、その他にいまの沖縄にケービンの歴史を伝えるものはほとんど残っていないといっていい。そもそも運転を取りやめてから80年近く経っているのだ。

沖縄にとって、いま唯一の鉄道がゆいレール。ケービンの時代から58年の空白を経て〝復活〟した鉄道である。そして、さらなる鉄軌道計画もある。それによると、那覇から浦添・宜野湾・北谷《ちゃたん》・沖縄・うるま・恩納などを経て名護までを約1時間で結ぶという。公共交通の利用率が全国平均の約30％を大きく下回る約3％前後という、日本屈指のクルマ社会、そして〝渋滞大国〟の沖縄県において、新たな公共交通の整備は大きなテーマなのだろう。

そしてこの計画が実現すれば、ケービンを遙かに上回る大規模な鉄道ネットワーク。近い将来、沖縄は日本屈指の〝鉄道の島〟になるのかもしれない。

DATA

1894年	広島駅開業
1912年	広島電気軌道開業
1945年	原爆投下
1971年	軌道内への自動車乗り入れ禁止

#28 広島

原爆の災禍から立ち上がった路面電車の町

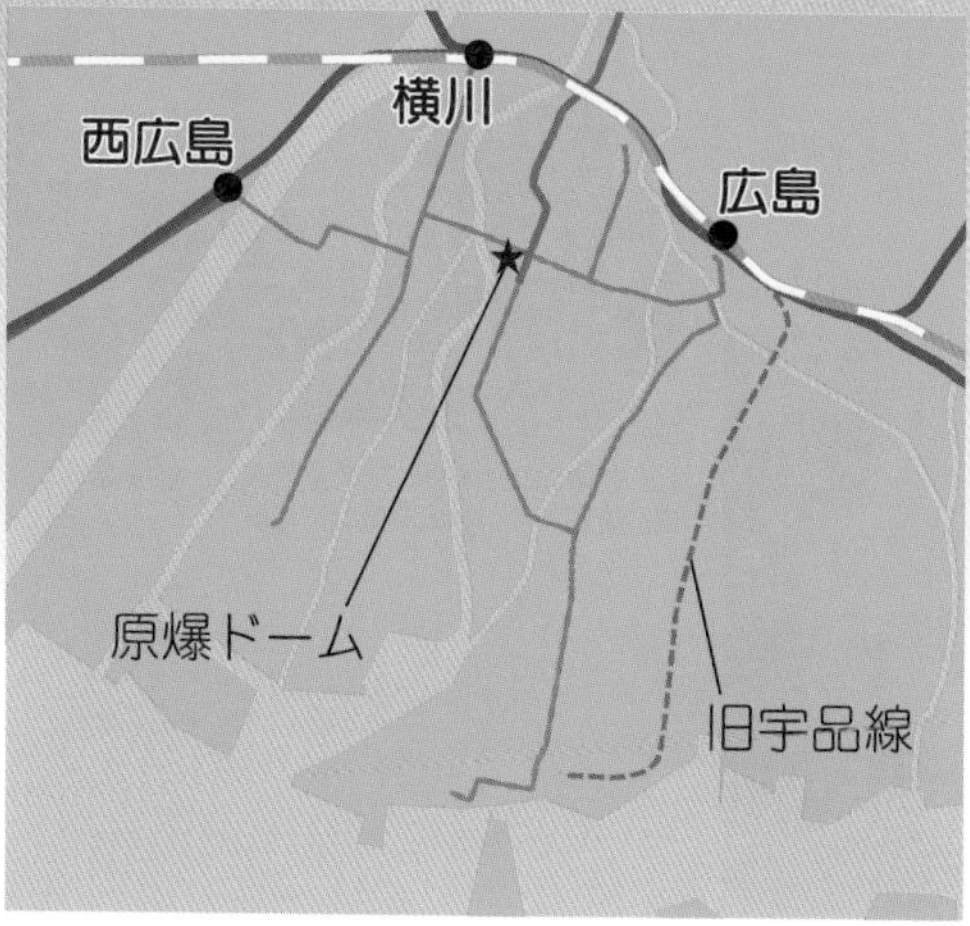

日本一の〝路面電車の町〟を守った施策とは

日本は圧倒的なクルマ社会の国である。

改めて考えるまでもなく、日本で最大の企業はご存知トヨタ自動車だし、最大の輸出産業も自動車。関連企業も含めれば、まさに自動車産業が日本を支えているといっていい。

ローカル線のお客が減っていて大変だといっても、クルマに乗らずに鉄道を使いましょう、などとは口が裂けても言えない。だから政治家たちは聞こえのいいお題目を唱えるだけで、鉄道を維持するための負担はあっちへこっちへ押しつけ合う。少なからず鉄道が好きな身にとっては悲しいことだが、日本はそういう国なのだ。

さて、日本がクルマ社会になったのは、昭和40年代以降のこと。そしてそれと入れ替わるように姿を消していったのが、全国の都市を走っていた路面電車である。

路面電車が全国的にピークを迎えた昭和初期は、まだまだクルマの量が少なかった。だから路面電車が活躍できた。しかし、クルマの量が増えていくと電車にとってはクルマがじゃまでも、クルマからみれば電車がじゃま、ということになる。

そこで高度成長期以降、各地で次々と路面電車が廃止されていったのだ。ほとんど日本中の都市にあった路面電車は多くが姿を消し、２０２２（令和４）年の時点で路面電車が走っている都市はわずか17だけになっている。

ところが、そうした中でも路面電車が町の中核を担う交通機関であり続けている都市がある。中国地方最大の都市、広島だ。

広島市内の中心部には、広島電鉄の路面電車が縦横に走っている。市内の路面電車と直通運転をしている宮島線という鉄道線も持っていて、それも含めれば路線距離は路面電車としては日本一。お客の数も路面電車としては日本でいちばんだ。

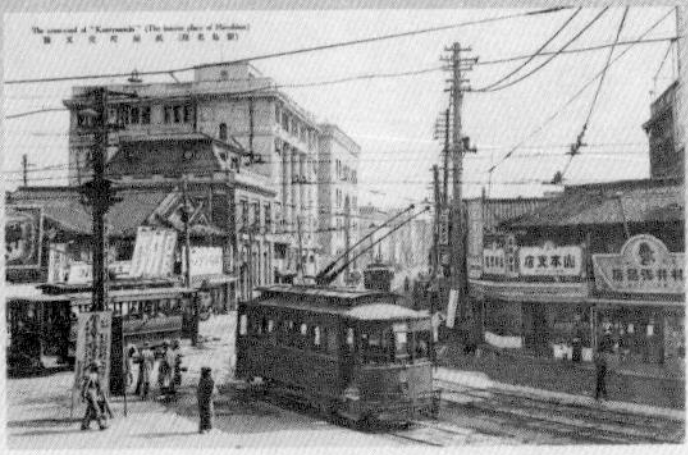

1938（昭和13）年の紙屋町交差点。当時から賑やかな中心市街地だった（広島市公文書館）

現在の紙屋町交差点。戦前と姿は大きく変わったが、いまも広島の中心だ

ターミナルの広島駅と紙屋町や八丁堀といった広島の中心市街地をつなぐのはもちろん広電だし、海の玄関口たる広島港へも広電が便利だ。原爆ドームのすぐ脇を走り、被爆を経験した〝被爆電車〟も現役。広島の市街地を歩けば、どうしたって路面電車と付き合わざるを得ない。広島は、日本一の路面電車の町なのである。

いったいなぜ、広島は令和のいまも路面電車の町であり続けているのだろうか。

広島の路面電車が開業したのは１９１２（大正元）年のことだ。

きっかけは明治の終わり頃。汚濁した水が伝染病の原因になっていた、広島城の濠を埋め立てることになったのだ。そこで埋め立て後の敷地を利用して路面電車の建設を、となった。

いくつかの事業者の競合もあったが、最終的に広島電気軌道（現・広島電鉄）が特許を取得。１９１２（大正元）年に広島駅前～己斐《こい》・紙屋町～鷹野橋・鷹野橋～御幸橋・八丁堀～白島といった、現在にも続く中核的な路線を開業させた。その後も路線の整備を続けてあっというまに市内交通を担う中核になったのである。

ここまでは他のどの都市にもおおよそ共通する流れだ。しかし、広島は戦後のモータリゼーションにおいてまったく異なる対応を見せた。

クルマが増えてくると、各都道府県警は軌道敷内にもクルマの乗り入れを認めるようになり、すると路面電車がクルマに囲まれて速度が低下して定時性を損ない、結果お客を減らすという悪循環に陥り、経営状況も悪化した。クルマ、場合によっては歩くよりも遅い路面電車に、わざわざ好んで乗る人はいないだろう。

そこで広島でも、時代の流れとして路面電車を廃止して地下鉄に置き換えるというアイデアも出たようだ。

しかし広島は安易に路面電車を廃止する道を選ばなかった。

１９７１（昭和46）年に広島県公安委員会は、軌道敷内へのクルマの乗り入れを

日清戦争中に広島城に置かれていた大本営跡。軍都・広島を象徴する遺構のひとつだ

原爆投下直後の紙屋町交差点。被害の大きさがうかがえる（『広島電鉄開業100年・創立70年史』）

禁止する。さらに市内全面駐車禁止、電車優先信号の設置、右折車の軌道内停車禁止など、路面電車運行を優先する施策を次々に打ち出した。広島県警の担当者が、クルマ社会として先を行くアメリカではなく、路面電車を残した街づくりをしていたドイツを視察したことが、この決断につながったという。

これが功を奏し、広電の路面電車のお客も戻りだし、廃止の危機を脱していまにも全国的に希有な路面電車の町が続いたのである。

これはすなわち、広島が市を挙げてクルマ社会から路面電車を守った結果といっていい。地下鉄にした場合の経営面の不安や、クルマの吐き出す排気ガスの問題もあったにせよ、それだけではないだろう。

軍事都市・広島と鉄道の深い関係

広島の町にとって、広電の路面電車は特別な意味を持っていた。

広島は世界で2都市しか経験していない、被爆都市のひとつである。1945（昭和20）年8月6日、相生橋の袂に原爆が落ちた。一瞬にして広島の市街地が焼き尽くされた惨劇だった。

このとき、路面電車も大きな被害を受けている。運行中の電車を含めて108両が被災し、従業員185名が死亡し266名が負傷した。

しかし、原爆投下からわずか3日後の8月9日、電車は再び走り始める。一番電車は己斐から西天満町へ。運賃を受け取ることはなかったという。路面電車は、被爆直後の広島の希望の象徴になったのだ。その経験が、広島が市を挙げて路面電車を守ることにつながった。そういう捉え方もあながち間違いではないだろう。

広島の鉄道は、この原爆投下という惨禍に見舞われるまでも、よくよく戦争と深

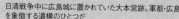

二代目広島駅。1922(大正11)年に完成した(『懐かしの停車場』)

宇品線が結んでいた宇品の桟橋付近。ここから多くの将兵が戦場に送られた

く関わってきた歴史を持つ。

そもそもの広島鉄道ことはじめ、広島駅開業の時点からしてそうであった。広島駅は1894(明治27)年6月10日に開業した。当時は山陽鉄道、糸崎駅(現・三原駅)から延伸して一時的な終着駅として誕生している。

ちょうど時代は日清戦争勃発の直前。もとより中国地方最大の都市であった広島には日本陸軍第五師団が置かれていて、さらに呉の軍港にもほど近い。そうした場所に、戦争直前に鉄道がやってきた。

そこで政府・軍部は前線に最も近い〝鉄道の町〟、広島を戦争の拠点にすることを決定。明治天皇も広島にやってきて、大本営も置かれた。国会も広島で開かれ、戦時体制において広島は〝臨時首都〟の様相を呈する。

折良く遠浅の海を整備した宇品港という近代港もあり、兵員輸送の基地にすることになったのだ。そのために軍部は山陽鉄道に、宇品港と広島駅を結ぶ輸送路線の建設を指示。山陽鉄道はわずか17日の突貫工事でこの路線を完成させ、宇品港から大陸を目指す将兵輸送に貢献した。

この路線は日清戦争後に改修されて宇品線となったが、戦時には軍用路線としてたびたび兵員輸送に従事することになる。宇品港には陸軍輸送本部も置かれ、太平洋戦争が終わるまで国内から外地への将兵輸送の一大基地になっている。

それもこれも、日清戦争直前というタイミングでたまたま広島に鉄道がやってきて、東京とつながったことによる。

かくして広島は〝軍都〟としての側面を強めてゆく。日露戦争では東京から広島まで実に55時間もかかる軍用特別列車が運転されて兵員を運び、終戦後には広島駅北側の練兵場に面して軍用ホームが設けられた。合わせて凱旋門も建てられて、乃木希典陸軍大将も広島に凱旋したという。広島が原爆の惨禍に見舞われたのは、こ

広島カープの本拠地・マツダスタジアム。かつて広島の機関区・貨物駅があった場所に開場した

現在の広島駅は工事中。広電も乗り入れる新しい駅ビルは2025（令和7）年完成予定だ

うした軍事都市だったことに理由のひとつがある。

むろん、原爆投下は〝仕方がなかった〟などと片付けられるものではない。

しかし、一方で鉄道に限っていうと、それまで鉄道の建設に消極的だった軍部が、軍事的有用性に目をつけて立場を一転させたのは、日清・日露の両戦争での軍事輸送において鉄道が活躍したからにほかならない。日露戦争後には鉄道国有化の議論が加速し、さらなる鉄道網の伸張にも弾みが付いた。

もしも日清戦争の時点で鉄道が広島に達せず、三原や岡山にとどまっていたら。大本営が広島に置かれることもなく、鉄道による兵員輸送が注目されることもなかったかもしれない。鉄道による軍事輸送は、その是非はともかくとして鉄道の発展に大きく寄与した側面を持っているのだ。

いま、広島市内には変わらずに路面電車が走っている。

ターミナルの広島駅は目下工事中で、２０２５（令和７）年にそれが完成すると路面電車が駅の自由通路に乗り入れてくるという。広電の路面電車は、ますます発展していきそうだ。

一方で、軍事輸送にルーツをもつ宇品線はとうの昔に姿を消した。その宇品線の跡を港から辿っていくと、広島駅に着く直前でマツダスタジアムにぶつかる。

いわずと知れた広島東洋カープの本拠地・マツダスタジアム。もともとは東広島の貨物駅、さらに遡ると操車場が置かれていた場所にある。古い地図と照らし合わせると、ちょうど扇形機関車庫があったあたりだろうか。

原爆ドームの向かいにあった広島市民球場で市民を熱狂させてきたカープは、いまは宇品線ともゆかりの深いマツダスタジアムに移り、変わらずに広島のシンボルであり続けている。路面電車と広島カープ。平和都市・広島のふたつのシンボルは、戦後80年近く経った今でも燦然たる輝きを見せているのである。

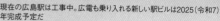

第4章
戦後・国鉄の盛衰

戦争で大きな打撃を受けたわが国の鉄道も、国全体の復興に伴って着実に元の姿を取り戻していった。戦時中に休止されていた特急列車も1949（昭和24）年に復活。その第1号は東京〜大阪間の「へいわ」だった。さらに東海道本線の電化や湘南電車のデビュー、大都市圏での輸送力増強などが推し進められ、再び日本の鉄道は黄金時代を迎えることになる。

その頂点が、1964（昭和39）年に開業した東海道新幹線であろう。いわゆる“広軌新線”として、戦前から存在していた弾丸列車計画がついに結実した形だ。文字通りの夢の超特急として東京と大阪を4時間程度で結び、その高速性は人々の動きを大きく変えることになった。以後、山陽、東北、上越と新幹線の建設は続き、1970（昭和45）年の全幹法制定でその動きはますます強まった。

しかし、その裏側で国鉄の赤字は深刻化してゆく。モータリゼーションの進展により鉄道離れが進み、国鉄労組問題も加わってそれが一層加速。新幹線の高速化も大都市圏の輸送力強化も停滞し、ついに国鉄はその歴史に幕を下ろすことになる。国鉄の分割民営化であった。

主な出来事

1949（昭和24）年	日本国有鉄道設置
1950（昭和25）年	湘南電車、運転開始。豊橋駅が民衆駅としてリニューアル
1951（昭和26）年	サンフランシスコ講和条約
1954（昭和29）年	地下鉄丸ノ内線池袋～御茶ノ水間、開業。洞爺丸事故
1956（昭和31）年	東海道本線の電化完成
1958（昭和33）年	東京～神戸間に特急「こだま」運転開始
1959（昭和34）年	汐留～梅田間に特急コンテナ列車「たから」運転開始
1964（昭和39）年	日本鉄道建設公団設立。東海道新幹線開業。東京オリンピック開催
1965（昭和40）年	みどりの窓口開設
1970（昭和45）年	全国新幹線鉄道整備法公布
1972（昭和47）年	山陽新幹線新大阪～岡山間、開業
1976（昭和51）年	国鉄の蒸気機関車、全廃
1980（昭和55）年	国鉄再建法公布
1982（昭和57）年	東北新幹線・上越新幹線開業
1987（昭和62）年	国鉄分割民営化

#29 豊橋

元祖・駅ビル、民衆駅のルーツここにあり

DATA

1888年	豊橋駅開業
1950年	民衆駅の豊橋駅ビル完成
1970年	豊橋ステーションビル営業開始
1997年	現在の豊橋駅舎が完成

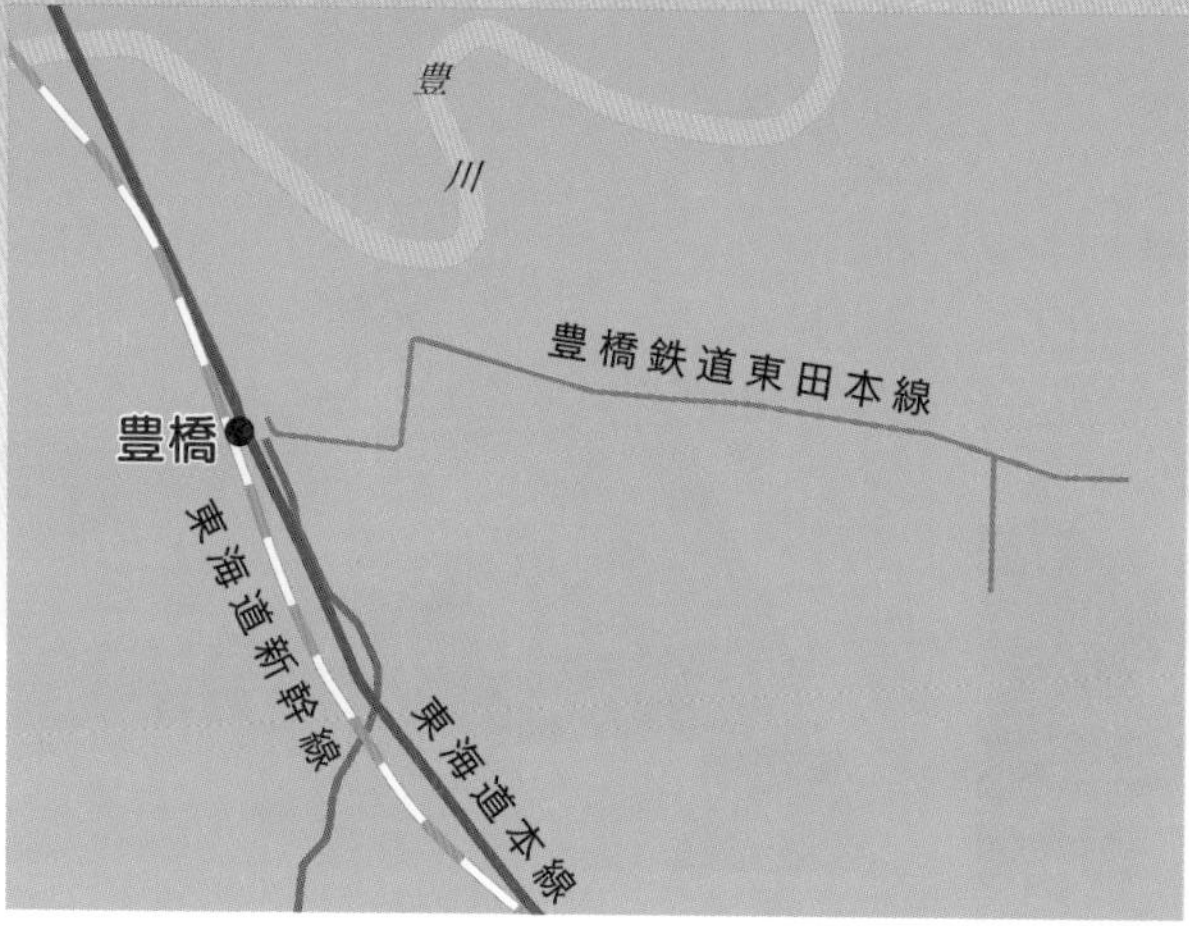

近世城下町にはじまる〝吉田〟に豊橋駅ができた頃

格闘家・朝倉《あさくら》未来《みくる》の本を読んだりＹｏｕＴｕｂｅを見たりしていると、豊橋という町はとてつもなく治安が悪いところなのではないかと思ってしまう。何しろ彼は生まれ育った豊橋の町で喧嘩に明け暮れて〝路上の伝説〟になったのだ。

そんなわけで、ちょっとおびえながら豊橋にやってきた。直前まで他の町を旅していて、夜になってから豊橋に着いたのだ。ホテルは駅のすぐ近く。ホテルまでの間にかすめるように歩いた豊橋駅前の繁華街は、実にアレであった。

路上にしゃがみ込んで缶チューハイかハイボールかなにかを飲んでいる若者集団があちこちにいるし、通行人との衝突も辞さずといった構えでスケボーを乗り回している男もいる。その脇を歩いてホテルに向かうのは、ちょっぴり怖い。目を合わせないようにうつむいて早足で繁華街を抜けた。

もちろんそれが悪いわけではないし、活気があっていいともいえる。ただ、仮にも豊橋は東三河の玄関口。新幹線も停まるし大手私鉄の一角・名鉄も乗り入れるターミナルだ。その駅前にしてこれだから、おびえてしまったのだ。朝倉未来の本を読んでから行ったせいで、イメージが増幅されてしまったのかもしれない。

さりとて、夜が明ければ平穏であった。

前夜には若者集団が溜まっていて空き缶などが散らかっていた繁華街の路上も、いつのまにかきれいに掃除されて穏やかな駅前繁華街になっている。店を開く準備にいそしむ人たちの姿も見えるし、観光客の姿もちらほらと。ほんらい、朝と夜の境目もなく動き回っている人が溢れている東京の方がよほどおっかないのである。

さて、気持ちも新たに豊橋を歩こう。

豊橋のターミナル・豊橋駅は実に立派な駅である。新幹線と東海道本線と名鉄、

国道1号を走る路面電車・豊橋鉄道東田本線

現在の豊橋駅の駅ビルは、商業施設に加えてホテルも入っている

そして稀代のローカル線たる飯田線が乗り入れ、さらに駅前からは市内を走る路面電車、加えて渥美半島を目指す豊橋鉄道渥美線も通っている。東三河においてまさに中核たる交通の要衝地だ。

駅舎はホテルも入っているほどの立派な駅ビルで、改札の中にはエキナカ商業施設もある。その中でも特徴的なのは、名鉄の乗り場だ。

名鉄名古屋本線は豊橋から名古屋を経て岐阜までを結ぶ東海地方の大動脈だが、その起点たる豊橋駅においてはJR在来線のホームの一角、3番乗り場だけを間借りするように使っている。すぐ隣は飯田線の乗り場だ。東海の大私鉄なのに、名鉄の扱いがあまりよろしくない。

名鉄のなんともいえない立場を思いやりながら豊橋駅をあとにして、路面電車に乗って町に出た。

駅前からしばらくは駅前大通りを走り、ほどなく左に折れて田原街道へ。札木電停付近では旧東海道と交差し、西八町の交差点で右に曲がると国道1号だ。なんでも、国道1号の上を走っている路面電車はここだけだという。

そして豊橋公園前の電停で降りて北に少し歩くと、電停の名の通り豊橋公園が見えてくる。江戸時代までは三河吉田藩の吉田城、近代以降は日本陸軍歩兵第十八連隊が置かれていた。いまも公園の入口には連隊時代の門柱が残っている。吉田城の鉄櫓跡の向こうに流れているのは豊川だ。

豊橋は、江戸時代まで〝吉田〟といった。秀吉の治世ではのちに姫路城を整備した池田輝政が治めたが、徳川の時代になると東海道の守りの要衝として、一貫して譜代大名が入った。近代になって明治政府の命によって吉田の名が廃され、豊川に架かる橋に由来する豊橋の名を得て定着している。

豊橋に鉄道がやってきたのは1888（明治21）年。大府から浜松までつながっ

豊橋公園の入口には、歩兵第十八連隊が置かれていた時代の門柱が残る

豊川に架かる国道1号吉田大橋。旧東海道の豊橋はさらに奥に架かる

たときに開業している。初代の駅舎は平屋木造瓦葺き。豊橋においていちばんの市街地だった上伝馬町から、約600m離れた町外れに設けられた。同時に停車場通り（いまは市街地に埋もれてほとんど残っていない）も整備されている。

しかし、それでも明治初期の豊橋は主だった産業に乏しく、豊橋駅も小さな旅館が3軒と運送屋が1軒あるに過ぎない小さな駅で、周囲は田畑が広がり藪が生い茂っていたという。

そこで豊橋の町は、発展のために陸軍第十五師団の誘致を進める。

第十五師団は、国内のすべての師団が動員された日露戦争中に新たに設置された四個師団のひとつで、市を挙げての誘致活動でライバルの沼津を抑え、1905（明治38）年に豊橋に拠点を置いて部隊が編成された。以降、豊橋は既存の歩兵第十八連隊とともに軍都としての側面を強めていった（なお、十五師団は大正末期の宇垣軍縮で廃止されている）。

予算不足を解決した民衆駅は、豊橋から全国へ

こうして近代都市として歩みはじめ、1897（明治30）年には豊川鉄道、大正から昭和のはじめにかけては現在の豊橋鉄道や名鉄などが乗り入れている。

しかし軍都としての一面がゆえ、戦時中には米軍機の空襲に見舞われた。そのときに豊橋駅も被災し、木造バラック建ての仮駅舎で復旧せざるを得なかった。

1945（昭和20）年10月頃からは駅前通りにヤミ市が形成されるようになり、食料の買い出し客が1日に3500人以上やってくる。木造バラック建ての駅舎ではとうてい対応できず、不正乗車も後を絶たなかったようだ。

そこで求められたのが、仮復旧ではなく本格的な新駅舎の再建であった。

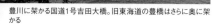

大正時代の豊橋駅。兵隊とおぼしき人たちの姿も目立つ（『懐かしの停車場』）

民衆駅として1950年に営業を開始した豊橋駅。いまの駅ビルとは比べるまでもなくシンプルだ（『豊橋駅発見傳』）

戦災で焼失した駅舎の再建は、豊橋に限らず全国的な課題だった。しかし、当時の国鉄は乏しい予算の中で輸送力増強や安全面の向上を進めていたわけで、とうてい駅舎の再建には手が回らなかった。

そこで出たアイデアが、国鉄と市民の共同出資によって駅舎を再建、鉄道施設以外は出資した市民が利用するというスキームである。

新しい駅舎を熱望する市民も協力的で、実に2400万円もの資金が集まり、1949（昭和24）年に〝民衆駅〟として豊橋駅の再建が決定。翌1950（昭和25）年に新駅舎が落成した。

かかった費用の総額は2396万7000円で、そのうち約62％にあたる1484万3000円を地元が負担。できあがった駅舎は木造2階建てで、一階には理髪店・果実店・雑貨店・化粧品店・菓子店・薬店・玩具店などが入り、二階には市民出資の豊栄百貨店が入った。同時に市と国が半分ずつ負担して駅前広場も整備されている。見た目こそまったくいまとは違うものだが、大きな駅前広場と商業施設も入った駅ビル、という現在にも通じる新しい豊橋駅の形ができあがったのだ。

この民衆駅のアイデアは予算不足に悩む国鉄にとっても渡りに船。さらに豊橋と同じように駅舎の復旧を求める諸都市にとっても、望ましい手段だった。民衆駅は以後全国に波及していくことになる。

鉄道会社と駅ビルに入居する民間事業者が共同出資で駅舎を建てる——。これだけならば、何も不思議なことはない、いまならばごくとうぜんのスキームに思える。しかし、当時はそれほど話は簡単ではなかったようだ。

たとえば豊橋駅でも名古屋鉄道局弘済会から横やりが入っているし、豊橋駅落成後も東京駅八重洲駅の民衆駅に関して「国鉄財産を部外使用させるべからず」と国会審議でもケチがつけられている。当時の価値観からすれば、公共施設たる駅で民

名鉄が間借りしているかのような構造の豊橋駅構内

豊橋駅の南側には豊橋鉄道渥美線新豊橋駅の駅ビルもある

間業者が商売をすることなどまかりならんという意見にも、一定の説得力があったのだろう。

そこで国鉄も基本方針を策定し、それに基づいて民衆駅を建設していくことになる。この時点では国鉄には家賃収入しか入らない仕組みだったが、１９７１（昭和46）年の国鉄法改正によって国鉄も直接出資できるようになると、１９７３（昭和48）年に国鉄が投資した初の駅ビルとして平塚駅が完成。現在のような〝駅ビル〟のスタイルがますます広がっていくことになった。

国鉄の時代もとっくに終わった今では、民衆駅は過去のものになっている。ＪＲ各社は次々に商業施設の入ったどでかいターミナルを作り、改札内の〝エキナカ〟も当たり前になった。そうなってくると民衆駅などだいぶ小さなものに見える。だが、新宿のルミネエストも池袋のパルコも、もとは民衆駅としてはじまった。豊橋のひとびとが戦後の窮乏の中でひねり出した、〝民衆駅〟のアイデアがなければ駅ビルがこれほど広まることはなかっただろう。

その第1号たる豊橋駅はすでに何度か建て替えられて、現在の駅舎は１９９７（平成9）年までに完成したものだ。１９５０（昭和25）年に民衆駅として落成なった豊橋駅は跡形もない。

ちなみに、最後に豊橋駅における名鉄ホームのナゾを解明しておこう。

これは、飯田線がまだ豊川鉄道という私鉄だった時代にさかのぼる。豊川鉄道の吉田駅に愛知電気鉄道（現在の名鉄）が乗り入れた際、複線化して上下それぞれの線路を片方ずつ受け持つという方式を採用した。それが飯田線国有化、さらにＪＲ以降も引き継がれていまに続いているというわけだ。

しかし、よくよく考えてみると、名鉄が豊橋駅の〝顔〟になっていれば、民衆駅に頼らずとも名鉄百貨店の駅ビルができていたのかもしれない。

#30

鴨宮

新幹線がはじめて走った モデル線の町

DATA

1923年	鴨宮駅開業
1962年	モデル線完成
1964年	東海道新幹線開業
2009年	駅前の「発祥の地」記念碑除幕

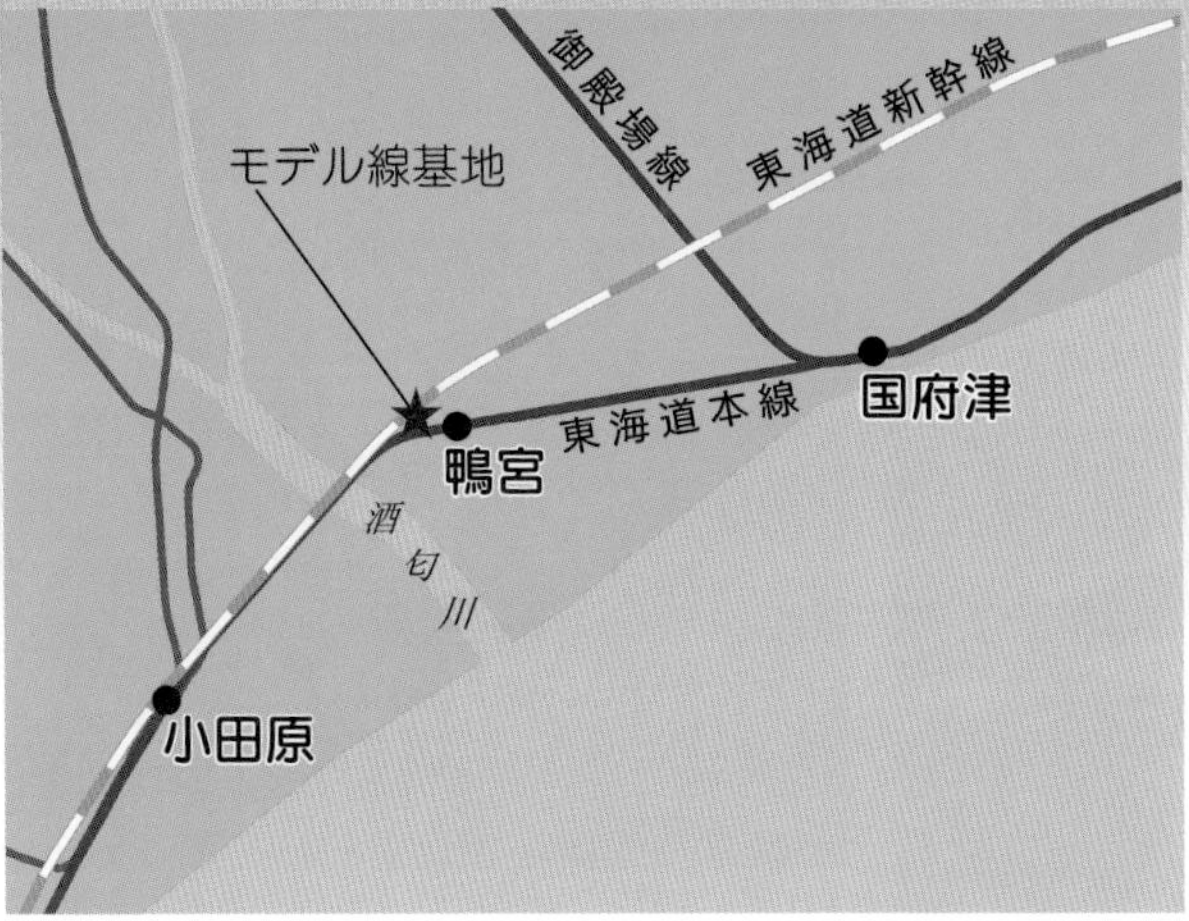

かつてモデル線があった、鴨宮の駅前はいま

黒澤明監督の名作『天国と地獄』の身代金受け渡しシーンは、酒匂《さかわ》川を渡る特急「こだま」の洗面所の窓から3000万円の入ったカバンを投げ落とすというものだった。この撮影には国鉄も全面協力し、実際に東海道本線上を「こだま」用の151系電車を走らせている。ついでに言うと、沿線の民家がじゃまになるということでその2階部分を一時撤去させるという、いかにも〝世界の黒澤〟らしいエピソードも残っている。

この『天国と地獄』が公開されたのは、1963（昭和38）年である。ちょうどその翌年に東海道新幹線が開通し、「こだま」の名は東海道本線の電車特急から新幹線の列車名に移動した。おかげで、新幹線の車内から身代金の入ったカバンを投げた、と思っている人もいるとかいないとか。新幹線が開業するかしないか、そういう時代の境目に生まれた名作映画であった。

さて、映画で身代金が投じられた酒匂川の鉄橋は、東海道本線鴨宮～小田原間にある。在来線の線路と並んですぐ北には東海道新幹線の鉄橋も通る。鴨宮、新幹線。この組み合わせを聞けば誰もが思い浮かべるのが、東海道新幹線建設にあたって建設された鴨宮モデル線であろう。

鴨宮モデル線は、新幹線開業に先立つこと2年前の1962（昭和37）年に完成した、いわゆる試験走行のための路線である（つまり『天国と地獄』の撮影はそれ以前、ということになる）。

区間は、神奈川県綾瀬付近から酒匂川西側の小田原市内までの約30㎞。戦前の弾丸列車計画の際に用地取得済みだったことから、先行して建設ができるこの区間がモデル線に選ばれた。

世界銀行の視察団もモデル線を訪れた。実現可能性を調査したのだろうか（『日本国有鉄道百年史』）

モデル線の試運転。速度向上試験によって200km/h運転を実現した（『日本国有鉄道百年史』）

このとおり、実際には神奈川県の中央部を横断するかなり長い距離のモデル線だったわけだが、たまさか基地が終点に近い鴨宮駅付近に設けられた。そのため、鴨宮モデル線と言われるようになった、というわけだ。

モデル線では1962（昭和37）年から約2年かけて、速度向上試験から安定走行のための総合試験までが繰り返し行われ、さらに鴨宮の基地から約10～15万人の試乗も受け入れている。世界的にも初めての試みとなる夢の超特急、世界銀行からの借款で建設したこともあって、世界銀行の視察団も鴨宮を訪れた。

そういうわけで、まさに鴨宮は新幹線発祥の地なのである。開業後、鴨宮基地は保線基地に転用されていまはJR東海の施設になっているが、その構内には「新幹線発祥之地」のプレートが設けられている。JR用地なので一般の人は入ることはできないが、在来線の車内から目をこらせば一瞬だけ見えるとか見えないとか。動体視力に自信がある人は試してみてください。

そしてもうひとつ、鴨宮駅の南口広場の一角にも、「新幹線の発祥地」と謳った0系電車を模したオブジェの記念碑が建てられている。この記念碑がお目見えしたのは2009（平成21）年とだいぶ最近になってのことだが、鴨宮の商店街は「新幹線発祥の地・鴨宮」としてPRに余念がない。

その商店街があるのは、新幹線のオブジェがある南口ではなく北口だ。新幹線のモデル線も北側にあったから、どちらかというと北口にオブジェを設けたほうがふさわしかったのではないかとも思う。が、駅前広場にスペースの余裕があるのは明らかに南口。北口にはタクシーが2台も停まればいっぱいいっぱいいっぱいになるくらいの小さな広場があるだけで、あとはすぐに商店街につながっている。

鴨宮駅前の商店街は、まっすぐに北に延びるいわば目抜き通りとして形作られている。駅にいちばん近いところにいきなり空き店舗があったので廃れているのだろ

鴨宮駅北口。奥に橋上駅舎の出入り口が見える。周囲は昭和の香りが残る商店街だ

奥に見えるのがモデル線基地を転用した保線基地。頭上のガードが新幹線

うかと思ったが、歩いて行けば意外とそうでもないようだ。飲食店もいくつか営業しているし、地元の魚屋さんではおばちゃんが世間話をしながら魚を買っていた。

さらに商店街のメイン通りから一本脇に入ると、そちらにはスナックなどが集まった一角もあった。こうした地方の小さな駅前のスナックは、看板だけそのままになっていて中身はもう営業していないというケースも少なくない。ところが鴨宮はまだ健在のようだ。なにしろ、トビラのところに「コロナ対策をしています」といった類いの貼り紙があった。スナックのような商売にとっては流行り病は大敵だ。だから都市部のガード下スナックが軒並み店を閉めている。職住近接で大家さんも店主も顔見知りで地場に根ざした地方のほうが、かえって長続きするものなのだ。

巡礼街道沿いの工場群が支えた、鴨宮駅前商店街

こうしたスナックまであるような鴨宮の町。

新幹線モデル線はすべてそのまま新幹線の高架に置き換わってしまったので、痕跡をどうのこうのというのはまったく筋違いだ。

ただ、モデル線の時代にはたくさんの人が試験やら視察やら試乗やらで鴨宮に来たはずだ。それが開業してからはそうした人たちがまるっと姿を消したことになる。駅前の商店街やスナック街、きっとモデル線関連のお客にも恵まれていただろうし、どうしてそれから50年もプチ市街地として成り立っているのだろうか。

そう思いながらしばらく鴨宮の町を歩く。商店街になっているのは駅前からの目抜き通りくらいで、他はまったく住宅地である。それも、モデル線の基地があった酒匂川に近いゾーンに近づけば近づくほど、くねくねした入り組んだ路地ばかり。モデル線に沿って歩いてみようと思っても、それを許さないほどに道が込み入って

駅の近くには古いスナックなどが集まる一角も

加茂神社は北条政子が安産を祈願したという話も伝わる古社だ。奥には新幹線の高架が見える

いるし、クルマも入れない細い道も多い。

その込み入った路地の中に、加茂神社という小さな路地があった。境内には公民館もあり、地域の寄り合いみたいな神社なのだろう。境内に立っていた由緒書きを読んでみると、いまより900年ほど前にこの地に建立され、小池栄子……ではなく北条政子が安産祈願のために神馬を奉納したという。相模や伊豆一帯は鎌倉幕府と何かと縁が深い地域。こうした逸話がそこかしこに残っている。

いずれにしても、これだけ古い由緒を持つ神社があるということは、一帯の町の歴史も古いのだろう。また、江戸時代のはじめには小田原藩の新田開発の一環として、鴨宮周辺は〝下新田〟として開かれている。加茂神社を中心とした新田集落。それが鴨宮のはじまりというわけだ。東海道本線が開通する前の古い時代の地図を見ても、加茂神社付近には集落があったことが確認できるから、間違いないのではないかと思う。

鴨宮駅はモデル線などとはまったく関係なく、1923(大正12)年に信号場が昇格する形で開業している。小さな集落に暮らす地元の人たちからの、駅設置の要望が実っただろう。

ということは、つまり戦前の弾丸列車計画では、そうした古い町のど真ん中を突っ切るように用地を取得したことになる。戦争の足跡が近づいてきた時代であり、政府の強権もお国のためなら許されていたご時世。先祖代々の土地を失って、人知れず涙していた鴨宮の人もいたかもしれない。

加茂神社付近の路地を抜け、新幹線(モデル線)のガードをくぐってさらに北に行ってみる。すると、飲食店やらヤマダ電機やらコンビニやら、いわゆるロードサイド系の店が集まっている東西に走る通りにぶつかった。くねくね曲がっている道ばかりの中で、明らかに雰囲気の違う〝大通り〟。それほど道幅は広くないがクルマ

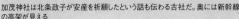

鴨宮駅北口から巡礼街道に向けてまっすぐ伸びる商店街。人通りはまだまだあるが、全盛期からはだいぶ寂しくなったという

巡礼街道はクルマ通りも多く、沿道には飲食店や金融機関などが建ち並ぶ

通りはかなり多く、小田原周辺においては重要な道路なのだと思われる。

この道路は巡礼街道というらしい。かつて国府があった国府津付近から飯泉《いいずみ》観音まで向かうための巡礼の道、ということでその名がついた。そして平坦な地形と酒匂川に近く水に恵まれていることから、戦後の経済成長期には多くの工場が巡礼街道沿いに進出したという。

東海道新幹線開業直前、モデル線が賑わっていたご時世の鴨宮。駅前の商店街のスナックには、以前からあった工場で働く人とモデル線の関係者たちが入れ替わり立ち替わり訪れて、休日には商店街で買い物をする向きもあっただろう。工場の従業員は仕事帰りに鴨宮駅前のスナックに立ち寄り、近くの寮や新幹線建設のための飯場に暮らす人は鴨宮が〝地元〟になった。

新幹線が完成してモデル線が消えても、巡礼街道沿いの工場群が残った。だから鴨宮の商店街の賑わいも大きく減ることはなかった。新幹線の町、などとアピールしなくても、工場で働く人たちが毎日駅前を歩いていたからそれで良かったのだ。

ところが、変化は新幹線ではなくバブル崩壊後の90年代以降にやってきた。多くの事業者は、工場を地方や海外に移転したり閉鎖したり。巡礼街道沿いには工場と入れ替わるように大型商業施設が登場する。大型商業施設は、小さな駅前商店街が太刀打ちできるような相手ではなかった。かくして、鴨宮駅前の商店街はかなり規模を小さくし、細々と命脈を保つ。そうした中で、「新幹線発祥の地」といういままでは一顧だにしなかった歴史の一ページに目をつけた。それが、２００９（平成21）年というだいぶ遅い時期に南口に現れた記念碑なのだ。

新幹線発祥の地・鴨宮。その駅前の商店街は、モデル線とは関係がありそうで実はそれほどでもなく、むしろ全国どこで見られるような戦後日本の浮沈に翻弄された地方の商店街だったのである。

#31 京浜運河

東京湾を埋め立てて、運河を走ったモノレール

DATA

1939年	勝島や平和島など東京湾の埋め立て事業がスタート
1964年	東京モノレール羽田線開業
1967年	平和島や昭和島の埋め立て工事が完了
1973年	大井車両基地・東京貨物ターミナル開業

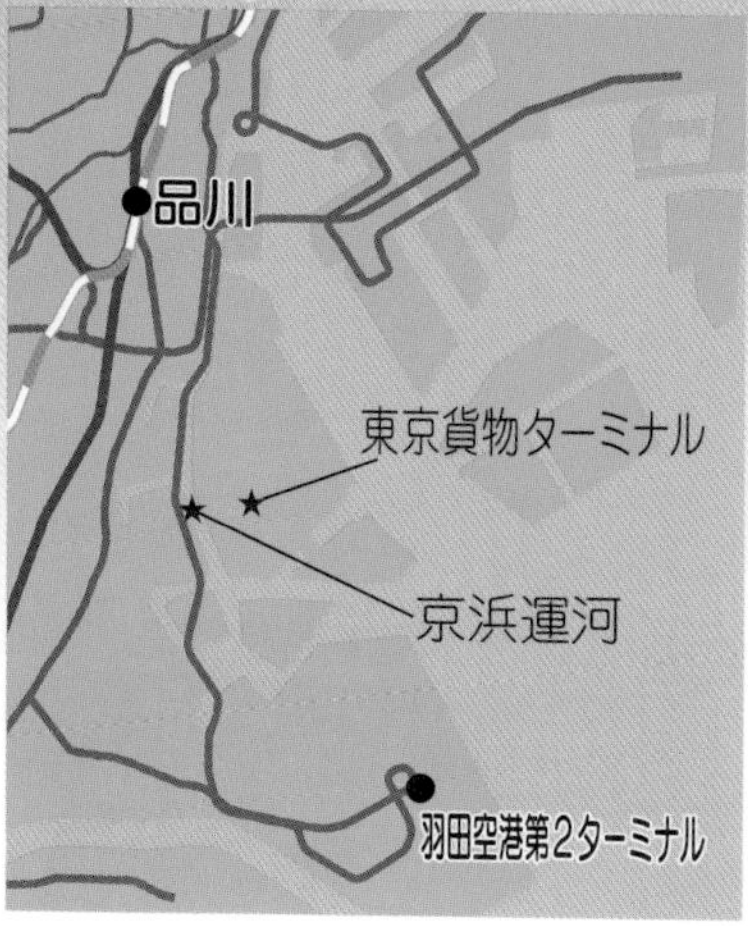

オリンピックがやってきて、モノレールもできた

飛行機と鉄道は、よくライバル関係にあるといわれる。確かにそれもその通りで、東京と大阪を結ぶ新幹線と飛行機は、どちらにとってもドル箱路線。北陸新幹線の開業によって、東京と富山や小松を結ぶ便が減便に追い込まれたことなどをみても、互いに競合関係にあるのは事実であろう。「4時間の壁」などという言葉も、飛行機と鉄道がライバルだという前提で生まれたものだ。

飛行機か鉄道かという議論になると、どうしても鉄道に対してひいき目で見てしまうのだが、必ずしもどちらが良くてどちらかが不便とか、そういう問題でもない。ふつうのお客にすれば、あまり深刻に考えて選んではいないものだ。

そして両者が単純な競合関係とは言えない点はほかにもある。

飛行機が離着陸する空港にとって、そこからの二次交通は大いなる課題だ。空港が辺境の地にあってそこへのアクセスも悪いとなると、どうしても利便性に劣る。広島のように、新幹線が町の中心近くに通っていればなおさらだ。つまり、飛行機にとっても二次交通としての鉄道は切っても切れないお友達、というわけである。

そんな空港アクセス線の嚆矢といえば、やはり東京モノレールだろう。

1964（昭和39）年、東京オリンピックイヤー。オリンピックに備えて拡張された羽田空港と東京の都心を結ぶアクセス路線として、東京モノレールは開通した。そしてそれから半世紀以上が経ったいまでも、東京モノレールは羽田空港へのアクセス手段の筆頭格である。

1964（昭和39）年の東京オリンピックは、東海道新幹線などに代表されるように国内、とりわけ首都圏のインフラ整備を大いに加速させた。羽田空港はオリンピックに備えて旧A滑走路の3000mへの延長や旧C滑走路の新設などを行い、東京モノレールの開通式でテープにはさみを入れる、左から河野一郎国務相、松浦周太郎運輸相、東京モノレールの犬丸徹三社長。首都高速1号羽田線とともに、東京五輪に合わせての開業となった（朝日新聞社）

羽田空港の格納庫付近を走るモノレール。ちょうど離陸していく飛行機と交差する

空港と都心を連絡するための首都高速1号線の整備も行われている。

そうした中で、1959（昭和34）年に大和観光という会社が新橋〜羽田空港間に鉄道敷設免許を申請した。懸垂式モノレールによって空港アクセスを実現しようとするものだ。

さらに1960（昭和35）年頃には、帝国ホテルの犬丸徹三や日産の創業者・鮎川義介らが中心となって、跨座式のアルヴェーグ式モノレールによる空港アクセスの計画が持ち上がる。ここに日立製作所や名古屋鉄道なども合流して日本高架電鉄（開業直前に東京モノレールに改称）を設立。実現性に乏しかった大和観光の計画をベースに、1961（昭和36）年に敷設免許を取得している。

跨座式のモノレールは、1962（昭和37）年に名古屋鉄道がモンキーパークモノレール線として実現し、それが発展する形で東京モノレールとして具現化したという形だ。名鉄は100人近い職員を出向させ、新規職員の研修も担当している。

こうして書くと、計画の具体化から開業までの年月がずいぶん短いと言うことを除けば、トントン拍子で進んだように思える。ただ、実際には起点側（都心側）のターミナル設置を巡って用地買収が難航したり（その結果ターミナルを新橋から浜松町に変更している）、東京都港湾局との間で公有水面の占有契約が遅れたりと、少なからず苦労があったようだ。

それでも東京モノレールでは、極力新たな用地買収や占有契約を必要としないように、多くの区間で公有地や運河の上空を通っている。田町駅の東側で山手線から離れて南に向かうと、その後はほとんど運河の上をゆく。この運河は京浜運河といい、陸側には東品川や勝島、平和島、昭和島などの埋め立て地が続き、東側には大井ふ頭の埋め立て地。同じ時期に開業した首都高速1号線と並行して走る。

つまり、東京モノレールに乗って羽田空港を目指すと、浜松町や田町のビル群の

品川シーサイド付近では陸側にオフィス街。こちらも埋め立て地の上だ

勝島橋から北を見る。右が八潮団地、左が勝島の倉庫群だ

合間を抜け、首都高と並んで風そよぐ東京湾の運河の上を進んでいくという、実に都会的な光景を目にすることができるというわけだ。

そして空港が近づいてくると地下に潜り、いったん地上に出て第3ターミナルを経て再び地下へ。羽田空港の地下ではS字カーブを描いて走り、第1・第2それぞれのターミナルの地下に駅を持っている。

なお、東京モノレールの開業時点といまの羽田空港ではまったく姿が違っており、最初の空港駅は現在の第3ターミナル駅と天空橋駅の間くらい。モノレールも空港の拡張に伴って延伸しており、現在の形が完成したのは2004(平成16)年のことである。

開業時には海の上を走っていたモノレール

羽田空港の劇的な拡張は、まさに東京の発展と国際都市化をしめす格好の例である。モノレールもそうだが、京急電鉄は海老取川の西側に設けられた羽田空港駅が最初のアクセス駅だったくらいだ。それが沖合へとどんどん延伸し、空港もいまや滑走路は4本。〝羽田は国内、成田は国際〟の役割分担などどこへやら、すっかり国際空港になっている。

だが、変わったのは空港だけではない。東京モノレールが走ってきた運河周辺の光景も、半世紀の間でまったく別世界のごとく変貌してきたのである。

全体で17・8㎞の東京モノレールのうち、ちょうど真ん中付近にあたる大井競馬場駅から流通センター駅付近を歩いてみよう。

この区間でもモノレールは京浜運河の上をゆく。山側(西側)にはトラックターミナルをはじめとする物流関係の倉庫などが並び、大井競馬場の厩舎エリアから漂

流通センター駅脇の大和大橋を渡ると、JR貨物東京貨物ターミナル駅も見えてくる

大井競馬場前駅は東京モノレールで初めて開業した途中駅

ってくる馬の匂いは大井競馬場駅のホームでも。大井競馬場があるのは勝島で、その南の流通センターなどがあるのは平和島。ど真ん中に首都高と環七が交差する平和島出入口があって、西の端にはボートレース平和島もある。ここから勝島運河を渡れば京急線の大森海岸駅や立会川駅なども近く、旧東海道が通っている昔ながらのエリアだ。

いっぽう、運河を挟んで大井ふ頭側には「八潮パークタウン」と名付けられた団地が見える。団地の周りは公園として整備されていて、大田スタジアムをはじめとする競技場ゾーンもこのあたり。住宅エリアを抜けて首都高速湾岸線の下をくぐると、東京貨物ターミナル駅や東海道新幹線の大井車両基地などが広がっている。大井ふ頭の埋め立て地のおおよそど真ん中を占めているのが、貨物駅と新幹線の車両基地というわけだ。

ここから先はもう普通に人が住むようなスペースはなく、東京港のコンテナターミナルがあり、大型のコンテナ船がひっきりなしに発着するような物流ゾーンだ。東京貨物ターミナル駅は、そういったコンテナ船のふ頭と近いことも強みのひとつになっているのだろう。

このように、東京モノレールは山側も海側も完全に埋め立て地に挟まれた運河の中をゆくという、実に人工的な土地の中を走る路線なのである。もちろん車窓の向こうには公園の緑地もたくさん見えて、殺風景というわけではない。こういった場所を通すことで、着工から1年ちょっとという極めて短い期間での開業を実現させたのである。

そして、こうした東京モノレールを取り囲む埋め立て地は、モノレールが開業した当時には存在していなかった。1872（明治5）年の新橋～横浜間の開業時点で、その線路が海の上を走っていたというくらいだから当たり前といえば当たり前だが、

1980年代、埋め立て地の上で建設が進む八潮団地。運河を挟んだ左側にはモノレールの軌道が見える(しながわWEB写真館(品川区)提供)

ちょっと寄り道

全国に広がったモノレール

東京モノレールが一定の成功を収めたことを受けて、モノレールは新時代の交通機関として注目されるようになった。ゴムタイヤを用いて走るために勾配に強いのが最大のメリットとして、多くの都市で取り入れられている。

現役のモノレールで東京モノレールに次いで古いのは、1970年に開業した湘南モノレール。こちらは懸垂式を採用している。1985年には東京モノレールの技術を発展させた日本跨座式により、北九州モノレールが開業。日本跨座式は、以後開業するすべての跨座式モノレールで採用されている基本スタイルになった。

なお、2019（令和元）年までは上野動物園内の上野懸垂線が現役最古のモノレールだったが、いまは休止中。運用中では東京モノレールが現役最古だ。

東京モノレール開通時点でも、いまの東京湾岸の埋め立て地はほとんどが完成していなかったのである。

京浜運河をとりまく埋め立て地のあゆみを軽く見ていこう。

最初に埋め立てが進んだのは浜松町駅の東側、竹芝・芝浦・港南などと呼ばれる一帯だ。明治の終わり頃から、隅田川改良工事で浚渫された土砂を使って埋め立てが進められている。さらに埋め立て地は広がってゆき、１９３９（昭和14）年には勝島の埋め立てがスタート。〝勝島〟のネーミングは１９４３（昭和18）年に海軍省によって与えられたものだ。

ただモノレールの沿線で、戦前までに工事が一定程度まで完成していた埋め立て地は勝島まで。埋め立て事業そのものは平和島も昭和島も１９３９（昭和14）年からはじまっていたが、形を現すまでには至らなかった。最終的にこれらの埋め立て地が完成したのは１９６７（昭和42）年のことである。そしてもちろん、このときには大井ふ頭の埋め立て地はまだ存在していない。

東京モノレールには１９６５（昭和40）年に、臨時駅として初の途中駅・大井競馬場前駅が開業している。このとき、東側の大井ふ頭はまだないし、南側の平和島も工事中。そのため、まるで海の上の駅のようだったという。八潮地区をはじめとする大井ふ頭の埋め立て地が完成したのは、１９７０年代になってから。１９７３（昭和48）年には東京貨物ターミナル駅と東海道新幹線大井車両基地が開業している。

東京モノレールが通っているところは、もっと時代を遡れば漁業が盛んな遠浅の海だった。それが近代に入って急速に開発が進み、干潟も浅瀬も姿を消してまったく新しい「東京港」に生まれ変わった。東京モノレールは、そういった港湾部の移り変わりの中で生まれた、〝現代の東京湾〟を象徴するもののひとつという見方もできるのかもしれない。

#32 千里ニュータウン

北摂の丘陵地に生まれたマンモス団地と自動改札

DATA

1920年	千里山住宅地開発
1921年	現在の阪急千里線千里山駅開業
1958年	千里ニュータウン着工
1962年	千里ニュータウン入居開始
1967年	阪急千里線北千里駅まで延伸。自動改札機導入
1970年	万国博覧会開催。北大阪急行開業
1990年	大阪モノレール開業

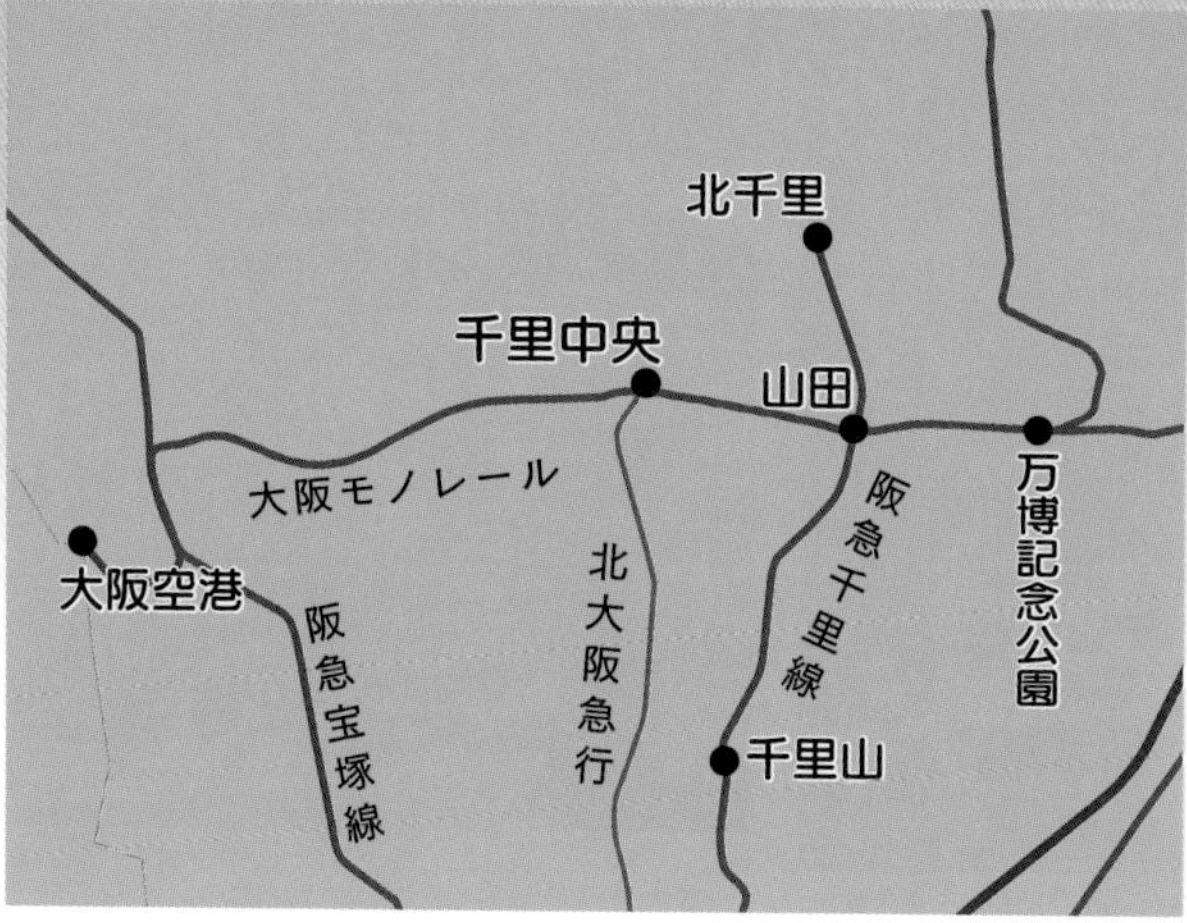

千里ニュータウンにお目見えした、日本初の自動改札

近ごろ紙のきっぷの買い方を知らない若い人が増えているのだという。まさかと思うが、よく考えればムリもない。都市部、とりわけ首都圏ではＳｕｉｃａやＰＡＳＭＯを使うのがあたりまえ。旅行などの特別な体験を別にすれば、日常生活においてきっぷを買う機会はほとんどなくなっている。

きっぷを買わないということは、自動改札機にきっぷを通したこともないのだろう。となれば、細長い自動改札の構造がムダに感じられるのではないかと思ってしまう。あの細長さはきっぷを中に通して磁気データを読み取って、という作業をするためのものだ。ピッとタッチするだけで済むならば、あんな形は必要はない。

この日本の駅で一般的に見かけるタイプの自動改札機は、フラップドア型というらしい。日本の鉄道は事業者を跨ぐ相互乗り入れあり、通学定期・通勤定期あり、回数券あり、と運賃体系が実に複雑になっている。そのため、基本的に自動改札のトビラを開いておき、通過できないきっぷが挿入された場合のみトビラを閉じるという、フラップドア型が広く採用されたのだ（ちなみにこの発想は、ほとんどの人が正しいきっぷを挿入するという〝性善説〟に立っているという。日本人が正直者だから、というよりは運賃の複雑さとラッシュ時の人の多さが理由だろう）。

日本で初めての自動改札は、１９２７（昭和２）年に地下鉄銀座線で設置されたターンスタイル式。当時は上野〜浅草間10銭均一運賃だったので、10銭硬貨を投入すれば回転式の腕木が回るターンスタイル式が採用された。

現在のフラップドア型の自動改札となると、初お目見えは１９６７（昭和42）年、京阪神電鉄（現・阪急電鉄）千里線の北千里駅だった。現在に通じる自動改札機が初めてここで世に出た。

1961年、開発直前の千里中央駅付近。右下の上新田以外に集落がまったくないのがわかる（国土地理院）

東京、大阪の近郊に、公団、公社のアパート群が続々と誕生。住民は団地族と呼ばれ、近所づきあいから孤立する傾向の一方、居住者自治会がつくられもした（朝日新聞社）

そしてこの自動改札はじまりの北千里駅は、当時開発の真っ只中にあった千里ニュータウンの新ターミナルであった。

大阪北部、吹田市と豊中市にまたがる千里丘陵に広がる千里ニュータウンは、１９５８（昭和33）年に着工、１９６２（昭和37）年に町開きをした日本初の大規模ニュータウンである。計画段階での人口は約15万人。戦後の復興期とそれに続く朝鮮戦争の特需によって大阪中心部の人口が爆発的に増加し、深刻になっていた住宅不足を解消すべく１９５８（昭和33）年に構想が発表され、そのまま実現に至った。府営住宅や公団住宅、さらに民間の分譲住宅や社宅なども入り交じり、まさに官民挙げての大規模ニュータウン開発だった。

特にニュータウン開発初期に中心にあったのが府営住宅で、鉄筋コンクリート４～５階建て、42～53㎡のフロなし２ＤＫが一般的。さらにこれらの団地２０００～３０００戸単位で１～２か所の近隣センターが設けられた。近隣センターには公共施設や日用品や食料を買うための店舗、銀行・郵便局・医院、公衆浴場などが集まり、地域の〝ヘソ〟になった。

かくして１９６２（昭和37）年の佐竹台地区（南千里駅近く）を皮切りに入居が始まり、以後10年ほどかけて千里丘陵全域に開発を広げていくことになる。

ただ、開発当初の大きな問題は〝公共交通〟だった。ニュータウンという性質上、大阪の中心部に通勤する人たちが多く暮らすことになる。そのためには公共交通の整備は不可欠なのだが、佐竹台地区への入居がはじまった時点で千里ニュータウンにおける鉄道というと、当時は千里山線と名乗っていた現在の阪急千里線が千里山駅まで開業しているに過ぎなかった。団地の人々は、まだ未舗装の道路を歩き、バスを乗り継いで東海道線吹田駅などに向かっていたという。

もともと阪急千里線は、北大阪電気鉄道という事業者によって１９２１（大正10）

現在の北千里駅の改札。もちろん開業時の自動改札とは入れ替わっている

阪急千里線千里山駅。千里山住宅地の玄関口として開業した

年に開業した路線だ。その時代に各地で流行していたそれと同じく〝沿線開発〟を前提とした路線で、北大阪電気鉄道の場合は千里山住宅地の開発を行った。

千里山住宅地はいわゆる田園都市計画に基づくもので、千里線開業に先立って１９２０（大正９）年に開発がスタートしている。駅から少し離れたところに町の中心になる円形の庭園があり、そこから放射状に伸びる街路に沿って戸建て住宅が建ち並ぶ。東京・田園調布などでも見られるような街路が今も残っている。

これが千里丘陵開発の先駆けということになり、北大阪電鉄はさらに延伸して開発を進める構想もあったようだ。ただ、現実には小規模なものに留まっており、結果として千里ニュータウンは鉄道に恵まれないままスタートをきったのである。

北大阪急行が担った万博とニュータウン輸送

結局、ニュータウンにとってだいいちの鉄道は千里線に頼ることになる。１９６３（昭和38）年には千里山〜新千里山（現・南千里）間が延伸、さらに１９６７（昭和42）年に北千里駅まで開業。このときに、新しく開発された町にふさわしく、自動改札機が導入されたのであった。

こうして千里線の延伸によって、ニュータウン東部は一定の交通の便を確保した。しかし、それではまだまだ不充分。さらに１９６５（昭和40）年には千里丘陵での万国博覧会の開催も決定していた。万博への来場者輸送という大きな命題もまた、抱えることになったのだ。

この問題に決着をつけたのが、大阪市営地下鉄（現・Ｏｓａｋａ Ｍｅｔｒｏ）御堂筋線の延伸だ。江坂から先は北大阪急行という別事業者を仕立て、万博開幕直前の１９７０（昭和45）年2月24日に御堂筋線の延伸が実現した。

いまもニュータウン内には古い団地の建物が目立つ

千里セルシーもいまや廃墟に。再開発の計画も進行中

1970年8月25日、日本万国博覧会会場の三菱未来館付近の上空から北西部をのぞむ。夏休みも終わりが近づいているが、一向に人出は衰えず、文字通り会場の隅から隅まで人の姿が確認できる(朝日新聞社)

このときは千里中央駅は仮の駅で、そこから万国博中央口駅までの〝万博線〟と呼ばれる路線も延ばしていた。まずは万博輸送に全力を、というわけだ。実際に大阪万博では八面六臂の活躍を見せ、会期中に4148万1175人を輸送している。

万博が終わると、北大阪急行は千里ニュータウンへのアクセス路線へと役割が変わる。万博後に経営が厳しくなるとみる向きもあったようだがそれは杞憂に終わり、1975（昭和50）年頃にニュータウンの開発・入居がおおよそ完成すると北大阪急行の乗客も飛躍的に伸びた。現在も初乗り運賃100円という〝日本一運賃の安い鉄道〟であり続けているのは、万博とニュータウンのおかげなのだ。

北大阪急行の終点・千里中央駅周辺も開業直後から阪急百貨店や千里セルシー、千里サンタウンなどが開業し、ニュータウンの中核を担う町へと成長していった。

しかし、この頃からニュータウンの未来は決まっていたといっていいだろう。

千里中央駅を降りて周りを歩くと、サンタウンが名を変えたせんちゅうパルはいまも営業中だが、千里セルシーは廃墟となって放置されている。駅近くには背の高いマンションも目立つが、少し離れれば昔ながらの団地群。エレベーターを設置できるような構造ではない。だからまったく高齢者にとっては不便であろう。

さらにかつての地域のヘソだった近隣センターは、府営住宅の増改築で各戸にフロができると公衆浴場がなくなり、千里中央に大型商業施設ができると商店が役割を終え、多くが廃れていった。駅に近いエリアならばいいが、離れているところでは徒歩圏内に日用品を買う店もない、というありさまになってしまったのだ。

これもまたムリのないことで、千里ニュータウンには昭和30〜40年代にかけての10年間に入居が集中した。その多くが若い夫婦に子どもがひとりかふたりという核家族。時が過ぎれば子どもたちは大人になって独立し、高齢の夫婦ふたりが取り残される。短期間に集中して入居しているから、そうした変化もまた短期間に起こる。

地下鉄御堂筋線を延伸する形で開業した北大阪急行は万博、そしてニュータウン輸送の中核を担ってきた

建て替えられて装いも新たな千里中央駅付近の大型マンション

高齢化は深刻で、２００８（平成20）年には29％に達していたという。

ならば建て替えたり大規模なリノベーションをして高齢者も過ごしやすく、かつ新たに若い人たちを呼び込めるようにすれば良いのではないか。実際にそうした取り組みは進められていて、最近では不動産関係が毎年発表している「住みたい街ランキング」でも千里中央は上位の常連だ。

とはいえ、建て替えやリノベが順調にに進んでいるところばかりではないらしい。そもそも住民の意見が一致しなければ実現しないのでハードルが高い。加えて千里ニュータウンならではの理由もあった。

千里ニュータウンは隣近所とは没交渉の新興住宅地だったわけではなく、同じ街区に暮らす人たち同士の結びつきが強かった。同じ階段を共有する家族たちが集まって、バスで旅行に出かけるようなこともあったというからなかなかのものだ。町びらき当初は各戸にフロがなかったので、銭湯で交流を深めたという事情もあった。ただ、これはのちに各戸にフロが入ると銭湯に行く人が少なくなり、中心とした近隣センターの衰退にもつながってしまう。

彼らはゼロからニュータウンを作り上げてきたという愛着を持つがゆえに簡単に引っ越したりはせず、年齢を重ねても〝これまで通り〟に暮らすことを求めた。それが建て替え・リノベが思うように進まない原因のひとつになったのである。

そうした中でも、いまの千里ニュータウンは確かに生まれ変わろうとしている。千里中央駅前には再開発の計画もある。北大坂急行はさらに北に向けて延伸する工事が進む。昔ながらの〝昭和の団地群〟も少しずつ建て替えやリノベが進む。近隣センター再興の取り組みもあるようだ。

いまだかつてない、10万人規模の人が新たに暮らすニュータウン。その行く末は、人口減少社会の日本の行く先を指し示す羅針盤なのかもしれない。

#33 旧新潟3区

日本の鉄道の良さも悪さも角さんのおかげ？

DATA

1918年	柏崎にて田中角栄生まれる
1947年	旧新潟3区から初当選
1950年	角栄、長岡鉄道の社長に就任
1972年	『日本列島改造論』出版、第一次田中内閣発足

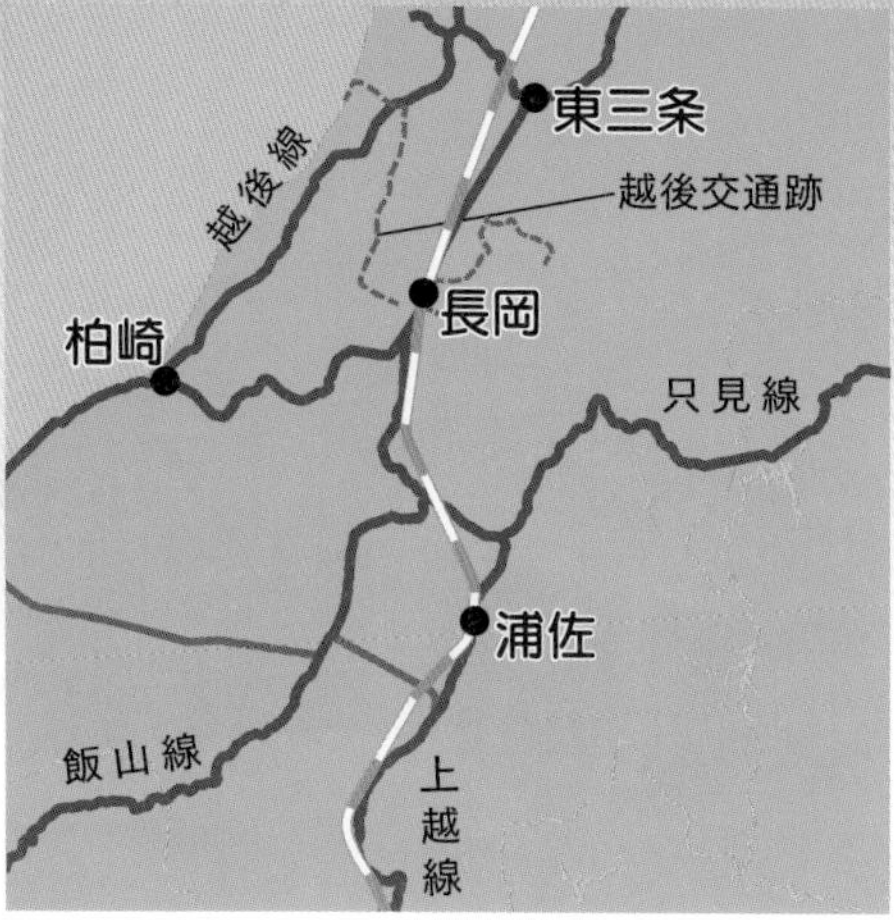

角栄が築きし「田中王国」の鉄道を歩く

鉄道は実に政治的なシロモノである。

建設するだけでも国家的な大事業になるし、できた路線を運営するにあたっても規則面から技術面まで多くの人とコストとノウハウが必要だ。さらに、鉄道が通れば影響は広い範囲に及び、町の様相を一変させて人々の暮らしも変わってしまう。鉄道は、あまりにも多くの人々にインパクトを与えるので、ゲームのように気軽に計画して気軽に作るわけにはいかないのである。

政治的という言い方をすると、ややもすればネガティブな印象を抱くかもしれないが、政治の力なくして鉄道は存在し得ない。裏を返せば、150年の日本の鉄道史は政治とともにあったといっていい。

だから「我田引鉄」などという言葉があることからもわかるように、政治家も鉄道と深く関わってきた。

戦前においても、原敬らに代表される立憲政友会の政治家たちは、ローカル線の建設を推進することで地方において勢力を拡大した。国鉄はもとより地方の中小鉄道会社も政治家たちと密接な関係を築き、それが故にたびたび疑獄事件も起きている。昭和のはじめ、政友会の政治家でときの鉄道大臣・小川平吉が、賄賂を見返りに複数の私鉄に対して便宜供与をした五私鉄疑獄事件などは、その最たるものだろう。

戦後も政治家と鉄道に関するあれこれは枚挙にいとまがない。佐藤内閣で運輸大臣を務めた荒船清十郎が、国鉄に要請して自らの地盤であった深谷に急行を停車させたという、もはや疑獄事件以下のレベルの低いできごともあったくらいだ。

だから、真実は藪の中ではあっても、〝政治駅〟として疑惑を招いてしまう駅も少なくない。東海道新幹線の岐阜羽島駅は、有力党人政治家の大野《おおの》伴睦《ばんぼく》の地元であっ

角栄の像が建つ浦佐駅前の風景。規模は大きくないが、市街地が広がる

冬は雪に覆われる浦佐駅。角栄の地元は日本有数の豪雪地帯だ

たことから政治駅との噂が絶えなかった。駅前に大野伴睦夫妻の像が建っているあたりも、そうした疑惑を呼ぶ一因になっているのかもしれない。

そして、上越新幹線の浦佐駅である。

浦佐駅は新潟県南魚沼市、越後湯沢～長岡間にある駅だ。岐阜羽島駅は新幹線単独（いちおう名鉄が乗り入れてはいるが）の駅だが、こちらは上越線との接続駅。かつては三国街道の宿場町で、魚野川の河岸場としても栄えていた。いまも周囲にはちょっとした市街地が広がっていて、まあ地方にはこういった新幹線の駅はよくあるよね、と思えば何の疑問も抱かずに済ませることもできる。駅前から少し歩けば田園地帯の真ん中を新幹線の高架が通るというような光景を見られるが、これも特別珍しいわけではない。

ただ、何しろ浦佐を含む魚沼の豪雪地帯は、かの田中角栄が地盤とした旧新潟3区の一部に含まれる。そしてなおさら怪しいことに、駅前には田中角栄の像が建っているのだ。だから、浦佐駅に上越新幹線が停まることをもって、田中角栄の意向が反映した政治駅ではないか、という噂が出てきてしまうのである。

それを言い出したら、そもそも東海道・山陽に次ぐ新幹線路線として東北と同時に上越新幹線が選ばれたという点も、気にしだしたら実に怪しい。あまり言い過ぎると陰謀論者のようになってしまうのでこれくらいにしておくが、とにかく日本有数の豪雪地帯に建つ浦佐の駅前に、ご丁寧に雪よけまで設置された田中角栄の像が鎮座しているのである。

田中角栄の地盤、旧新潟3区は中選挙区時代ということもあってあまりに広大だ。魚沼地域はもちろんのこと、長岡、三条、柏崎なども含まれる。魚沼といえばコシヒカリ、柏崎といえば原子力発電所。選挙区内を上越新幹線に加えて関越自動車道や北陸自動車道が貫く。

長岡鉄道の長岡市内におけるターミナル・西長岡駅跡

長岡は旧新潟3区では最大の都市。長岡鉄道電化で支持基盤を広げた

その中で、角栄が生まれたのは柏崎（刈羽《かりわ》郡二田村）であった。角栄の母親は越後線の駅員にでもなってくれればと思っていたという。大正時代の生まれだから、もちろん原発などはない時代。たいした産業があるわけでもなく、角栄の父は農家と宮大工で生計を立てていた。

上京して田中土建工業を興し、理研コンツェルンとの関係も活かして着実にステップアップした角栄が、選挙にはじめて挑んだのは１９４６（昭和21）年の総選挙。「三国峠をダイナマイトで破壊すれば越後に雪は降らなくなる」という有名な三国峠演説をしたのはこの初出馬のときだ。ただ、ここでは落選しており、初当選は１９４７（昭和22）年の総選挙であった。選挙区はもちろん旧新潟３区。定数５のなかで第3位での当選だった。

政界入りした角栄はインフラ整備を旗印に掲げて精力的に活動、日本住宅公団や日本道路公団の設立に関与。道路特定財源も若き日の角栄が議員立法で実現した政策のひとつだ。

長岡鉄道の電化に辣腕を振るうも、のちに廃止へ

このあたりの角栄の歩みについてはいくらでも本が出ているのでそれを読んでいただくとして、ここでは角栄と鉄道の関わりにより焦点を当てねばならない。ここで見過ごせないのは、初当選から3年後の１９５０（昭和25）年に地元新潟を走る長岡鉄道の社長に就任したことであろう。

長岡鉄道は１９１５（大正4）年に与板〜寺泊間で開業したローカル私鉄で、最終的には来迎寺〜西長岡〜与板〜寺泊間の39・２㎞を結んでいた。ただ、惜しむらくは沿線最大の都市である長岡の市街地には乗り入れず、信濃川を挟んで西側の田

さまざまな方面に影響を与えた『日本列島改造論』。空前のベストセラーになった

只見線の開業式典でテープカットをする角栄（左から2人目）。新潟の発展に情熱を注いだ（『日本国有鉄道百年史』）

園地帯にターミナルの西長岡駅を置いていた。さらに非電化だったために列車のスピードも遅く、廃止寸前の経営危機に陥っていたのだ。

そこで長岡鉄道は角栄に助けを求める。角栄は二つ返事でそれを引き受け、鉄道省ＯＢの大物政治家・西村栄一に協力を求めたり、同じく鉄道省ＯＢの佐藤栄作に顧問就任を依頼したりと辣腕を振るう。さらには池田勇人蔵相にかけあって、日本開発銀行からの融資まで取り付けている。結果、１９５１（昭和26）年に長岡鉄道は電化を達成（西長岡〜寺泊間）し、廃止の危機を切り抜けたのである。以後、角栄は長岡鉄道沿線で支持を拡大していった。

長岡鉄道は１９６０（昭和35）年に栃尾鉄道・中越自動車（同社を買収する際に国際興業の小佐野賢治の知遇を得ている）と合併して越後交通となる。角栄の後援会の越山会《えつざんかい》は越後交通本社に本部を置き、強固な支持基盤を築き上げたのである。

角栄は地元の鉄道に力を注いだだけではなく、もちろん国全体も見ていた。

昭和30年代半ばになると、すでに地方ローカル線の赤字問題が顕在化する。そうした中で、角栄は「鉄道はやむを得ない事であるならば赤字を出してもよいと考えている」「もうからないところでも定時の運行をして経済発展という立場でこそ国有鉄道法の必要がある」と話しており、日本鉄道建設公団の設立にも関わった。赤字83線の取り組みが頓挫した背景には角栄の猛反対があったという。

こうした角栄の方針は首尾一貫していた。１９７２（昭和47）年に出版した『日本列島改造論』では、全国に新幹線と高速道路のネットワークを整備することを主張すると同時に、赤字路線廃止論に強く反発している。

曰く、「私企業と同じ物差しで国鉄の赤字を論じ、再建を語るべきではない」「赤字線の撤去によって地域の産業が衰え、人口が都市に流出すれば過密、過疎は一段と激しくなり、その鉄道の赤字額をはるかに超える国家的な損失を招く恐れがある」

角栄が電化した長岡鉄道は、越後交通を経ていまは廃線。越後交通はバス会社として存続している

ちょっと寄り道

抜き差しならない政治と鉄道

鉄道は政治と深いが故に、田中角栄に限らずしばしば“政治的関与”の疑いが向けられてきた。それは鉄道黎明期から続いているもので、たとえば中央本線の岡谷～塩尻間の旧線。直線ではなく南に迂回していることから、飯田出身の政治家・伊東大八の関与が疑われた。通称“大八廻り”だ。ただ、これは塩尻峠を越えることが当時の技術力では難しかったからだと思われる。逆に政治の関与が明確になっているのが大船渡線だ。陸中門崎～千厩間で北に迂回しているのは、政友会と憲政会の綱引きの結果である。

もちろんいまも変わらない。整備新幹線は政治マターとして進められているし、ローカル線問題も優れて政治的。これまでもこれからも鉄道は政治と無縁ではいられないのである。

「農山漁村を走る地方線で生じる赤字は、国鉄の総赤字の約1割にすぎないのである」などなど。

是非はともかく、都市部一極集中を是正して工業地帯を地方に再配置することを掲げていた『日本列島改造論』において、地方ローカル線は新幹線の二次交通として不可欠な存在だと考えていたのだ。

だから長岡鉄道、越後交通も大切に守った……と思いきや、ところがここではまったく反対のことをしている。角栄が首相を退陣した直後の1975（昭和50）年に、越後交通の鉄道線は旅客営業を廃止したのだ。せっかく25年前に電化したばかりだというのに、モータリゼーションが進んでお客が少なくなると、あっさりと廃止の方向に舵を切る。角栄がどれほど関与したかはわからないが、このリアリストぶりが彼を権力の座に導いたのかも知れない。

越後交通長岡線のターミナル・西長岡駅は、長岡駅から歩くと30分以上はかかる信濃川の先にある。かつては田園地帯だったが、いまは住宅地に生まれ変わっているのは都市化が進んだ結果だろう。駅舎の跡はドラッグストアに生まれ変わり、西側で線路が分岐するあたりはちょうど空き地になっていて、廃線跡が残っている。左に行けば来迎寺、右に行けば寺泊。旅客営業廃止後も貨物の営業だけは続けられ、完全に廃止されたのは1995（平成7）年のことだ。

角栄はロッキード事件裁判中の1985（昭和60）年、脳梗塞で倒れた。翌年の総選挙は越山会がフル回転で当選を果たすも、1990（平成2）年に引退。越山会は解散した。そしていま、旧新潟3区を受け継ぐ新潟4区や新潟5区の議席は野党系議員が確保している。『日本列島改造論』にあった新幹線ネットワークは着々と広がる一方で、角栄が主張していた赤字ローカル線の存続は風前の灯火。浦佐駅前に立つ角栄は、どんな思いでいまの日本を見つめているのだろうか。

#34 新三郷

最新鋭の操車場が消えた跡にはららぽーと

DATA

1973年	武蔵野線府中本町～新松戸間開業
1974年	武蔵野操車場開設
1984年	武蔵野操車場機能停止
1985年	新三郷駅開業
1986年	武蔵野操車場廃止
2009年	ららぽーと新三郷開業

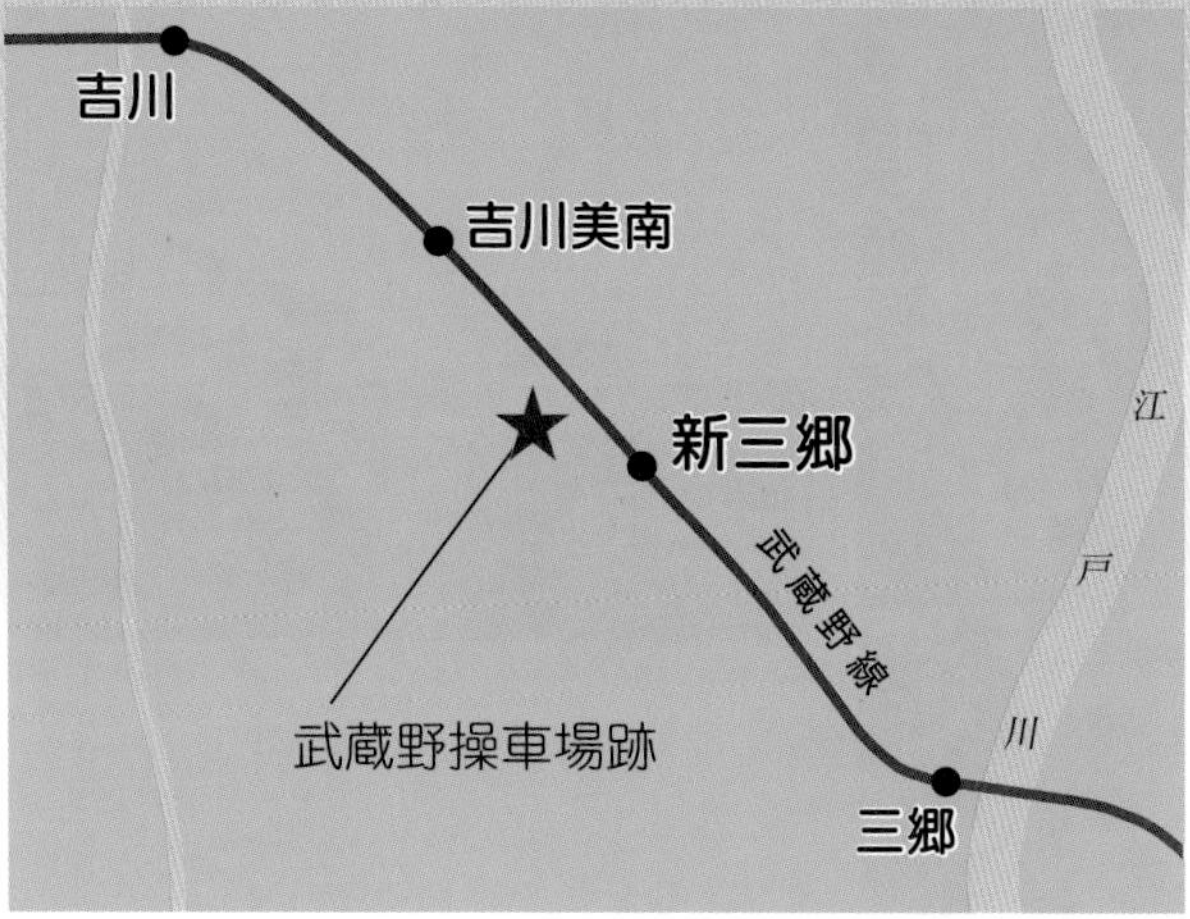

貨物列車と武蔵野線と、操車場

東京メガループというものがある。南武線から武蔵野線という、つまりは東京の郊外をぐるりと回る路線のことで、山手線を二回り三回りくらい大きくした郊外版といったところだ。

東京を中心とする鉄道ネットワークは、私鉄を含めても基本的に東京都心、山手線から放射状に伸びる路線が基本になっている。通勤通学が郊外から都心方面一辺倒ならばそれでも充分なのだが、実際にはそればかりとは限らない。となると、都心を経ずに郊外から郊外へと移動できる東京メガループは実にありがたい存在だ。

実際、武蔵野線に乗ってみると、どこを切り取っても結構な混雑をしていることがわかる。東武東上線と乗り継げる北朝霞駅、埼京線との武蔵浦和駅、東武スカイツリーラインとの南越谷駅、つくばエクスプレスの南流山駅などなど、乗降が集中する駅がいくつかあって、そのほかの駅もだいたい周囲は住宅地か工場などがあって需要が大きい。山手線内からほとんど出ないで暮らしている皆様にはご理解頂けないかもしれないが、あなどるなかれ武蔵野線、なのだ。

さて、その武蔵野線はいまでこそ旅客路線として確固たる地位を築いているが、そもそもは貨物輸送のために誕生した。

武蔵野線の構想のはじまりは大正時代にさかのぼる。１９２２（大正11）年に公布された改正鉄道敷設法別表に、「千葉県船橋ヨリ小金ニ至ル鉄道」「千葉県我孫子ヨリ埼玉県大宮ニ至ル鉄道」「埼玉県与野ヨリ東京府立川ニ至ル鉄道」「東京府国分寺附近ヨリ神奈川県小倉ニ至ル鉄道」という４つの計画路線が挙げられており、これが武蔵野線の源流といえる。

ただ、これがすぐに具体化したわけではなく、本格的に新線建設ムードが高まっ

武蔵野操車場は全長5.2㎞、みさと団地（左上）も小さく見える（1973年撮影／朝日新聞社）

新三郷駅は武蔵野操車場が休止した翌年、1985（昭和60）年に開業した

たのは戦後になってからだ。かねてより都心部を抜ける貨物列車の輸送量が増加しており、大正時代には山手線を複々線化して山手貨物線を建設するなどの対策を施してきたが、それすらも限界に達する。

　また、この時期までは新小岩・田端・大宮・新鶴見といったヤードで各地方からやってくる貨物列車の中継や集結が行われており、効率的とは言いがたい状況だった。そうした中で、都心部を経由せずに東北・常磐方面と東海道方面を連絡できる貨物線として具体化したのが武蔵野線だったのだ。

　武蔵野線は１９６４（昭和39）年に工事路線に指定されて着工、約10年後の１９７３（昭和48）年４月１日に府中本町～新松戸間で開業した。いまでこそ、昼間も10分に１本の旅客列車が走る路線になっているが、当時の旅客列車は40分に１本程度といまより大幅に少なかった。まさに貨物輸送のための路線という役割を存分に果たしていたといっていい。

　加えて、武蔵野線開通によって貨物列車が都心部を迂回することになり、山手貨物線などに旅客列車を多数走らせることも可能になってゆく。いま、都心で貨物列車を見かけることはほとんどなくなったが、その背景には武蔵野線があったというわけだ。やっぱり武蔵野線は偉大なのである。

　そして府中本町～新松戸間の開業から１年半後の１９７４（昭和49）年10月１日、武蔵野操車場が開業する。場所は武蔵野線沿線の埼玉県三郷市と吉川町（現・吉川市）にまたがる約１０５万㎡の一帯。全長５・２㎞、幅３６０ｍという日本一の規模を誇る操車場であった。

　操車場では何が行われるかというと、たとえばA地点とB地点からやってきた貨物列車の貨車を組み替え、C地点・D地点向けの列車に組み直して再び出発させるといった作業がある。そうした作業は多くの人手を要するもので、時間はかかるし

新三郷駅前にはららぽーと新三郷。操車場跡地を再開発して開業した

1983年の新三郷駅付近。武蔵野操車場が中央にあり、南側にはみさと団地が見えるが、他は一面の田園地帯だ（国土地理院）

事故のリスクも伴うし、急増する貨物輸送に対応できるようなものではなくなっていた。そこで、武蔵野操車場では遠隔操作で無人の入換機関車を動かしたり、カーリターダの速度調節を取り入れたり、コンピューターをフル活用した文字通りの最新鋭の操車場として登場したのである。

ちょうどその頃、国内の貨物輸送量は爆増中だったのにもかかわらず、鉄道貨物は低迷が続いていた。背景には高速道路網の整備によるトラック輸送の拡大や、労組問題などによる鉄道貨物の不安定さなどもあったが、何より前近代的な輸送方法が非効率と受け止められていたことが大きい。それを克服するために、新たな貨物路線の沿線に広大かつ最新鋭の武蔵野操車場が建設されたというわけだ。

ららぽーと、イケア、コストコ、イオンタウン

武蔵野操車場の開業から50年近くが経ったいま、その場所はどうなっているのだろうか。武蔵野操車場があった場所に設けられた、武蔵野線新三郷駅を訪れた。その名の通り、三郷市内にある駅だ。

いまも10分に1本の旅客列車の合間に貨物列車が走り、往年の貨物路線らしさをわずかにとどめている武蔵野線。そのホームから橋上駅舎に上がって改札口を抜けると、そのままペデストリアンデッキを通じてららぽーと新三郷につながっている。

そう、新三郷駅付近にかつて広がっていた武蔵野操車場は、すっかり装いも新たに巨大商業施設・ららぽーと新三郷になっているのだ。

加えて駅前広場を挟んで東側にはイケアがあり、ららぽーとの奥にはコストコがあり、お隣の吉川美南駅前にはイオンタウン。武蔵野操車場は開業からおよそ50年を経て、並み居る郊外型巨大商業施設が勢揃いするという、そんな町になっていた。

豪華列車「夢空間」がららぽーと内に保存されているが、操車場とは無関係だ

マンモス団地のみさと団地。昔ながらの団地の面影が色濃く残る

かつては幅360mだったという操車場の敷地はほとんど削られて、残っているのは2本の線路があるだけだ。新三郷駅が開業した1985（昭和60）年の時点では、上下線のホームの間に操車場の線路が広がっていた。そのため上りホームと下りホームの間は360mも離れており、大きな個性のひとつになっていたようだ。

しかし、いまはもうそんなことはなくなって、上下2線が仲良く通り、ホームもごく普通に並んでいる。駅の外を歩いても、ららぽーと新三郷に足を踏み入れても、そこに大操車場時代をしのばせるようなものなど、まるで残っていない。

操車場の端っこ（つまりららぽーとの端っこ）に沿っている道が微妙に湾曲していて、古い地図と見比べると「ああ、ここからこっちが操車場だったんだなあ」などと想像を巡らすのがせいいっぱい。操車場の敷地だったゾーンとそうではないゾーンでは、いまも明確に町並みの風景が分かれているから、どこからが操車場でどこからが操車場でなかったのかは、すぐに判別することができる。

ただ、それは操車場がどうのこうのというよりは、その跡地をまるごと開発したららぽーとのおかげだ。武蔵野操車場の跡地だと知らなければ、新三郷駅前はどこにでもあるようなごく普通の商業施設の広がる駅前風景なのである。

実は、ららぽーとの中にもほんのりと鉄道を感じるスポットがある。ららぽーとの駅側の入口と、反対側の駐車場側にそれぞれ2両の車両が保存されているのだ。これは1989（平成元）年にJR東日本が製造した高級客車「夢空間」。デラックススリーパー・ラウンジカー・ダイニングカーの3両があり、豪華クルーズトレインの先駆けともいえる車両だ。そのうちラウンジカーとダイニングカーがららぽーと新三郷に置かれている。

などといったところで、武蔵野操車場は1984（昭和59）年に機能を停止し、1986（昭和61）年に正式に廃止されている。そもそもの役割も貨車の操車だ。「夢

新三郷駅のすぐ東側で線路を跨ぐ跨線橋のトラス部分は、かつて操車場を跨いでいた跨線橋だ

ちょっと寄り道

いまも貨物街道・武蔵野線

いまや首都圏を代表する旅客路線になった武蔵野線だが、当初の目的通りに貨物路線としても力を発揮している。線内には越谷・新座・梶ヶ谷の貨物ターミナルを持ち、府中本町〜鶴見間の旅客営業を行っていない区間“武蔵野南線”を含めほぼ全区間で貨物列車が盛んに運転されている。

府中本町では南武線、武蔵浦和駅では東北貨物線、南流山駅では常磐線などへ接続する支線を持っており、それらを介して東北・常磐方面と鶴見以降の東海道方面の貨物輸送の拠点路線として機能する。新秋津駅付近の西武池袋線との連絡線は、現在では西武鉄道の甲種輸送だけに使われるが、西武線が貨物列車を走らせていた時代の名残ともいえる支線だ。

空間」の保存は貴重ではあるものの、それと武蔵野操車場はまったくなにひとつとして関わりがない。

武蔵野線開通当時、現在の新三郷駅付近にはほとんど何もなかった。ただの田園地帯であった。もっとも、武蔵野線と同じタイミングの１９７３（昭和48）年に、日本住宅公団のみさと団地の入居がはじまっている。この団地は総戸数９８６７戸、最大で２万３０００人も暮らしたマンモス団地。武蔵野線の開通は田園地帯ばかりだった沿線の開発を促進したが、みさと団地もそのひとつなのだろう。

いまは新三郷駅からららぽーとの脇を抜けていけば、みさと団地の入口まで５分ほど。しかし、入居開始当時は新三郷駅は開業しておらず、操車場が広がるばかりであった。つまりなかなか不便だったのではないかとも思うが、当時の団地のひとたちはどうしていたのだろうか。

貨物輸送の低迷脱却に向けての大勝負として開業した武蔵野操車場は、ほどなくヤード集結型貨物輸送が廃止されてしまってあっけなく存在意義を失った。１９８４（昭和59）年に事実上の廃止だから、わずか10年の巨大操車場であった。

その後、操車場跡地は国鉄清算事業団を経て鉄道建設・運輸施設整備支援機構に移り、00年代後半以降にようやく再開発がスタート。いまのららぽーと新三郷などに生まれ変わっていった。

新三郷駅すぐ近くのみさと団地の入口と、新三郷駅北口を結ぶ跨線橋がある。駅舎のすぐ脇を抜け、線路の上ではトラス橋になっている跨線橋。この跨線橋は武蔵野操車場があった頃から操車場全体を跨いでいたものだ。往時はほぼ全区間で線路を跨ぐトラス橋だったが、線路が縮小されてしまったので改良されてトラスの区間もわずかになった。国鉄末期の貨物輸送復権を巡って生まれて消えた短命操車場の存在を、かろうじて伝えているのがこの跨線橋なのである。

#35 美々津

日向で見た夢は、山梨経由で結実へ

DATA

1977年	宮崎実験センター発足
1979年	全線7.0kmが完成、時速517kmを記録
1995年	MLU002Nが有人走行で時速411kmを記録
1996年	宮崎リニア実験線での走行実験終了
2011年	都濃側約4kmがソーラー発電所として再整備

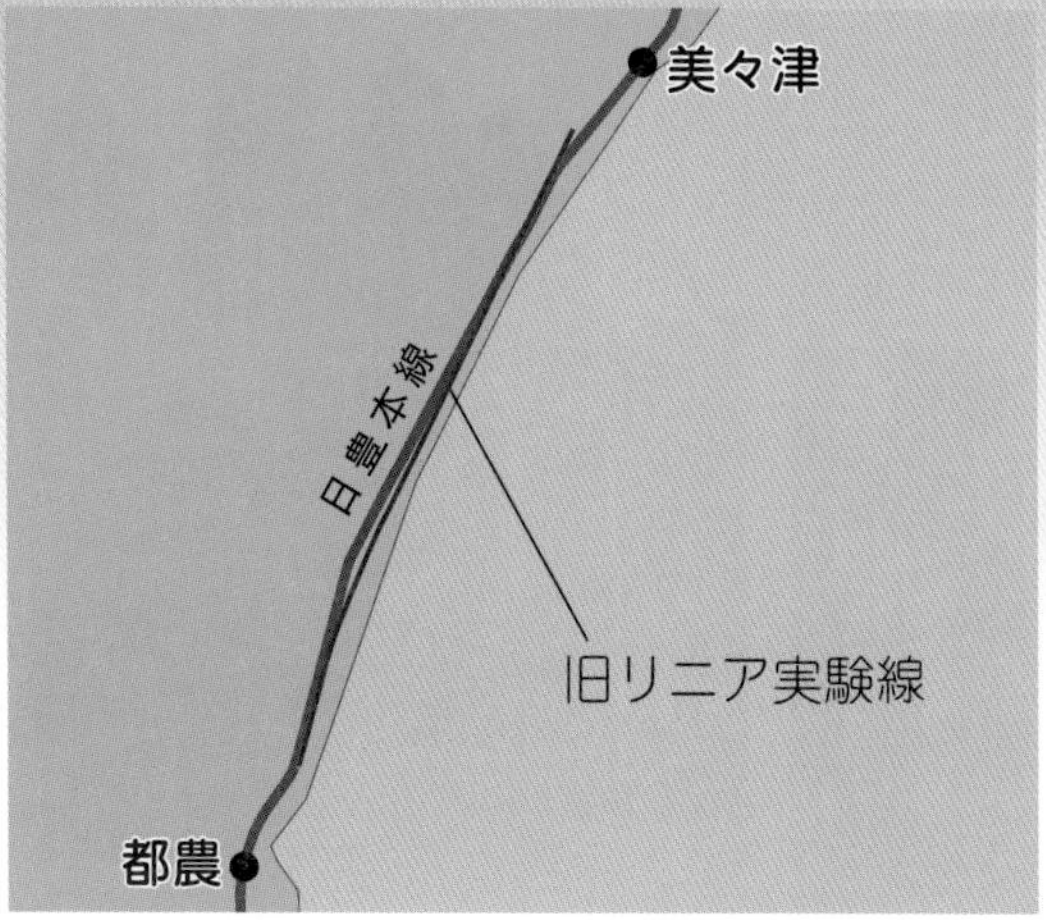

神武東征の船出の地から発する夢のリニアモーターカー

新時代の夢の超特急・リニアモーターカーの前に、神話の話からはじめよう。

日向《ひゅうが》は神話の国である。天孫降臨の地は宮崎県の高千穂と伝わる。葦原中国を治めるために高天原から瓊瓊杵尊《ににぎのみこと》が地上に降り立った、その場所が高千穂峰だという。高千穂があるのは宮崎県の北西部。延岡から五ヶ瀬川を遡った上流に広がる山間の町で、かつて高千穂鉄道（元国鉄高千穂線）が通じていた。その高千穂には独特な神楽が伝わり、天照大神が隠れたとされる天岩戸神社もあるなど、神話の里の空気感がいまも濃厚に漂っている。

そしてその高千穂から、瓊瓊杵尊の曾孫・神日本磐余彦尊《かんやまといわれびこのみこと》が東に向かって発ち、大和の地を治めて位が長髄彦《ながすねひこ》らを滅ぼして即位した。これが神武東征だ。

神武東征では、高千穂から五ヶ瀬川を下った延岡の地から日向灘に漕ぎ出たものかと思っていたら、延岡よりももう少し南の耳川河口に広がる港町、美々津が御船出の地として伝わっているという。航海の安全を祈念し、底筒男命《そこつつのおのみこと》、中筒男命《なかつつのおのみこと》、表《うわ》筒男命《つつのおのみこと》を奉斎。それがいま、美々津の町の耳川沿いに建つ立磐神社だ。境内には、船出を待つ神武天皇が腰掛けたという「神武天皇御腰掛の岩」が残っている。

まあ、このあたりは神話の世界の物語。『古事記』『日本書紀』にも神武東征のエピソードは載っているが、実際がどうだったのかはわからない。少なくとも、九州の豪族が大和に進出してヤマト王権を確立したのではないか、ということがいくらか確からしい推測としてあるくらいなものである。

とはいえ、ここであまり事実かどうかにこだわっていてもつまらない。少なくとも美々津には立磐神社という神社があって、神武天皇御船出の地と伝わっているのは間違いのないことだ。そして、美々津神社の鳥居の前には「日本海軍発祥之地」

美々津・立磐神社鳥居前に建つ「日本海軍発祥之地」碑

美々津の町並み。高鍋藩の外港として栄えた古き港町の面影を今に残している

の大きな碑が建っている。

これは、日本の海軍の歴史をうんとさかのぼっていくと、神武東征のときの船団につきあたるのではないかということから、1940（昭和15）年の紀元二千六百年奉祝記念事業の一環で建立されたそうだ。戦後、進駐軍によっていったん破壊されたものの、改めて復元されていまも堂々と耳川の河口に建つ。揮毫はときの海軍大将・米内光政である。

美々津は神武天皇御船出はともかく、古くから日向一帯では指折りの要港だった。中世には大友氏の所領で、日明貿易の拠点にもなっていたという。さらに江戸時代には高鍋藩秋月氏の外港として栄え、木材などを日向灘を通じて各地へと輸送していた。町の中には上方風の商家などもあり、それらがいまにも伝わった町並みは国の重要伝統的建造物保存地区に選定され、古の面影をよくとどめている。

そうした繁栄の歴史がゆえか、明治に入って廃藩置県に際しては、ごく短い期間ながら美々津県が置かれていたこともあった。美々津にはじめて鉄道がやってきたのは1921（大正10）年。わずか4か月だけ終着駅だったがすぐに延伸し、以来美々津駅は一貫して日豊本線の小駅のひとつであり続けている。特急が停まるわけでもなく、それどころか1984（昭和59）年以来の無人駅で、意識しなければ見過ごしてしまうような、そんな小さな駅がかつての神武天皇御船出の地、そして要港のターミナルなのだ。

そんな美々津駅から、日豊本線に沿って少しだけ南西に進んだ先の木々の茂みの中に、鉄道総合技術研究所宮崎実験センターがある。センターの建物の中からは、日豊本線と並んでまっすぐ南を目指す直線の高架線。ここが、かつてリニアモーターカーの実験が行われていた宮崎リニア実験線の跡である。

宮崎リニア実験線は、1977（昭和52）年に最初の1・3㎞から走行実験を開始

美々津駅の南側には短い分岐線がある。奥に見えるのが分岐線の終端

鉄道総研宮崎実験センター。美々津方のリニア実験線の終端でもある

し、2年後には全線7・0㎞が完成した。それまでは東京・国分寺の鉄道技術研究所（現・鉄道総合技術研究所）の構内に設けられた試験線で磁気浮上式リニアの実験を行っていたが、本格的な実用化に向けた試験のために長い距離をもつ実験線として建設されたものだ。

鶏小屋と豚小屋の実験線はソーラー発電所へ

宮崎リニア実験線の跡の高架に沿って歩いてみる。

といっても、いまは実験をしているわけでもないし、周囲はしばらく田園地帯。田んぼが夏の風にそよぐばかりで、すぐ近くには日豊本線も走っているのが目に入るくらいだ。日豊本線とは美々津の実験センターの南側で交差しており、もちろん実験線がオーバーパス。ここが実験線では唯一の勾配区間なのだとか。

このあたりの日豊本線は海沿いを走る。なので、おおざっぱに説明すれば西から海に向かって国道10号・日豊本線・リニア実験線の順番で仲良く並んで走っているというわけだ。残念ながら防潮林のおかげで、高架の上ならともかく高架下から海が見えることはない。

実験線は日豊本線を跨いで少し行ったところで短い分岐線があり、その先で日向市から都農町《つのちょう》に入る。特に沿線風景は何も変わらず、田んぼの他にビニールハウスや厩舎の類いが目立つようになるくらいだろうか。なんだか鼻にツンと来る刺激臭がしてきたと思ったら、どうやら豚や鶏の厩舎がある畜産地帯でもあるようだ。

そんな畜産地帯の中、実験線の高架下を進んでいたら、畜産農家のおっちゃんらしき人がトラックでやってきて、突然降りて茂みの向こうで立ちションを決め込んだ。都会の町中でおじさんが立ちションをしたら結構な大事だが、こんな宮崎の田

田園地帯の中をまっすぐに伸びる単線高架のリニア実験線

国鉄のリニアモーターカー試験車ML500を、宮崎リニア実験センターの4階にある指令室から見た後ろ姿。ML500は時速500kmを目指して開発された無人実験車両で、1979年に時速517kmを記録した。現在JR総研に保存されている（朝日新聞社）

園地帯ならばあまり気にならない。まあ、それだけのどかな場所を、リニア実験線が通っているということなのだ。

このあとも、都農駅にほど近い終点部分まで実験線を追いかけてはみたのだが、これ以上とりたてて珍しいものはなかった。

どうしてこのような何もない場所に、リニア実験線ができたのだろうか。

その答えは、〝何もないから〟というほかないだろう。全長7㎞に及ぶ一直線の高架線を、容易に敷設できる場所はなかなか見つからない。それがこの宮崎にあったというだけのことだ。

ただ、これに関してはちょっとしたエピソードも残っている。

リニアの父とも呼ばれるリニア研究の先駆者・京谷好泰《きょうたにやすひろ》が若き日に北海道の狩勝実験線で勤務していた際、実験用の周波数とテレビの周波数が同じになってしまったという。結果、実験がはじまると周辺のテレビは画像が乱れることになる。そのとき、地元の人々は激怒するどころか、昼間は農作業をしているから12時から13時の1時間と夕方5時以降にテレビがつけばいい、それ以外は好きに実験していいよ、と言ったとか。この経験から京谷は「地方の人たちは素朴で親切だ」と思うようになり、リニア実験線の場所決定にあたって宮崎を選んだのだ。

嘘か真か、いまの感覚ではそもそも周波数が重なるなどというミスが起こっただけでも数年レベルで実験が中断になりかねない大トラブルなのだが、いろいろな意味で悠長な時代だったのだろう。

ともあれ、宮崎実験線は実際に地元の人たちから大いに歓迎された。多くの人が用地を提供し、建設にも携わり、関連施設で働く人も増えた。近隣の飲食店には実験センターで働く人々が連日訪れたというから、地元の受けた恩恵も大きかった。

宮崎リニア実験線での試験走行は、いくつかのトラブルもあったが比較的順調に

都濃方の終端部。周囲に何があるわけでもなく、見上げる限りでは廃墟のようだが、上にはソーラーパネルが並ぶ

ソーラーパネルが並んでいるのがよくわかる。南向きでさえぎるものがないため、効率的な発電所だ

進められ、1979（昭和54）年にはML500が無人運転で時速517㎞を記録している。

そうして着実にリニアの技術開発が進んでいくと、直線ばかりで勾配もカーブもトンネルもない7㎞の実験線でも足りなくなってくる。そんな時期の1987（昭和62）年、石原慎太郎が運輸大臣に就任して宮崎実験線を視察。そこで「鶏小屋と豚小屋の間を走っている格調の低い実験線では充分なことはできない」と述べ、新実験線建設に向けた動きが具体化していった。数々の舌禍事件を起こした石原らしい言い回しだが、確かに新たな実験線建設には政治の力も必要だったのだ。

宮崎に代わる新実験線の場所は、いまも稼働中の山梨実験線。この背景には山梨出身の有力政治家・金丸信らの働きかけがあったというが、本当のところはわからない。むしろ、東海道新幹線の鴨宮モデル線と同じく、将来の実用化を見据えたときにそのルートの一部に組み込めるように、という前提の上で選定されたとみるのが妥当なところではないかと思う。

山梨実験線はJR東海が引き継ぎ、2027（令和9）年に予定される品川〜名古屋間の開業に向けて〝最後の仕上げ〟の真っ最中である。

一方、1996（平成8）年にリニアの実験を終えた宮崎実験線。その後エアロトレインの走行試験などを行っていたが、それももう終了している。実験線の跡地のうち、都濃町側の約4㎞には高架上にソーラーパネルが並べられ、総出力1000kWのメガソーラー発電所になっている。高架の上のソーラーパネルなので、並行する道路からは見られない。が、少し離れた高台から見下ろしてみると、南に向いたソーラーパネルが縦に長く並んでいるのがよく見える。ソーラーパネルの自然破壊が問題視される昨今のこと、こういうやり方ならば、何の問題もないのだろうなあと、改めて思うのであった。

#36 白糠

政治に弄ばれた超ローカル線は特定地方交通線廃止第1号

DATA

1953年	白糠線が鉄道敷設法の建設予定路線に
1964年	白糠〜上茶路間が開業
1970年	上茶路〜北進間の建設工事がほぼ完成
1972年	上茶路〜北進間が開業
1981年	第一次特定地方交通線として廃止承認
1983年	白糠線廃止、町営バスに転換

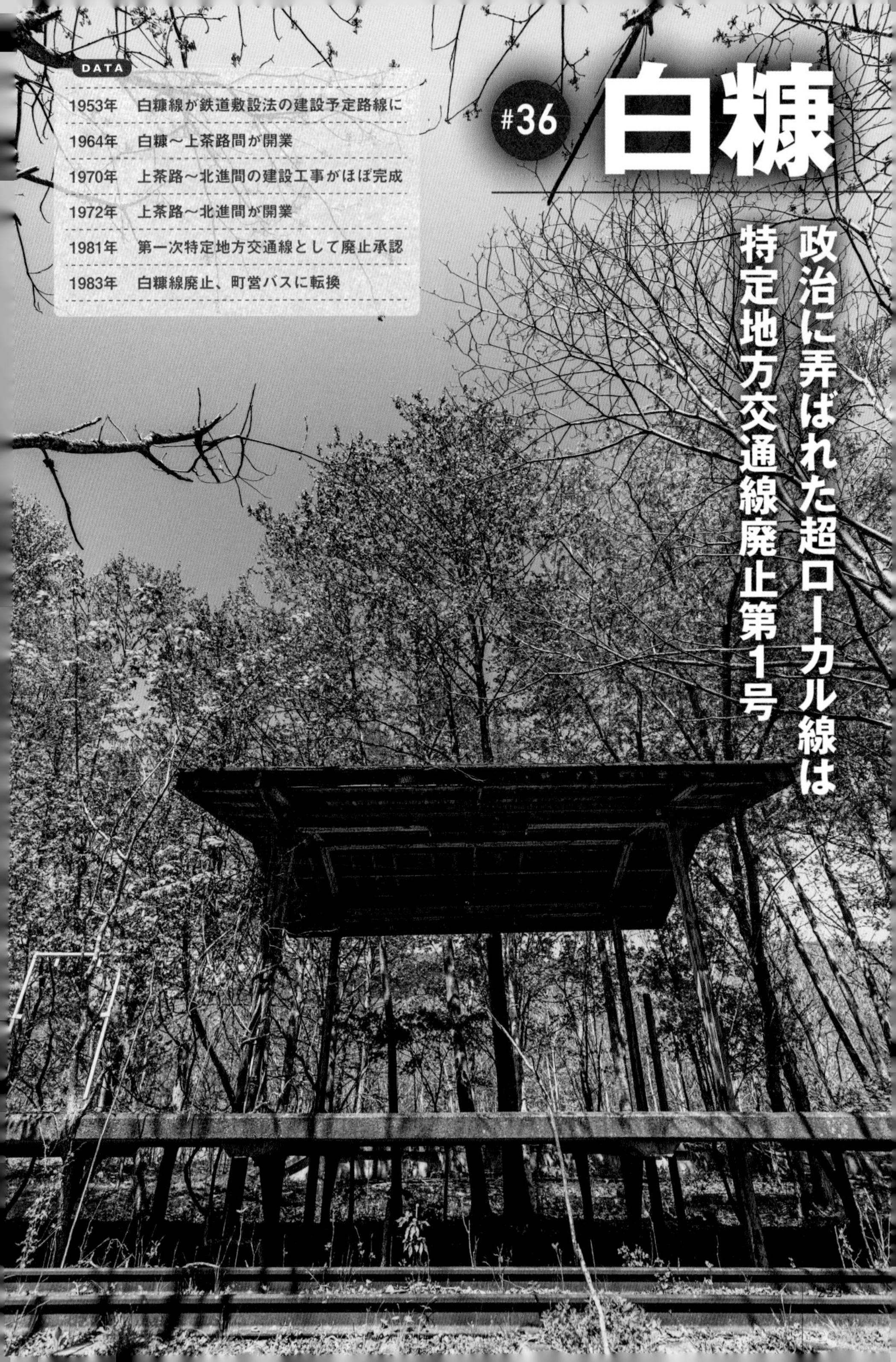

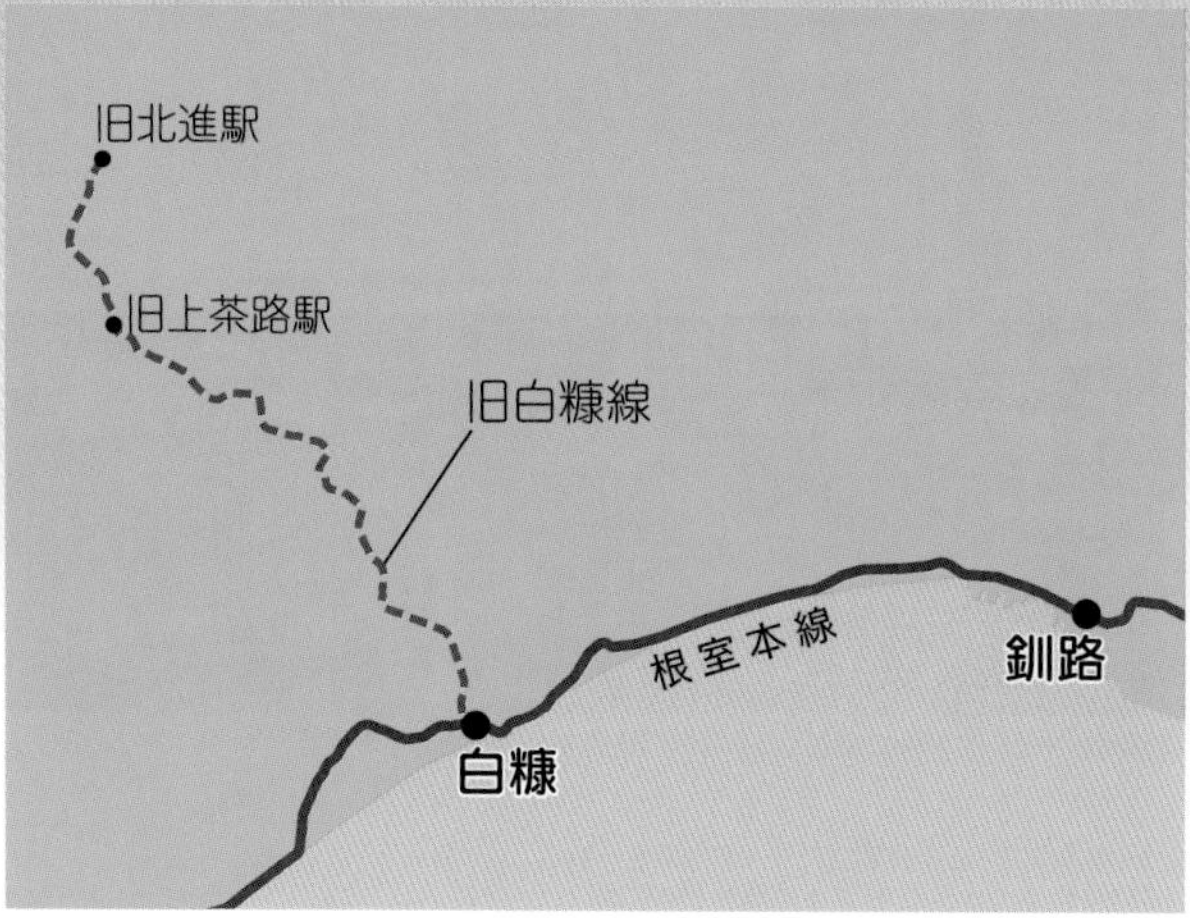

「炭鉱開発」の大義のもとに生まれた究極のローカル線

北海道、道東――。

かつて、白糠線というローカル線が通っていた廃線跡と並行して、国道392号という道路が通っている。この道を白糠駅から北上してゆくと、白糠線の跡をそのままに追うことができるというわけだ。

しかし、この廃線跡の旅、これがまた実に何もない旅である。行けども行けども何もない。集落の類いはむろんのこと、田畑などもぽつりぽつりと山あいに点在するだけであり、人の気配もほとんど感じない。ひたすらに、山に向かって北海道らしいよく整備された道が続いているだけなのだ。

これだけならば北海道ではたいして珍しいことではない。クルマで旅をしていても、鉄道に乗っていても、いくつかの駅の周りに市街地があるほかは一貫して不毛の大地が続くのは、北海道の旅の常識といっていい。

しかし、白糠線跡の旅で問題なのは、かつて駅があったであろう場所にいたっても、沿線の真ん中と同じように何もないことだ。いくらローカル線の経営がどうのこうのというのを度外視していた時代があったとしても、よくぞこんなところに鉄道を通したものだとつくづく思う。

そんなところを通っていた白糠線は、いったいどんな路線だったのだろうか。

1951（昭和26）年の釧勝鉄道期成会設立に、白糠線の歴史ははじまる。戦前・戦後のローカル線建設は、大正時代に定められた鉄道敷設法別表に基づいて進んでいた。ただ、その時点で別表のリストに挙げられていなくても、時代の趨勢によって新たに必要と認められる路線もあった。

そこで都度都度リストに加えていったのだが、白糠線もそのひとつ。1953（昭

上茶路ー北進間7.9㎞延長開通時の一日の乗客予想は17人。赤字確実だが佐々木秀世運輸大臣の「鶴の一声」で延長がきまったとのもっぱらの噂（朝日新聞社）

白糠線のターミナルである白糠駅。白糠町の代表駅で、いまも特急停車駅だ

和28）年に「釧路国白糠ヨリ十勝国足寄《あしょろ》ニ至ル鉄道」として建設予定線に加わった。そして順調に１９５７（昭和32）年に白糠～二股間が着工する。

用地買収に手間取ったこともあって多少工事が遅れ、開業したのは１９６４（昭和39）年。白糠～上茶路間の25・２㎞であった。

いくら野放図にローカル線建設が進んでいた時代とはいえ、ふつうに考えれば沿線にまったく何もないところにいとも簡単に鉄道を通すとは考えにくい。これほど順調に構想から開業まで進んだのには特別な理由があったのである。白糠線沿線には、石炭が眠っていたのだ

もともと白糠は、１８５７（安政４）年に徳川幕府が開いた炭鉱の地だった。ただ、実際に掘り出してみれば他の地域の炭鉱と比べてコスト高だったようで、わずか７年で一時閉山している。

白糠における本格的な炭鉱開発は明治の末からはじまって、とりわけ庶路炭鉱・本岐炭鉱では戦前から白糠の炭鉱の中核を担っていた。さらに白糠から北に向かう茶路川沿いにも新たな炭鉱を開発する計画が進行。白糠線は、その新炭鉱から出炭する石炭の輸送のために必要不可欠な路線として、構想が生まれたのである。

こうした背景があって、白糠線はトントン拍子に開業に至った。本来の計画では十勝の足寄までつなぐ予定だったが、とにかくまずは炭鉱開発に資する区間を優先し、上茶路駅までの開業になったのだろう。

実際、１９６４（昭和39）年の白糠線白糠～上茶路間開業と同じくして上茶路炭鉱の出炭がはじまる。駅前には約１００人が暮らす炭住や商店も設けられ、１日の出炭量は３００～５００ｔ。そのうち半分が白糠線、半分がトラックで運ばれたという。

出炭量の半分ではせっかくの新路線もかたなしではないかと思う。が、すでにク

上茶路駅の近くには、かつてこの地に中学校があったことを示す碑が建つ

白糠線最大のターミナル・上茶路駅近くの国道。人が暮らしている気配はない

ルマ社会が北海道の末端にまで押し寄せており、実態としてはむしろ〝せっかくの新路線だから半分は鉄道で運んでやろう〟というのが正しいのではないか。

さらに、昭和30年代はすでに石炭産業は下火になっていた。白糠で栄華を誇った庶路炭鉱は、白糠線開業と同じ1964（昭和39）年に閉山になっている。そういう時代に、炭鉱開発を名目に開業した白糠線。構想が浮上したときには最先端にあっても、開業したときにはすでに潮目は変わっていたのである。

草木に覆われた白糠線廃駅が突きつける、40年後の現実

いちおうは新炭鉱から生み出される石炭輸送という役割を得て、白糠線はスタートをきった。幸先がいいか悪いか、まあお世辞にもいいとはいえない。

ただ、それでもすでに二股までの工事は進んでいた。1970（昭和45）年には二股までのレールの敷設が完了。いよいよ開業を待つばかり……。

ところがそうは問屋が卸さない。

白糠線にとって虎の子の上茶路炭鉱は1970（昭和45）年に閉山。つまり、二股までレールが通じた時点で白糠線の名目は失われていた。炭鉱が閉じれば炭住の住民たちもいなくなる。後に残るのは、過疎が進む北海道の寒村に過ぎない。

さらに悪いことに、これより少し前の1968（昭和43）年には、国鉄の赤字対策のひとつとして赤字ローカル線を整理する取り組みがはじまっていた（赤字83線）。白糠線は整理対象の路線にもなっていたほどで、もやは延伸開業などをする余地はない。

そこで国鉄は、建設をした日本鉄道建設公団からの譲渡を拒絶した。

なにしろ、上茶路～二股間の延伸区間の沿線住民は約500人。1日に乗客はた

終点・北進駅があったと思われる草地に現役時代の痕跡はほぼ残っていない

北進駅から少し離れた場所に、かつての町の中心らしき一角があった

ったの17人と予想されていた。営業係数は想像を絶する4462に及ぶ。もとより石炭輸送を失った白糠〜上茶路間の営業係数も1000に迫ろうという状況だったわけで、常識を知っていれば白糠線の延伸開業などありえようはずもない。延伸区間開業引き延ばし作戦は、立場の弱い国鉄の精一杯の抵抗だった。

ところが、1972（昭和47）年になって事態は急転する。日本列島改造論を旗印に掲げる、田中角栄内閣の発足である。

田中内閣発足からわずか5日後の同年7月12日。千葉清白糠町長（当時）が勇躍上京。佐々木秀世運輸大臣に白糠線延伸区間開業の陳情を行った。佐々木大臣も北海道選出の代議士（選出選挙区は違う）だったが、それが影響したのか、それとも列島改造論の威光か。陳情から2日後の7月14日に白糠線延伸区間の開業が認可される。

かくして国鉄の抵抗もむなしく、同年9月に日本一の赤字路線になるとわかって白糠線は8㎞の延伸開業を果たす。開業日の式典には地元の人たち約200人が集まったという。釧路二股と予定されていた終着駅は、さらに十勝の足寄までの延伸を祈念して「北進」と名付けられた。むろん、延伸など夢のまた夢である。

とはいえ、究極のローカル線が開業したことで、むしろ問題はより根深くなった。同じ年の6月に〝赤字83線〟で札沼《さっしょう》線新十津川〜石狩沼田間が廃止されたばかり。札沼線廃止区間の沿線からは、「白糠線より利用者の多い札沼線を半分にちぎっておいて、片方で廃止予定路線を延伸するなんておかしい」という声も上がった。

白糠町長の千葉は「赤字がダメなら北海道全部がダメじゃないか」と抗弁したが、少なくとも白糠線の延伸は赤字83線の取り組みに水を差し、わずか8㎞の延伸というだけにとどまらない根深い問題につながっていたのである。

結局、白糠線は最初から想定されていたとおりの閑散としたローカル線であり続

白糠線は白糠駅のすぐ西側で根室本線と別れていた。右側の車止めのある線路が白糠線の痕跡

公団建設線らしく、立派な高架の白糠線。撤去費用との兼ね合いか、完全に放置されている

けた。1982（昭和57）年度の営業係数は3077。これは全国ワーストの数字であった。

とうぜん国鉄末期の特定地方交通線の廃止禍では、いの一番に廃止対象に挙げられる。地元では廃止反対論もあったようだが、わずか10年ちょっとであっても鉄道が通っていたことがむしろ奇跡のようなもの。結局、特定地方交通線のトップを切って、1983（昭和58）年10月23日に白糠線は全線で廃止された。

廃止後は、国鉄からの転換交付金の一部を基金として積み立てて、町営の代替バスが運行された。鉄道時代の1日3往復から1往復増やして4往復に。6つの駅は10以上の停留所に増えて、市街地に直接乗り入れるようにもなった。町営バスにしたことで運営補助を得られないデメリットもあったが、そもそも民間のバス会社が手を挙げてくれたかどうか。いちおう、2018（平成30）年に予約制となりつつも、いまでも細々と転換バスは走り続けている。

白糠線廃止直前の1983（昭和58）年10月8日付け朝日新聞夕刊、「今日の問題」というコーナーにこの問題が取り上げられている。曰く、「新幹線や大都市周辺の路線の黒字で、地方の赤字線を支えていくのは、もはやできないにしても、鉄道に代わる地方の公共交通を永続的に維持するにはどうすればよいか、国、自治体、住民が真剣にチエを出し合うべきだ」。

それから40年経ったいま、改めてローカル線を取り巻く問題が世間を賑わせている。問題の本質は、白糠線の頃と何も変わっていない。国鉄末期の廃線禍を乗り越えた元国鉄路線は、国も自治体も鉄道会社も住民も、問題があるのを承知で見て見ぬ振りをしてやりすごしてきた。私たちは〝地方の公共交通〟という重大な命題を、いたずらに先送りにしただけなのかもしれない。

白糠線廃線跡の草むす荒れ地と錆びついた鉄橋は、その現実を突きつけている。

#37 直方

〝石炭成金〟で賑わった筑豊炭田の商都

DATA

1891年	筑豊興業鉄道によって直方駅開業
1910年	二代目駅舎が完成
1984年	貨物取扱廃止
2001年	特急「かいおう」運転開始
2011年	三代目駅舎が完成、旧駅舎取り壊し

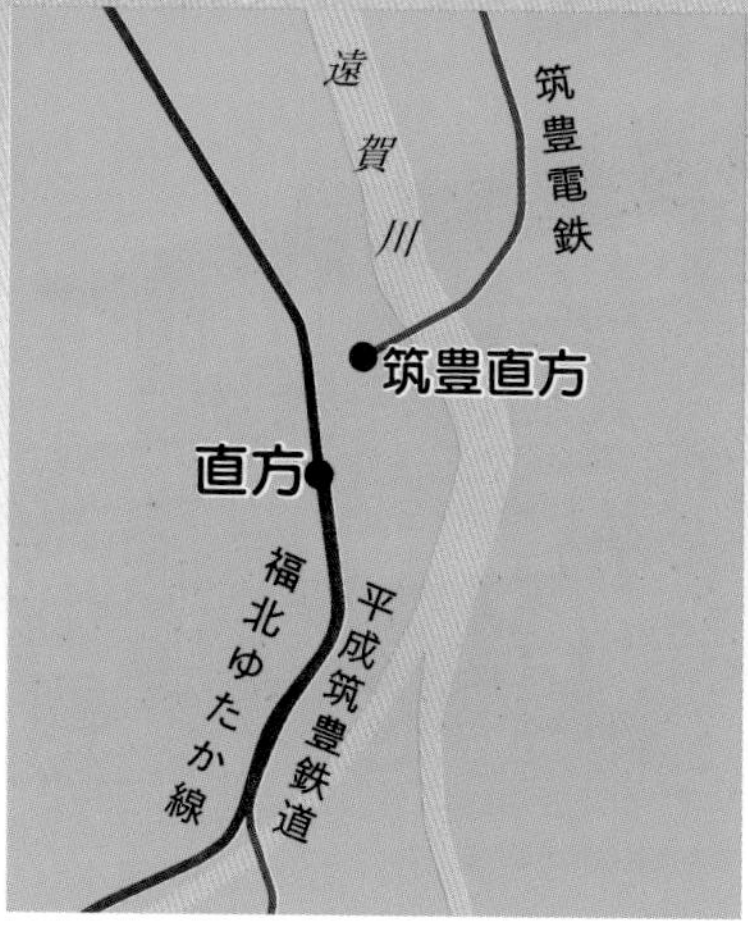

駅前に鎮座するは魁皇《かいおう》関、坑夫の像はどこへ

右ページの写真は直方《のおがた》市石炭記念館の前にある「坑夫の像」だ。

かつては直方駅前にあったが、坑夫が手に持っている掘削機が〝銃に似ている〟とクレームがついて1996（平成8）年に撤去、遠賀川《おんががわ》沿いに移された。が、そこでもまた「多くの人の目に留まる場所に銃を持った人の像なんて」などとケチをつける人がいたという。そこでやむなく石炭記念館の前にやってきた。この場所ならば、「坑夫の像」が石炭の町・直方を支えた石炭産業への敬意と誇りを表現したものであることを理解できる人しかやってこないので大丈夫、というわけだ。

このエピソードがどこまで本当なのかはわからないが、真実だとすればまったく理解に苦しむ話である。だいたい手に持っているのは銃ではない。だから戦争などとはまったく関係がない。クレームをつけるほうもどうかしているが、対応する側にも問題がある。こういったいちゃもんとしか言えないようなクレームをいちいち気にして対応するから、世の中はおかしくなっていくのではないかと常々思っている。

それはともかく、「坑夫の像」が駅前に堂々と建っていたということからもよくわかるように、直方は石炭の町であった。そして直方駅は、石炭の町・直方のターミナルにして筑豊炭田の石炭輸送の最大拠点という、あまりに大きな役割を担ってきた駅なのである。

日本では明治以降、直方などを中心とする筑豊地域や北海道の夕張山地、福島・茨城の常磐炭田など、あちこちで石炭が採掘されてエネルギー源となり近代化を支えてきた。ただ、そのほとんどは明治以降に採掘がはじまったものばかりだ。

その点、筑豊地域における石炭の歴史は古い。まだ戦国の世だったころから農家の間で採炭がはじまり、享保年間（つまり八代将軍吉宗の時代）に製塩用として利

駅前から遠賀川に向かって東に延びるアーケード。古町の商店街に通じている

現在の直方駅。右手に魁皇関の像が建っている

用が広まった。江戸時代中ごろには各地へ出荷されるほどの採炭量が確保されていたというわけで、なかなか歴史の古い炭田ということになる。そこに明治になって本格的な開発の手が入り、日本一の石炭の町が形作られていったのだ。

直方は、そうした筑豊炭田の中心的な役割を持つ町だった。炭鉱の町というよりは、遠賀川と彦山川が合流する地理的な事情もあって、石炭輸送の基地としての性質が強かった。筑豊炭田で出炭した石炭の多くが直方に集まり、そこから北九州の工業地帯や若松港へと運ばれていったのだ。

そんな直方の町の拠点が、直方駅だ。

いま、直方駅を訪れるには「福北ゆたか線」と名付けられた路線を使うことになる。博多駅からはおおよそ1時間。福北ゆたか線というのは愛称で、正しくは篠栗線と筑豊本線。篠栗峠を越える篠栗線を経て桂川《けいせん》駅で筑豊本線に乗り入れ、そのまま直方駅へ向かう。

本数は限られているものの、特急「かいおう」も博多〜直方間で走っている。「かいおう」の列車名は、元大関の魁皇が直方出身だったことにちなんだものだ。人命が列車名になる例自体がほとんど見られない中で、「かいおう」は存命中の人物の名をつけたという極めてレアな列車名。それも、2001(平成13)年に「かいおう」が運行を開始した時点で魁皇は現役力士だったわけで、なかなかの英断だったに違いない。

そして直方駅に着くと、駅舎の前には「坑夫の像」ではなく魁皇関の像が建つ。まさに郷土の偉人といった趣だが、特に何の知識もない人が直方駅を訪れたなら、筑豊炭田の中心都市とのターミナルというよりは、魁皇関への偏愛ぶりが際立つ駅だなあなどと思って終わってしまうかもしれない。

それくらい、いまの直方駅前に石炭の町だったことをしのばせるものはない。

古町のアーケードは人気も少なく、シャッターが降りている店が大多数だった

直方駅構内を南から。手前の砂利地にはかつて扇形機関車庫があった

駅のすぐ前にはアーケードの商店街が遠賀川の方向に向かって伸びていて、それと垂直に交わって南北に通る商店街もある。この一帯は「古町」と呼ばれる昔ながらの商業地帯。いわば直方の中心市街地だ。ただ、歩いてみればわかるが、人通りは少なくシャッターが降りっぱなしの店も目立つ。むしろそういう店の方が多いような気もしてくる。

これは石炭の町だったことはあまり関係がなく、どの地方都市も昔からの駅前の中心市街地はそのようになってしまっている。いわゆる〝中心部の空洞化〟というやつだ。地域の人口が減少傾向にあることに加えて郊外にクルマで行くような大型商業施設（イオンタウンの類い）ができて、そちらにお客が流れているのだ。

仕事柄、全国あちこちの地方都市を旅する機会が多いが、駅の近くの昔ながらの商店街が賑わっているような地方都市など数えるほどしかないといっていい。直方も、そんな町のひとつだ。

全国の石炭の3分の1を扱った直方駅

直方の古町を南北に走る商店街。何も考えずに歩くとただの寂れた商店街に過ぎないが、もう少し歴史をたどればこの道は長崎街道であることがわかる。

長崎街道は読んで字のごとく、長崎を目指す江戸時代の街道だ。起点は小倉で直方や飯塚といった筑豊の諸都市を通り、冷水峠を越えて筑後平野に出て佐賀・嬉野・大村などを通って長崎へ。九州の諸大名の参勤交代のほか、オランダ商館長などの江戸参府にも用いられ、異国文化もほどよく伝わっている街道だったという。

直方には宿場はなかったが、江戸時代のはじめには短い期間ながら福岡藩黒田氏の支藩が置かれていた。この時代にいまの直方の市街地の原型が形作られている。

筑豊御三家のひとり、貝島太助像。貝島邸があった多賀町公園に建つ

明治時代の直方駅構内。手前には石炭を積んだ貨車が見える（『懐かしの停車場』）

直方藩が廃止されてからも遠賀川水運の物資集積地として賑わい、商都として栄えた。そこに明治に入って本格的な石炭の時代がやってきたというわけだ。

直方駅は１８９１（明治24）年に筑豊興業鉄道（のち筑豊鉄道への改称を経て九州鉄道に合併）の駅として開業した。開業した区間は若松～直方間。直方駅は筑豊地域では最初の駅であった。

開業するやいなや、すぐに石炭の輸送もはじまっている。それまで遠賀川の水運を利用した艜船《ひらたぶね》で運ばれていた。しかし、出炭量の増加に伴って一艘５ｔ程度の輸送力の艜船ではとうてい追いつかず、取って代わる大量輸送機関として鉄道が通った。直方駅は、開業時から石炭輸送の拠点としてスタートしたのである。

輸送量は飛躍的に増えてゆく。日清・日露の戦争を経て、大正時代には石炭車の大型化も進む。開業時から使われていたのは６ｔ積みの貨車だったが、15ｔ積みに入れ替わり、それが３８７０両も直方駅構内を行き交った。

石炭の集積地としての直方の発展は〝石炭成金〟も生み出したという。作家の森鴎外が陸軍第十二師団の軍医部長時代に直方を訪れた際、駅前で人力車に乗ろうとしたら断られたというエピソードがある。炭鉱経営者はいまでいうチップをはずんでくれるところ、軍人なら規定の車代しか支払わないだろうと思われたのだとか。バブルのようなそういう時代が、直方の全盛期だったのかもしれない。

１９３７（昭和12）年には全国の石炭の出炭量４５２５万ｔのうち、１５６３万ｔを直方駅が中継していたという。全国の石炭の３分の１が、直方駅に集まっていたのだ。

しかし盛者必衰、戦争が終わってエネルギー革命が訪れると、筑豊炭田は北海道の石狩炭田に〝日本一〟の座を明け渡し、急速に衰退が進んでいった。筑豊炭田で最後まで採炭していたのは宮田町の貝島炭礦（１９７６年閉山）。奇しくも直方を拠

二代目駅舎の車寄せ部分を復元、駅前広場の一角に保存展示されている

1910(明治43)年に改築された二代目駅舎。平成に入るまで約100年間使われた(『懐かしの停車場』)

点にした筑豊御三家のひとり、貝島太助の切り開いた炭鉱のひとつであった。

直方駅も石炭の輸送という役割がなくなれば立つ瀬がない。1958(昭和33)年以降石炭輸送量が減ってゆき、広大な直方駅構内での作業量も減少。働く人も少しずつ減らされていった。そして筑豊炭田閉山からおよそ10年、1984(昭和59)年を最後に貨物の取扱も廃止される。以後、直方駅の広い構内は車両基地として使われているのみになっている。

いまの直方駅の姿は、2011(平成23)年に完成した3代目駅舎。それ以前の2代目駅舎は1910(明治43)年に建てられた木造の洋風建築だった。駅周辺の再開発にあたって建て替えられることになったが、2代目駅舎の文化財としての価値から保存を求める声が相次ぎ、解体は文化財保護法違反として訴訟も提起されるほどの騒動になっている。

結局、2代目駅舎はあっけなく取り壊されて3代目駅舎に入れ替わった。2代目駅舎があったのは駅前広場の北側の線路沿い。いまはバス乗り場があって、植え込みとフェンスを介してホームが素通しになっている一角にあたる。

そして2代目駅舎のシンボルだった車寄せ部分が駅前公園に復元され、2020(令和2)年6月にお披露目された。すぐ脇に商店街の入口がある、まさに直方の中心部の入口に石炭時代を支えた駅舎の車寄せ。反対に、新しい橋上駅舎は石炭時代の直方をまったく知らずに建っている。

いまの直方駅の周辺に、かつて直方が石炭の集積都市だったことを伝えるものはほとんど残っていない。駅の南方、小高い山を登ったところにある石炭記念館などがあるくらいだ。かつては高台に遊郭街もあったというが、もちろん姿を消した。そんな中で、復元された2代目駅舎車寄せが、半世紀以上前の直方の姿を道行く人に訴えている。

第5章
JRの時代

バブル景気の真っ只中に誕生したJRグループ。国鉄の足かせと後ろ盾がなくなり、好景気もあって各社良好な滑り出しを見せた。青函トンネルや瀬戸大橋の開通もあって、経営基盤が脆弱と思われていたJR北海道やJR四国もまずまずのスタート。その後、私鉄各社と同じく積極的に関連事業に乗り出していき、鉄道だけに頼らない経営スタイルを固めていくことになる。

もちろん鉄道面でもJR発足以降の進歩はめざましい。国鉄の経営難によって進んでいなかった新幹線の高速化、整備新幹線の建設も一気に促進され、1997(平成9)年には初の整備新幹線として北陸新幹線が開業している。

反面、平成以降の鉄道は災害との戦いを強いられてきた。阪神・淡路大震災や東日本大震災はもちろんのこと、近年激甚化の著しい水害も鉄道には大きな打撃を与えている。新型コロナウイルス感染症の蔓延も、そうした自然災害のひとつといっていい。

ローカル線の維持を巡る問題、相次ぐ自然災害への対策、人口減少社会における人材確保。日本の近現代の歩みそのものともいえる150年の歴史を持つ鉄道は、いままさに岐路に立っているのである。

主な出来事

1988（昭和63）年	青函トンネル・瀬戸大橋開通
1990（平成2）年	国鉄再建法に基づく特定地方交通線の廃止・転換が完了
1992（平成4）年	東海道新幹線「のぞみ」運行開始。山形新幹線開業
1993（平成5）年	JR東日本の株式が上場（JR各社としては初）
1995（平成7）年	阪神・淡路大震災
1997（平成9）年	北陸新幹線が長野まで開業
2001（平成13）年	JR東日本がSuicaサービスを開始
2003（平成15）年	約60年ぶりに沖縄に鉄道が開業（ゆいレール）
2004（平成16）年	東京地下鉄が発足
2005（平成17）年	福知山線脱線事故発生
2007（平成19）年	地域公共交通活性化法公布
2011（平成23）年	東日本大震災。九州新幹線全線開業
2015（平成27）年	北陸新幹線長野～金沢間、開業
2016（平成28）年	北海道新幹線新青森～新函館北斗間、開業
2020（令和2）年	新型コロナウイルス感染症が流行
2022（令和4）年	新橋～横浜間開業から150周年

#38 児島

一本列島の裏で生まれた新駅と消えたローカル線

DATA

1913年	下津井軽便鉄道味野町～茶屋町間開業
1914年	下津井軽便鉄道下津井～味野町間開業
1972年	下津井電鉄児島～茶屋町間廃止
1988年	児島駅開業・瀬戸大橋開通
1991年	下津井電鉄下津井～児島間廃止

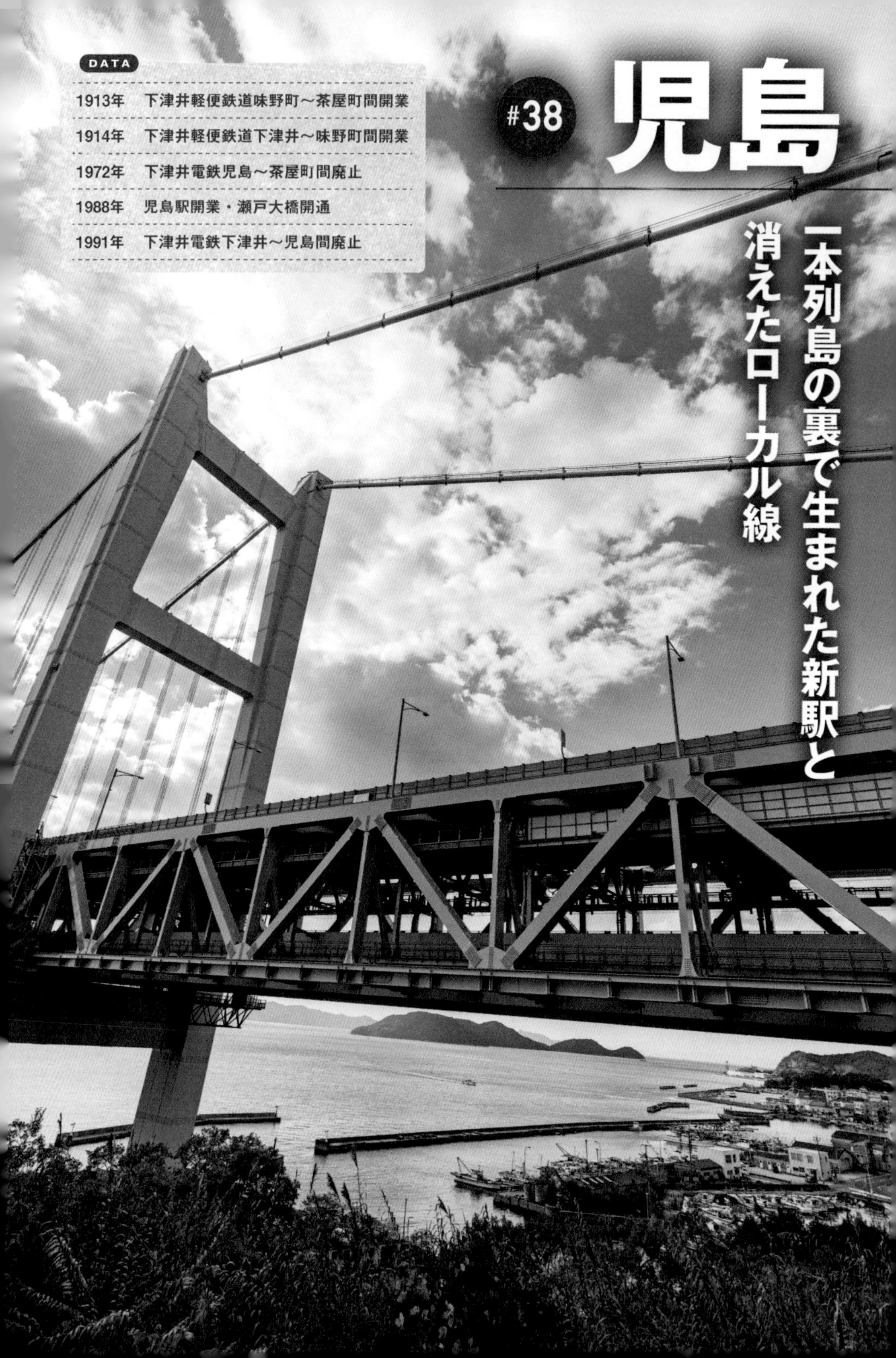

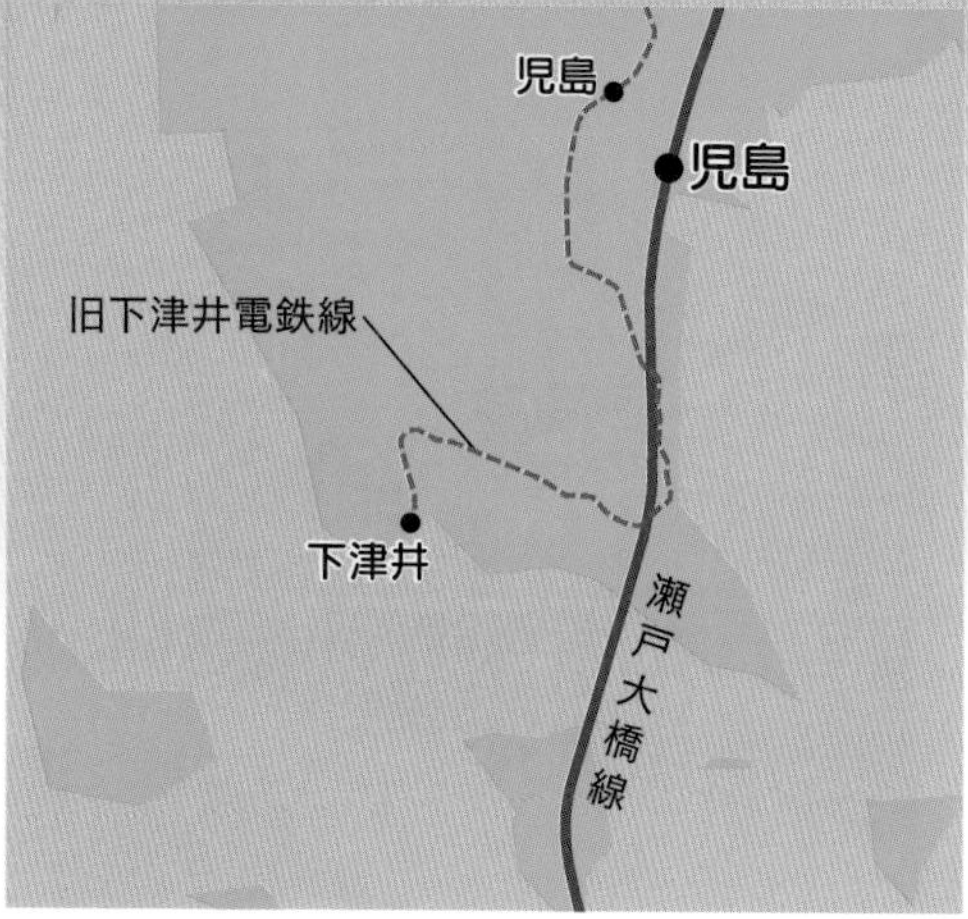

「一本列島」のたもとはジーンズの町

「レールが結ぶ、一本列島」――。

１９８８（昭和63）年、青函トンネルと瀬戸大橋が完成し、本州・九州に加えて北海道と四国も一本のレールで結ばれた。そのときのＪＲグループのキャッチコピーが、一本列島だ。列車から連絡船に乗り継がねばならなかったところ、列車に揺られているだけで海を渡ってくれるのだから、実に便利な〝一本列島〟であった。

もうそれから30年以上が経った。だから一本列島などという言葉を持ち出されても特に何も思うことはないだろうし、青函トンネルや瀬戸大橋があることは当たり前になっている。快速「マリンライナー」を使って香川県内から岡山に通勤・通学するのも珍しくなくなっているらしい。

そんな一本列島なのだが、瀬戸大橋が開通したことで新たに誕生した駅がいくつかあった。瀬戸大橋線、そのうち正しくは本四備讃線と呼ばれる茶屋町～宇多津間の本州側に、植松・木見・上の町・児島の４駅が新たに誕生したのだ。この中でも特筆すべき駅は、やはり児島駅だろう。

瀬戸大橋の開通は１８８８（昭和63）年のことだが、そのちょうど1年ほど前に国鉄が分割民営化。瀬戸内海を隔てて本州側はＪＲ西日本、四国側はＪＲ四国に分けられた。このときは明確に間に海があって線路がつながっていなかったので気にする必要はなかったが、瀬戸大橋が通って瀬戸大橋線が開通すると境界の駅が必要になる。児島駅は、その境界駅だ。

境界駅などは実際のところ、お客にはあまり関係ないのでどうでもいいことではあるのだが、児島駅の場合はそれだけではない。児島という町は瀬戸大橋のたもとの町で、つまり本州側から見ると、児島駅を出るといよいよ瀬戸内海を渡りますよ、

児島駅から歩いて15分ほどの中心市街地の先には、ジーンズショップが建ち並ぶジーンズストリート

瀬戸大橋のたもとの駅、児島駅。駅前にも「ジーンズの聖地」の横断幕が掲げられている

という駅だ。こちらのほうがお客にとっては重要なポイントかもしれない。

いずれにしても、瀬戸大橋が通ったことで一躍注目を浴びるターミナルとして誕生したのが、児島なのである。

いよいよこれから橋を渡るという駅だからか、児島駅は立派な高架の駅になっている。駅を降りると大きな駅前広場があって、その向こうには公園もある。人がたくさん行き交っているような広場ではないが、それでもずいぶんと立派な駅だという印象を抱く。

が、かといって駅の周りに商業施設が建ち並んでいるような、いわゆる町の中心とは言いがたい。実際地図を見てみると、古くからの児島地区の中心は児島駅から少し離れたところにあるようだ。そこに向かって約10分、歩いてみた。

児島公園を抜けて鷲羽山《わしゅうざん》通りという名の比較的大きな道を北に進むと、天満屋ハピータウンという商業施設と中国銀行児島支店が見えてくる。この角を左に折れると、ちょっとした広場のような一角がある。ここは、かつて児島駅の駅前広場だったスペースだ。

といっても、もちろんJRの児島駅ではなく、その駅とは下津井電鉄児島駅。古くは茶屋町～児島～下津井間を結ぶローカル私鉄で、その児島駅の周囲に児島地域の中心市街地が広がっていた。児島地域の主要産業といえば、ジーンズである。

児島地域を含む岡山県倉敷市は、古くから繊維産業が盛んな町だった。そんな中、戦後になって日本に駐留した米兵たちを通じてジーンズが急速に普及。そこで国産化にも取り組むことになって、昭和30年代に児島に拠点を置くマルオ被服（現・ビッグジョン）が生産を開始したのが国産ジーンズのはじまりだという。以後、児島は大小さまざまなジーンズメーカーが生まれ、いまでも日本一の生産量を誇っている。

下津井電鉄児島駅跡のすぐ近くには、ジーンズメーカーが集まるジーンズストリ

下津井の港町。いまは小さな漁村だが、かつては丸亀への航路もあって賑わった

下津井電鉄児島駅跡。観光路線化を目論んだ名残がほんのりと感じられる

ートと呼ばれる一角がある。いくつもジーンズショップが建ち並んでいて、シャッターが目立つ市街地とは一線を画した雰囲気の町並み。平日の昼過ぎに訪れたというのに、２人組の若い女性が歩いていたので話を聞いた。すると、ジーンズが大好きでわざわざ大阪からやってきたのだという。まさに児島は知る人ぞ知るジーンズの町なのだ。

瀬戸大橋開通に沸く中で、ひっそり消えたローカル私鉄

いっぽうで、瀬戸大橋に代表される本四連絡という命題の中で翻弄されてきた歴史も抱えている。それを象徴するのが、下津井電鉄の盛衰であろう。

下津井電鉄の路線は１９１３（大正２）年に味野町（のちの児島）～茶屋町間で開業。翌年に下津井～味野町間も開通して全線が完成した。軌間は７６２㎜のナローゲージの路線だった。

起点となった下津井は児島半島の先端にある港町。江戸時代には北前船の寄港地として、そして四国の丸亀と航路で結んで金比羅参りの拠点港として栄えていた。しかし、１９０３（明治36）年に宇高連絡船が就航すると四国への航路の拠点という役割は失われ、一介の漁村になりつつあった。

そこで下津井の人々が中心となって、宇野線の駅があった茶屋町と下津井を結ぶ軽便鉄道が計画された。つまり、宇高航路の拠点・宇野はもちろん、いまの児島駅前などと比べてもよほど栄えていた下津井が衰退の危機を迎え、そこで下津井電鉄の建設に至った、というわけだ。

しかし、大私鉄の山陽鉄道、国有化後は国によって運営された宇野線・宇高連絡船と軽便鉄道の下津井電鉄では勝負にならず、開業当時からかなり厳しい経営が強

下津井駅跡は現役当時のままに整備されて残っている。小さな鉄道公園だ

宇高連絡船宇野駅の桟橋。宇高航路開設以降は下津井の航路は衰退してしまう（『日本国有鉄道百年史』）

いられた。開業時は蒸気機関車を用いていたが、１９２８（昭和３）年からはガソリンカーを導入、戦後の１９４９（昭和24）年に電化するなど設備改善を進めた。

それでもモータリゼーションの波の中で利用者の減少がが続き、１９７２（昭和47）年に児島～茶屋町間を廃止。丘陵地が大半で並行道路の整備も進んでいなかった末端区間だけが残ることになった。児島～茶屋町間廃止を決定的にしたのは、下津井電鉄自身が運営していた路線バスだったという。

下津井電鉄は児島～下津井間の廃止によって一時的に黒字に転換。比較的順調な経営を続けていた。しかし、ちょうどその時期に瀬戸大橋の架橋計画が具体化していった。

瀬戸大橋の構想は明治時代からあった。１８８９（明治22）年に讃岐鉄道が丸亀と琴平の間で開業すると、開業式典で大久保諶之丞が次にように述べている。

「塩飽《しわく》諸島ヲ橋台トシテ、山陽鉄道ト架橋連絡セシメバ、常ニ波風ノ憂ナク、実ニ南来北向東奔西走瞬時ヲ費サズ、共国利民福是ヨリ大ナルハナシ」

つまり塩飽諸島経由で瀬戸内海に橋を架けるという、瀬戸大橋とまったく同じことを提唱したのだ。さすがに当時の技術では実現しなかったが、大久保の先見性はなかなかのものである。

その後も浮かんでは消えた瀬戸内海架橋計画だったが、それが具体化したきっかけは１９５５（昭和30）年、修学旅行中の小学生を含む１６８名が死亡した紫雲丸事故だった。以後、いくつかのルート案から塩飽諸島経由の児島・坂出ルートが選ばれ、鉄道道路併用橋とされることなども決定。１９７０（昭和45）年に本州四国連絡橋公団が発足し、１９７８（昭和53）年に着工、あしかけ18年の工事の末に１９８８（昭和63）年４月10日に開通する。

瀬戸大橋の開通が岡山や高松といった周辺諸都市に与えた影響もさることながら、

下津井電鉄線の廃線跡はサイクリングロード「風の町」。起伏に富んでいてサイクリストには人気があるようだ

下津井電鉄鷲羽山駅跡から望む瀬戸大橋。塩飽諸島の向こうに四国が待っている

下津井電鉄への影響も大きかった。下津井電鉄は瀬戸大橋開業にあわせて観光路線化に舵を切る。メルー・ベル号と名付けられた観光列車を新造し、児島駅を観光仕様にリニューアル。下津井駅構内には植物園を設け、高台に置かれた鷲羽山駅のホームを延長して瀬戸大橋の展望台として旧車両を置いた。1971（昭和46）年に開園していた鷲羽山ハイランドなどへの、観光客の輸送を担うことも目論んでいたのだろう。

しかし、こうした取り組みが功を奏することはなかった。観光客のお目当ては100年以上前に栄えた古の港町などではなく、新たに開通した瀬戸大橋だったのだからとうぜんのことだ。さらに悪いことに、鉄道の赤字を補って余りあった下津井電鉄の路線バスが窮地に陥る。岡山と児島が快速マリンライナーによって結ばれたため、その区間を利用するバスの客が激減してしまった。

結局、観光路線化のもくろみは頓挫し、瀬戸大橋が開通してからわずか2年後の1990（平成2）年大みそかの運行をもって、下津井電鉄の鉄路は歴史に幕を下ろした。かくして北前船も四国への渡船も、そして下津井電鉄の電車もやってこない下津井の港は、小さな漁村に戻っていまに続いている。そんな中、鷲羽山ハイランドはチボリ公園閉園後の岡山における唯一無二のテーマパークとして、一定の地位を確保しているから皮肉なものである。

下津井電鉄の廃線跡は、「風の道」と名付けられてサイクリングロードになっている。鷲羽山を横切るルートはほどよい起伏に富んでいて、さらに旧鷲羽山駅など瀬戸大橋を見下ろせる絶景スポットも数多い。下津井駅のホームはほとんど廃止時のままに残され、メリー・ベル号をはじめとする車両を見ることもできる。

瀬戸大橋を渡るとき、本四連絡という命題に振り回されて歴史の波に消えた小さなローカル私鉄の存在も、少しは思い出してみてはいかがだろうか。

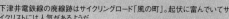

#39 ガーラ湯沢

新幹線に乗って、私をスキーに連れてって

DATA

1931年	上越線開通。沿線のスキー場に向けたスキー列車運行
1950年	上野～越後湯沢間のスキー列車「銀嶺」運行
1982年	上越新幹線開業
1990年	ガーラ湯沢駅開業

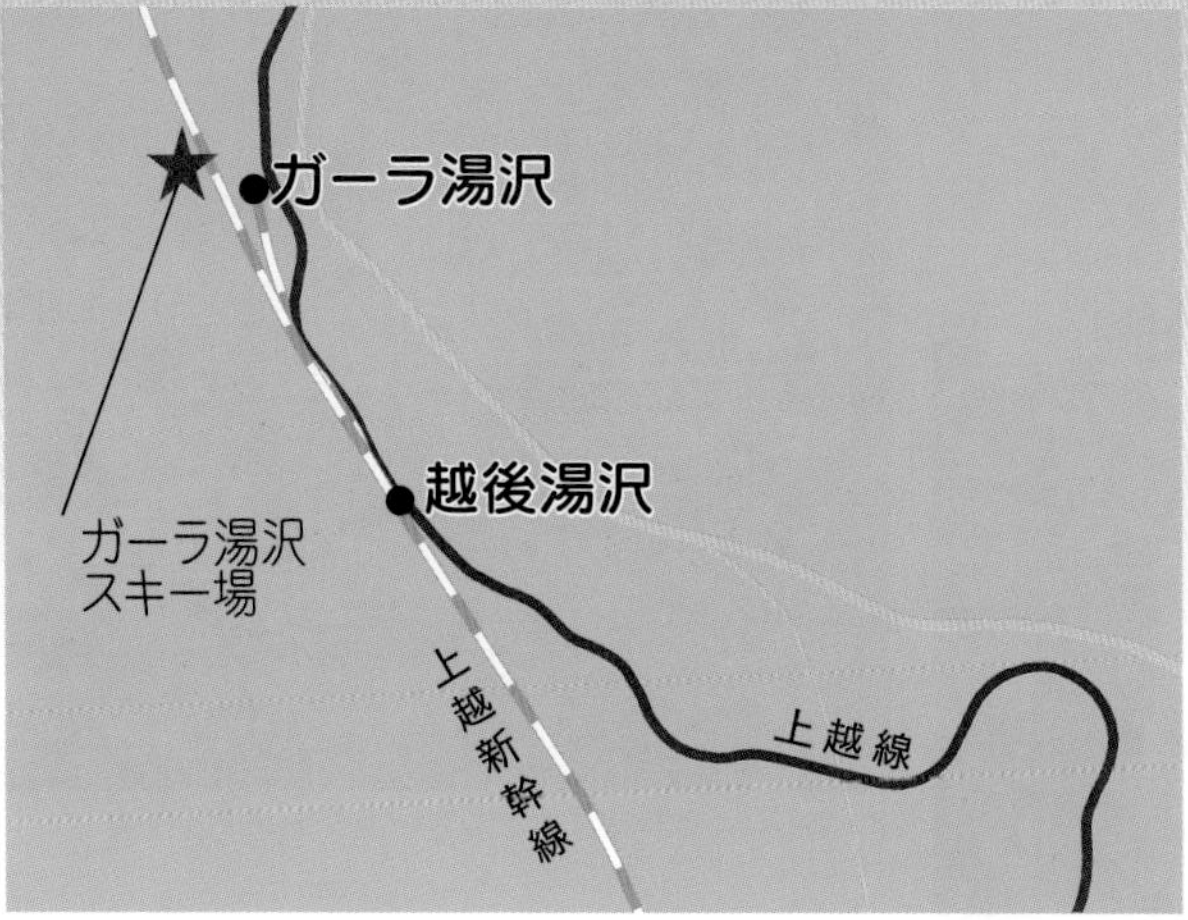

新幹線に乗って1時間半後にはゲレンデに

毎年冬の時期だけ走る列車がある。東京駅を起点に、上越国境を跨いで越後湯沢にほど近いガーラ湯沢駅へ。スキー場に直結しているガーラ湯沢駅への、冬限定の〝スキー列車〟である。

冬の時期しかガーラ湯沢駅に列車はやってこない。なので、この駅も冬限定の駅ということになる。クルマを使えば夏にも行けないことはないが、やはり冬限定の駅に行くのなら冬に限る。そういうわけで、２０２２（令和４）年の冬、ガーラ湯沢駅に向かう上越新幹線「たにがわ」に乗った。

ちょうど新型コロナウイルスの第６波の最中というのに、ガーラ湯沢ゆきの「たにがわ」は実に混んでいた。その多くが、スキーやスノボの板を抱えた若い人たち。２人や３人の少人数グループがほとんどで、中にはひとりで乗っている人もいる。空席はほとんどなく、コロナだろうが不景気だろうがなんだろうが、スキーはなかなか愛されているレジャーなのだ。

いくらスキー場に向かう臨時の新幹線とはいえ、車両はごくありふれたＥ７系。つまりスキー客に応じた構造をしているわけではないので、そうなるとスキー板やスノボ板の収納はなかなかの難題になっているようだ。重ねるようにして荷棚に押し込んでいる人もあり、または座席に座って膝の前で抱えている人もある。

ちょうど筆者の座った席の真後ろがそういう持ち方をしていたのだが、そうなるとこちらは座席のリクライニングがしにくくなってしまう。まあ、ほとんどスキー客専用列車の中で、興味本位でガーラ湯沢駅に行こうとしている筆者は部外者のようなものだから、多少は我慢しなければならない。

東京駅を出発してから１時間15分、ガーラ湯沢駅に着く。途中の駅で降りた人は

ガーラ湯沢駅の改札を出ると、すぐにスキー場の受付が待っている

コロナ禍前、2019（平成31）年冬のガーラ湯沢。外国人客の姿も目立った

ほとんどおらず、むしろさらに乗ってくるほどの盛況ぶり。そしてガーラ湯沢駅では先を争ってみな改札を抜けていく。

ホームの上層階にある改札を抜けると、そのままガーラ湯沢スキー場の受付が待ち受けて、そこからエスカレーターをもう一度下っていくと土産物店や飲食店、そしてスキー・スノボ板などのレンタルサービスもある。駅舎内（というか館内）にはスキー場まで直結のゴンドラも出ていて、それに乗ったらもうすぐに滑ることができる。

つまり、ガーラ湯沢駅は東京都心から1時間半もかからぬうちにスキー場で滑っている、ということを実現しているのだ。帰るときもそのまま板を担いで新幹線に乗ればいいのだから、日帰りでも満足できるに違いない。もはや、都心の中にあるスキー場といっていいくらいの利便性。それがガーラ湯沢駅の面目である。

実は、今回だけでなく以前にもガーラ湯沢駅を訪れたことがある。そのときはまだ新型コロナなど誰も知らない時で、駅（スキーセンター）内はもっとたくさんの人であふれかえっていた。日本人はもちろんだが、外国人スキーヤーの姿も目立っていたことを覚えている。これほど便利なスキー場、世界広しといえどもガーラ湯沢だけなのではないかと思う。

ただ、スキー場と直結している駅というのは別にガーラ湯沢駅に限らない。

スキー（スノボも含みます）は日本人にとって欠かせない冬のレジャー。いまではクルマや夜行バスで行く人が多くなっているようだが、ひと昔前までは都市部からスキー場へは鉄道を使うしかなかった。となると、駅から離れた場所のスキー場は不便だ。というわけで、駅前がそのままスキー場という駅は、とくに上越線沿線に点在している。

たとえば岩原《いわっぱら》スキー場前駅はすぐ近くに岩原スキー場、上越国際スキー場前駅も

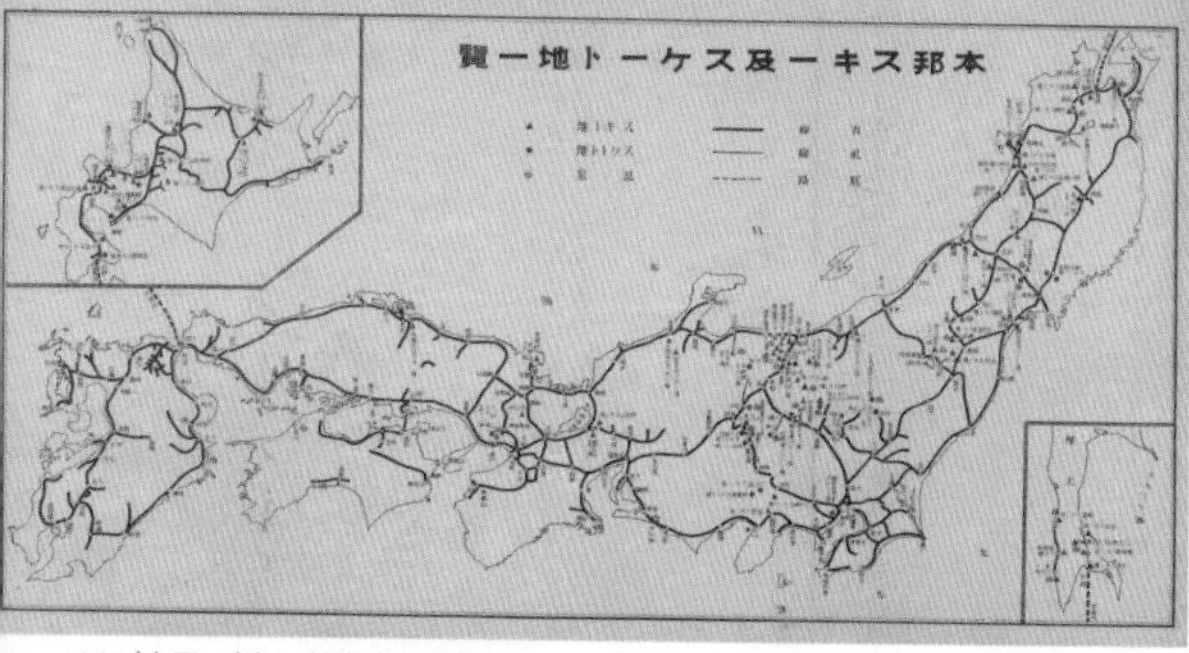

1924（大正13）年に鉄道省が発行した「スキーとスケート」には、沿線別のスキー場ガイドやスキーの用具、滑り方などの解説が載っている（国立国会図書館）

ガーラ湯沢からスキー場へはそのままゴンドラに乗っていけばOKだ

同じく上越国際スキー場が駅前に広がる。いまは新幹線の時代であるが、新幹線以前からこのエリアでは〝列車を降りたらすぐにスキー〟がお約束だったのだ。

戦前から受け継がれてきた〝伝統〟のスキー輸送

日本で初めてのスキー列車が走ったのは、なんと戦前にまでさかのぼる。大正時代の終わりから昭和の初めにかけて、最初は信越本線方面にスキー列車が運転された。上越線が1931（昭和6）年に開通すると、とうぜんすぐにスキー列車が走りだしている。

日本で本格的にスキーが行われるようになったのは、大正時代になってからのことだ。はじめは軍隊の雪中行軍での導入が目的だったが、徐々に一般の人々にも広まってゆき、1923（大正12）年には第1回全日本スキー選手権が開かれた。日本人選手がはじめて冬季五輪に参加したのも1928（昭和3）年のサンモリッツ大会であり、ちょうどスキーが普及しはじめた時期に合わせてスキー列車もお目見えし、そのさらなる大衆化に貢献したというわけだ。

時代が進むと徐々に戦時色が強まっていき、本来ならばスキーのようなレジャーなどまかりならぬようになる。ところがスキー列車はなかなか強く、1937（昭和12）年から翌年にかけての冬に一旦廃止されたもののスキー客が絶えることはなく、列車の増結や運賃の割引などを行っている。1940（昭和15）年末の冬には一時復活までしている。戦時標語の「日本人ならぜいたくは出来ない筈だ！」が生まれたのが1940（昭和15）年。だが、広く定着したレジャーはそう簡単には消えないのである。

とはいえ、太平洋戦争が勃発してからはスキーどころではなくなり、次のスキー

1961（昭和36）年、スキー客で超満員のスキー列車「銀嶺号」。スキー板を持ったまま立つ女性客の姿も。スキーシーズンには、スキー専用列車に「銀嶺」の名が付けられた（朝日新聞社）

1931（昭和6）年に全通した上越線土樽～越後湯沢間。スキー人口の増加に大きく貢献した（『日本国有鉄道百年史』）

列車は戦後になってから。1950（昭和25）年に上野～越後湯沢間で「銀嶺」と名付けられたスキー列車が運転され、以後続々とスキー列車が走るようになった。

1967（昭和42）年に上越線の複線化が完成すると、ますますスキー列車は増加する。他路線も含めればひと冬に3000本ものスキー列車が走ったというから、なかなかのものだ。まだまだ若者たちがクルマでスキー場に繰り出すような時代ではなく、スキーに行くなら鉄道しか手段がなかったという背景もあるのだろう。すでに昭和40年代に国鉄は赤字に転落しており、黙っていてもたくさんのお客が乗ってくれるスキー列車は、確実に収入が見込めるまさしく〝ドル箱〟に育っていた。

その後、オイルショックなどでスキーブームはいったん落ち着くが、昭和60年前後にまたも加熱する。その過熱ぶりは爆発的といっていいほどで、バブル景気と合わさって空前のスキーブームになった。

ちょうど国鉄が分割民営化によってJRに移るという時期で、さらに1985（昭和60）年に関越自動車道が開通していたこともあって、スキー客の交通手段の主役はすでにクルマになっていた。だが、1700万人を超えるほどのスキー人口、とうぜん鉄道への影響は大きく、「シュプール号」は国鉄からJR時代への移り変わりを経て活躍を続けたスキー客専用列車だ。ちなみにシュプール号、コクド（西武グループ）総帥の堤義明が、上越新幹線開通によって列車数の減った上越線の有効活用として提案したのがきっかけだったという。

ガーラ湯沢駅が開業したのは、ちょうどそうした時代のことである。

越後湯沢保線区で働く7人のスキー仲間のアイデアが発端となり、民営化直後で新たな事業にチャレンジしていこうという雰囲気に満ちていたこともあって、トントン拍子に企画が進む。近隣の山をガーラ湯沢スキー場として整備し、1990（平成2）年に開業。JR東日本にとってはリゾート開発第1号でもあった。

ちょっと寄り道

スキー以外も？　新婚旅行列車

スキー客に向けたスキー列車は、いわばレジャーのための専用列車であった。国鉄のお堅いイメージからはなかなか想像できないかもしれないが、収入になるならば固いことは言っていられない。私鉄だけでなく国鉄もこうしたレジャー客向けの列車を多く走らせている。その代表格が新婚旅行客向けの列車だろう。

高度掲載成長期には伊豆、次いで宮崎が新婚旅行のメッカとして流行。それに合わせて国鉄が新婚カップル向けの周遊券を発売したり、大阪〜宮崎間に臨時急行「ことぶき」を走らせるなど、精力的にサービスを展開。中には現在の上皇さま・上皇后さまご結婚にあわせて２日間だけ運転された、東京〜伊東間の新婚カップル専用準急「ちよだ」などレアな列車もあった。

上越線の駅前に広がる上越国際スキー場も、いまはクルマで来る人の方が多い

スキーブーム真っ只中に〝新幹線で都心と直結〟のスキー場。とうぜん大いに注目を浴びて、毎冬約37万人ものお客を集めた。１９９１（平成３）年にはいまでもおなじみの「ＪＲ　ＳＫＩＳＫＩ」のキャンペーンもはじまっている。

しかし、ほどなくバブルがはじけてスキーブームも終わりを告げる。スキー人口は年々減少し、ガーラ湯沢のお客も減少した。１９９９（平成11）年にはＪＲ東日本が約90億円の債権を放棄して経営体制の立て直しも行っているが、それでもスキー人口の減少には歯止めがかからない。平成30年前後にはインバウンドやバブル期のスキーヤーたちの出戻りで退潮傾向には一定の歯止めがかかったが、２０２０（令和２）年のスキー人口はわずか２７０万人にまで減っている。

ただ、スキー（やスノボ）はいまさらブームに左右されるようなレジャーではない。そもそもレジャーへの消費そのものが右肩下がりにあるわけで、スキーだけに限った話ではない。ガーラ湯沢ゆきの新幹線の賑わいを見れば、ブームはともかく完全に消えてしまうようなものではないのだ。

ともあれ、スキーブームの真っ只中に誕生したガーラ湯沢駅。ＪＲになったばかりで、新しい事業に積極的に進出していった中において象徴的な存在といっていい。硬直化した国鉄ではなく、〝民間企業〟らしい発想で生まれたガーラ湯沢。

しかし、もうひとつの見方をすれば、〝スキー客輸送〟という戦前から受け継がれてきた国鉄のＤＮＡの結実ということもできるのではないだろうか。

ちなみに、１９６０年代のスキーブームの最中に出版された初心者向けのスキーガイドには、スキー場の紹介だけでなく列車選びのコツから列車に乗る際に気をつけることまでも書かれている。曰く、「スキー板は長いので周りの人と声を掛け合って効率よく網棚に乗せましょう」。いまの若いスキーヤー・スノーボーダーのマナーがなっていないというわけではないが、いつの時代も人は変わらないのである。

#40

山形

ミニ新幹線「東京直通」が変えた町

DATA

1901年	山形駅開業
1916年	旧県庁舎竣工
1967年	民衆駅の山形駅舎が落成
1992年	山形新幹線開業

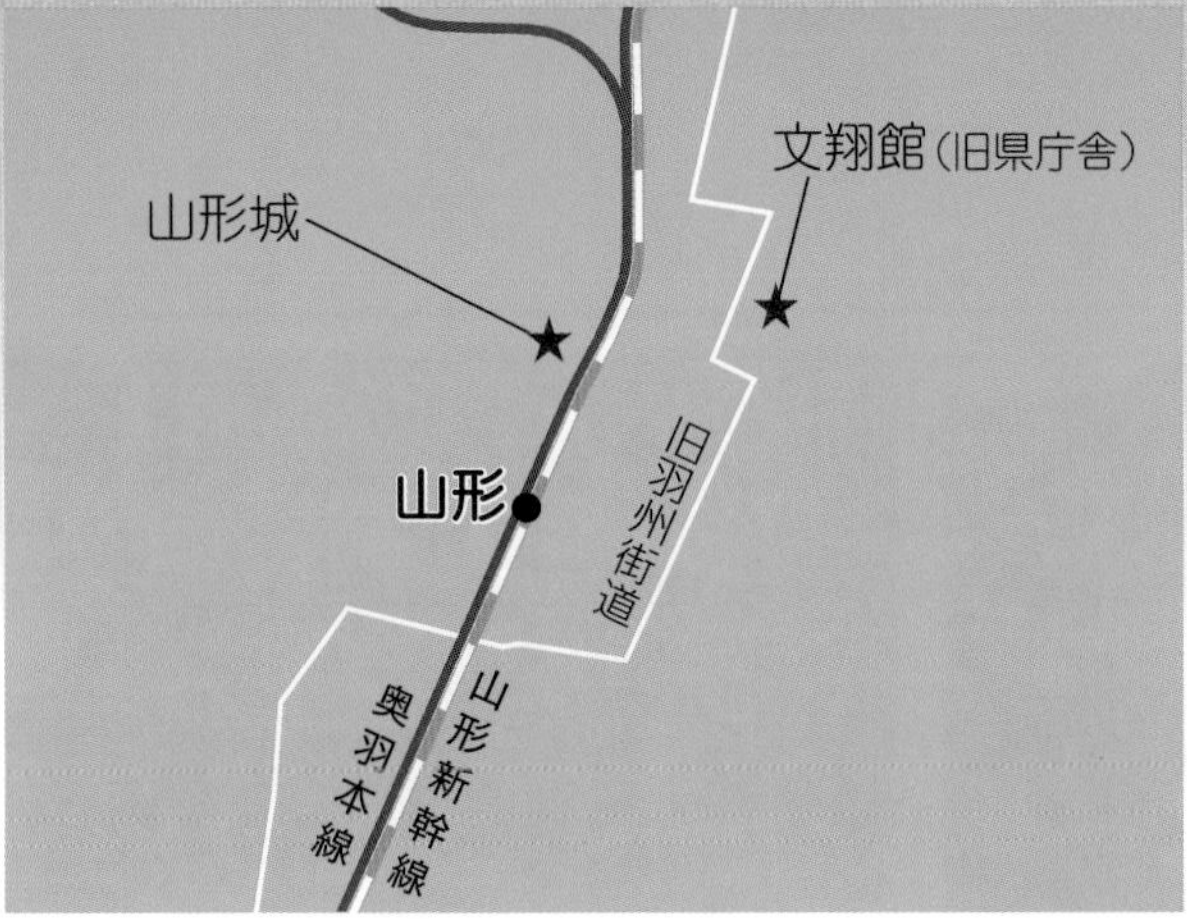

ジブリ映画の聖地……と思いきや無限列車が

この本の打ち合わせをしているときに、編集氏が「山形といったら『おもひでぽろぽろ』ですよね」というようなことを話していた。『おもひでぽろぽろ』は１９９１（平成３）年に公開されたジブリ映画で、１９８０年代の山形が舞台になっている。まだ山形新幹線が開通する前の時代の鉄道事情も描かれていたりして興味深いし、時代背景を含めてなかなかおもしろい作品である。

そしてジブリ映画といえば、聖地巡礼もおなじみであるところだ。聖蹟桜ヶ丘なんて、いつ訪れても耳すまフリークがカメラ片手に歩いている。『耳をすませば』は１９９５（平成７）年、もう30年近く前に公開されたというのに。だとすると、山形もきっと……。

などと思って山形駅にやってきたら、案に相違して『おもひでぽろぽろ』とは違う〝聖地〟になっているという。『鬼滅の刃 無限列車編』だ。

山形駅の駅前から東に向かって伸びる大通りをしばらく歩いたところで右手の路地に入っていくと、第二公園という公園がある。その公園のはじっこに、『鬼滅の刃』で登場したＳＬによく似ているとして有名になった、８６２０形蒸気機関車（ハチロク）が静態保存されている。おかげで〝鬼滅ファン〟がしばしば足を運んでいるそうだ。 ハチロクを覆う雨よけの屋根の柱が黒と緑の格子模様になっていたりして、地元でもちゃっかりブームに乗っかっている。乗れるブームには乗らなきゃ損、というわけである。

ハチロクは、大正時代に登場した国産初の旅客列車用蒸気機関車。そのうち山形の公園にあるものは、奥羽本線でデビューして半世紀近くにわたって東北地方で活躍したという。山形の機関区に籍を置いたこともあるようで、この町に縁の深い機

山形城（霞城）内にある最上義光の騎馬武者像。いまの山形の原形をつくった

鬼滅ブームは山形の小さな公園にも波及しているようすだ

関車なのだ。

山形に鉄道が通ったのは、１９０１（明治34）年4月11日。官設鉄道奥羽南線が上ノ山駅（現・かみのやま温泉駅）から延伸して、一時的な終着駅として山形駅が開業した。件のハチロクは１９２３（大正12）年に製造されたから、その22年前ということになる。早くも4か月後には延伸し、１９０５（明治38）年には湯沢〜横手間がつながって奥羽本線福島〜青森間が完成している。

この頃の山形は、どんな町だったのだろうか。

現在の山形の町は、江戸時代の初めに山形藩最上氏57万石の城下町になったことにはじまる。いまの山形駅や奥羽本線の通っているあたりを含む山形城内堀のすぐ外側が武家地となり、外堀より外側の羽州街道（現在の国道１１２号）周辺が町人地として整った。

最上氏が改易されてからは譜代大名が入れ替わり入り、その過程で徐々に石高が削られ、最後の藩主・水野忠弘の時代にはわずか5万石になっていた。必然的に武家地も空き地が目立つようになっていたし、最後は山形城三の丸は畑地に転換されていたという。

いっぽうで、町人の町は栄えた。藩主家が固定されず大名の支配が弱かったこと、羽州街道沿いに町人地が広がっていたこと、最上川の舟運の基地になっていたことなどがその理由だ。とりわけ紅花《べにばな》は山形藩の特産で、最上川舟運と西廻り航路を介して京都などまで運ばれていた。こうして山形は江戸時代のうちから商業都市として完成されていったのである。

明治に入ってもその傾向は変わらなかった。むしろ明治初期にはかつての武家地はほとんど桑畑に転換されている。米沢など他の城下町都市では城や旧市街から離れた場所を鉄道が通っているが、山形の場合はお城と市街地（羽州街道）の間、ま

旧山形県庁舎は現在では文翔館として一般公開されている

文翔館のバルコニーから七日町方面を望む。
明治以来の近代都市・山形の中心軸だ

さにかつての武家地を利用して通している。このことからも、近世以来山形が〝武士より町人〟の町だったことがわかるというものだ。

また、１８７６（明治９）年に山形県が設置されると県庁が置かれ、三島通庸《みしまみちつね》が初代県令として赴任する。三島はご存知、土木の鬼。県内でも刈安新道や小国新道など多くの道路事業を手がけたのだが、山形の町の近代化にも力を注いでいる。

近世以来の町人の町として賑わっていた十日町・七日町の間を北上してきた羽州街道はクランクして西に折れていたが、三島はそれを北に伸ばし、てっぺんに当たる場所に県庁を設けた。さらにその周囲に行政関係の施設を集約し、近代山形の都市としての〝中心〟を人為的に設置したのである。以後、山形の市街地はこの県庁をてっぺんにした羽州街道、七日町・十日町を軸に発展していくことになる。そしてこの物語に、鉄道、そして山形駅はほとんど登場しないのである。

町の中心軸を転換させた山形新幹線のパワー

県庁を中心とした近代都市・山形の面影は、いまでも色濃く残っている。

県庁舎こそ移転したものの、１９１６（大正５）年に竣工した旧県庁が同じ場所に同じ姿で建ち、国の重要文化財「文翔館」（山形県郷土館）として公開されている。その目の前から南北に貫く羽州街道、七日町も人通りの絶えない市街地だ。

山形は空襲の被害を免れたこともあって、旧県庁のような戦前からの建物もいくつか散見される。七日町の交差点脇にある梅月館は、１９３６（昭和11）年に建てられた山形では初めての商業ビル。七日町交差点から東西に走っている旭銀座沿いにもモダン建築の郵便局が残っている。

旭銀座はシネマ通りともいい、大正時代からいくつもの映画館が軒を連ねて賑わ

山形駅にほどちかい香澄町の商店街。飲食店などが多いのが特徴

かつて映画館の旭座があった場所は、いまではコインパーキングになっている

った。その中で最も存在感を放っていたのが1917（大正6）年に開館した旭座で、その名が旭銀座という商店街の名にもなっている。なんでも、昭和のはじめごろに山形ではじめてアスファルトの舗装がされたのが旭銀座だという。

山形駅の開業以降、旧武家地に広がっていた桑畑も少しずつ整備されていき、戦後の市街地拡大では山形駅周辺も完全にその中に呑まれていく。ただ、それでも基本的な町の中心軸は、県庁をてっぺんにした七日町で変わることはなかったのだ。

そうした七日町が栄えた時代、山形と東京はどれくらいの時間で結ばれていたのだろうか。蒸気機関車の時代には12時間もかかっていたが、気動車特急「やまばと」が登場すると約5時間30分に短縮。1968（昭和43）年に電車特急にリニューアルすると約4時間30分へとさらに短縮。東北新幹線が開業して福島駅で「つばさ」乗り換えになると、3時間10分にまで縮まっている。

ただ、現実的には東北新幹線の開業による時短効果はそれほど大きなものではなかったらしい。というのも、新幹線と在来線特急はフロアが違うし途中で改札も抜けねばならない。大きな荷物を抱えて新幹線のホームから階段を降りて改札を抜け、さらにコンコースを歩いて在来線のホームへとまた階段を降りる。この手間は少々の時短程度ではカバーしきれないものだった。

もちろんこうした時代には山形駅前の開発も進んでいる。1967（昭和42）年には山形民衆駅ができてステーションデパートも開業。駅に近い香澄町などが七日町に次ぐ山形の繁華街へと成長していた。駅前大通りも拡幅され、駅前や大通り沿いにいくつもの商業ビルも建ち並ぶようになった。

ただ、本格的な町の中心軸の転換をもたらしたのは、1992（平成4）年の山形新幹線開業であった。

山形新幹線では、東京から山形までの所要時間は約2時間30分。東北新幹線接続

1992年7月1日開業当日、山形駅に到着した「つばさ」の1番列車を花笠踊りで出迎える人たち（朝日新聞社）

駅西口、工場跡地の再開発で2001（平成13）年に完成した霞城セントラル。山形市内では最も高いビルだ

時代から比べて40分も短縮されたうえに、乗り換えの手間もなくなった。新幹線の開業効果はあまりに大きかった。

それは実際に数字にも表れている。

１９９２（平成４）年７月１日に山形新幹線が開業してからの１年間で、新幹線の利用者は上下線合わせておよそ３２０万人。想定を40万人も上回った。乗車率も当時の東北新幹線を超える80％超で、朝の上り列車などは常時満員状態が続いていたという。山形新幹線開業は、１９０１（明治34）年の山形駅開業をはるかに超えるインパクトを山形の町に与えたのである。

新幹線の開業に合わせて山形駅は建て替えられて橋上駅舎になったし、それまで鉄道用地や工場だった西口の再開発も進んだ。いま西口には霞城《かじょう》セントラルややまぎん県民ホールなどがあるが、いずれも新幹線開業以降に開発がはじまり、２０００年代以降に完成したものだ。

こうして山形新幹線は、鉄道の存在を無視するかのように歴史を刻んできた山形の町の地図を大きく書き換えることになった。

もちろん、そうした影響とはまったく別に、郊外のショッピングモールやロードサイド型店舗に人の流れが移るという時代の流れにはあらがえず。七日町からは松阪屋・大沼というふたつの百貨店が姿を消したし、鳴り物入りで開業したアズ七日町も空きテナントだらけ。駅前からもダイエーやビブレが撤退するなど、いわば中心市街地の空洞化という流れにはなかなか歯止めがかかっていない。

とはいえ、鉄道の駅とはまったく無関係に県庁を軸として発展してきた山形が、駅を中心とした新しい市街地の発展をもたらしたのには、山形新幹線、すなわち「東京からの直通列車」が大きく関わっていたのだ。映画『おもひでぽろぽろ』には、そうした町の中心軸の転換が起こる直前の山形が描かれている。

#41 神戸港

震災が変えた町の貨物ターミナルの盛衰

DATA

1907年	小野浜駅として神戸港駅開業
1924年	ボート・トレイン運行開始
1995年	阪神・淡路大震災
2003年	神戸港駅廃止

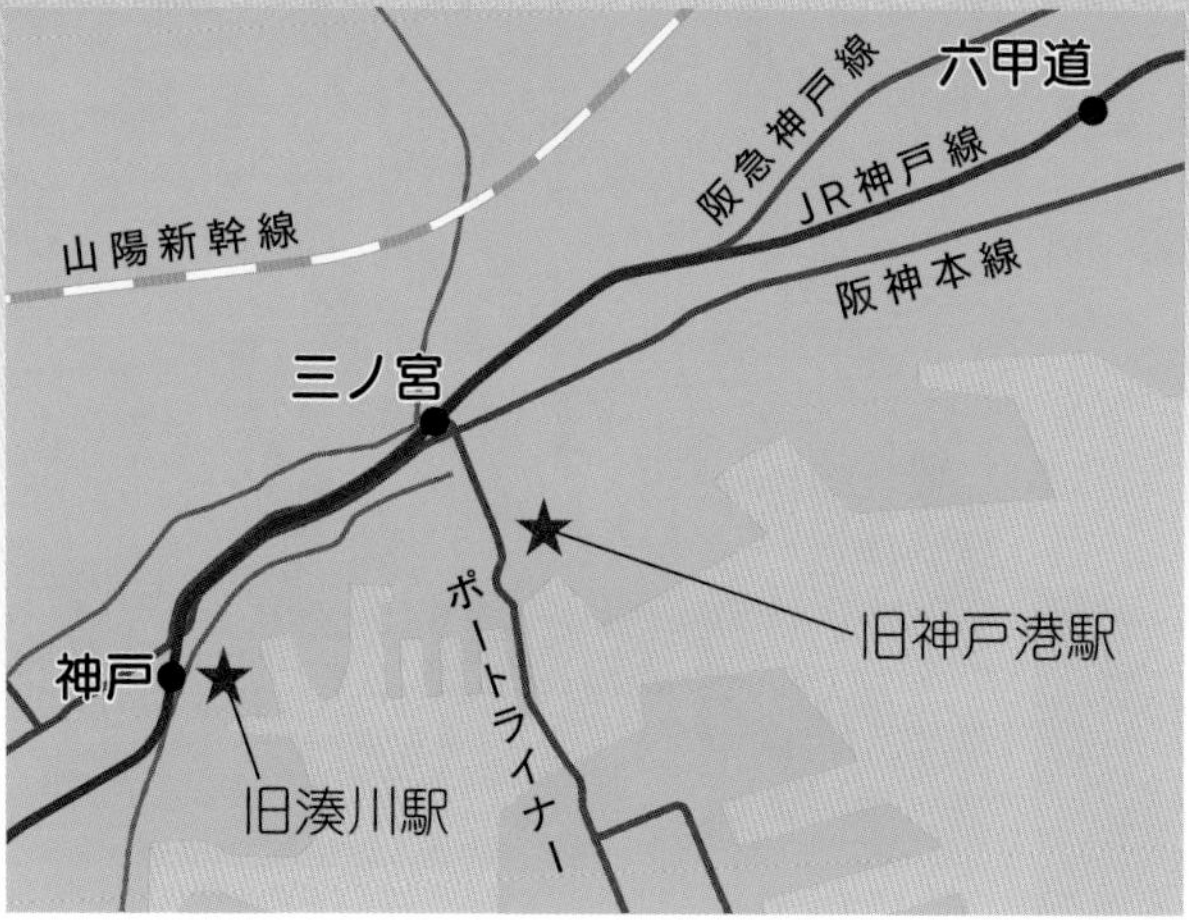

港町・神戸の鉄道はわが国2番目に誕生

1995（平成7）年1月17日の阪神・淡路大震災からもう30年近くが経った。毎年1月17日には節目としてテレビのニュース番組などでも取り上げられるが、それ以外ではめっきり阪神・淡路大震災の話題を聞くことも少なくなった。30年近い歳月に加えて、東日本大震災をはじめとする激甚災害が相次いでいる昨今の事情もあるのだろう。

そして神戸の町を歩いていても、阪神・淡路大震災の傷跡を感じることはほとんどない。阪神電車元町駅付近の高架下の〝モトコー〟はいまだに活発に営業しているし、三宮の繁華街はいつでも多くの人で賑わっている。中華街の南京町や旧居留地は観光客で溢れているし、メリケン波止場は震災後に生まれた若いカップルたちで大盛況だ。

鉄道にしても同じことで、JR・阪急・阪神の3路線が並んで競り合う神戸付近でも、何ごともないように電車がたくさんのお客を乗せて走っている。

神戸は歴史の古い港町だ。奈良時代に大輪田泊として整備され、平安時代の末には平清盛が修築、日宋貿易の拠点港として栄えた。室町時代にも日明貿易の拠点となり、江戸時代も大坂に向かう廻船が寄港して積み荷を小舟に積み替えた。海岸部には問屋が建ち並ぶ、長い歴史を持つ商業港だった。

幕末に入ると日米修好通商条約に基づく開港地となって、1867（慶応3）年に開港。開かれた港は、従来の兵庫港ではなく神戸港。外国人との紛争回避や外国人居留地確保のためだったという。このときの居留地の一角が、いまも三ノ宮駅近くに残って観光地になっている。

以後、神戸は近代要港を抱える港町として発展を続けてきた。

いまではデートスポットにもなっている神戸の観光スポット・メリケン波止場

神戸市の中心的なターミナルは三ノ宮駅。JRに加えて阪急・阪神・市営地下鉄・ポートライナーが乗り入れる

鉄道がはじめて通ったのは１８７４（明治７）年。大阪〜神戸間の開業で、日本では2番目の鉄道路線のターミナルだった。

日本で2番目の鉄道に神戸が選ばれたのは、新橋〜横浜間と本質的には同じ事情だ。大阪という大都市と海外に開かれた港町を結び、人やモノを運ぶということに目的があった。神戸における鉄道は、港町としての性質を一層強めるものだった。

その後、神戸には阪神電車や阪急電車が通るようになり、阪神間のベッドタウンとしての開発が促進されたこともあって、大都市へと発展していった。ほかにも神戸電鉄・山陽電鉄・神戸市営地下鉄・神戸新交通なども通り、鉄道ネットワークという点でも神戸は実に恵まれた町といっていい。

北は六甲山地、南は瀬戸内海に挟まれた狭い平野部に市街地や工業地帯、港湾部が集中し、住宅地として六甲山地が切り開かれた。そうした町の発展が成り立ったのは、ひいき目に見ても鉄道のおかげという部分が大きいだろう。

神戸を走るいくつもの鉄道の中から、神戸新交通のポートライナーに乗ってみることにした。三宮のターミナルから南進、神戸港の脇を通って沖合の埋め立て地であるポートアイランド、そして神戸空港までを結んでいるＡＧＴ路線だ。

三宮駅からしばらくは市街地の中を進む。三宮は元町駅・神戸駅にかけて線路に並行して東西に商店街が延びていて、その中に旧居留地もあるような繁華街だ。なぜだか他の駅に接しない場所にターミナルを設けている地下鉄海岸線の起点、三宮・花時計駅も、そうした町の真ん中に位置している。

対して、ポートライナーはそうした商業地から少し東側を南北に進む。ほどなく阪神高速道路にぶつかったところで、もうすぐに港が見えてくる。そしてポートライナーはみなとのもり公園を眼下に見つつビルの合間を抜け、ダイヤモンドプリンセスが寄港することもある国際旅客港のポートターミナルの突堤を経て、ポートア

みなとのもり公園。公園内の展望台から。左端にはポートライナーが通る

みなとのもり公園に置かれている神戸港駅時代の面影をとどめるオブジェ。時計台の時計は止まったままだ

イランドへと渡ってゆく。

今回のいちばんの目的地は、ポートターミナルの少し手前に広がるみなとの森公園である。

震災復興記念公園に残る「神戸港駅」の記憶

全体を展望できる小高い山があって、中央には広々とした芝生スペースを持つみなとの森公園は、文字通りの神戸市民の憩いの場。傍らにはスケートボード場もあって、そこではキッズたちが嬌声をあげながらスケボーに興じていた。

スケボーというと、夜中にあまりマジメではない若い男たちが公園や駅前広場で人の迷惑も顧みず、というイメージがあったが、13歳・真夏の大冒険のおかげで、都会に暮らす子どもたちでも気軽に楽しめるスポーツというイメージに早変わり。開催是非などあれこれあったオリンピックだったが、いいこともたくさんあったのだ。

それはともかく、すぐ脇に高速道路とポートライナーが通り、見た目にはわからないが海側には倉庫街が広がっているような無機質な町の中に広がる、みなとの森公園。周囲とはまったく違う時間が流れているかのような静かで過ごしやすい公園だ。

その公園の端っこに、震災発生と同じ時刻の5時46分で停まったままの時計台と、草むらの中に錆びたレールと車止め。時計台の柱には、「日本貨物鉄道株式会社　神戸港駅」とある。この静かな公園は、かつて神戸港駅という貨物専用の駅があった場所なのだ。

港町の神戸は、鉄道も港に沿って建設されている。ただ、既存の駅だけでは船との連絡が不充分だった。そこで１９０７（明治40）年に、現在の摩耶駅付近にあった旧東灘信号場から湊方面に分岐する神戸臨港線を建設。その終点として開業した

震災直後、1995(平成7)年10月の神戸港駅付近。左上には三ノ宮駅が見える(国土地理院)

震災直後の神戸港駅付近。左手の阪神高速道路は耐震工事のために一部が撤去されている(神戸市)

のが小野浜駅（1907年に神戸港駅に改称）である。

神戸臨港線は1928（昭和3）年には神戸駅のすぐ東側まで延伸。神戸駅の貨客分離の形で湊川駅が開業している。また1933（昭和8）年には、山陽本線兵庫駅から和田岬駅を経て兵庫港駅までを結ぶ兵庫臨港線も開業した。

つまり、明治の終わり頃から昭和のはじめにかけて、神戸市内の貨物輸送は完全に旅客から分離され、神戸港駅・湊川駅・兵庫港駅の3本立てで構成されるようになったのだ。いずれも港と隣接しており、船舶輸送との接続が充分に考慮されている。さらに、埋め立て地を中心に並んでいた工場群や倉庫群にも専用線が伸びて、それらも含めて鉄道貨物のネットワークが構築されていた。

神戸の貨物駅ビッグ3は、それぞれがそれぞれの役割を担った。中でも神戸港駅は約9万5000㎡の広さを有し、戦前は綿花の輸出で賑わった。

また、飛行機がまだ一般的でなかった戦前は、人も船で海外と往来していた。神戸港に大型の客船がやってくると、貨物駅ではあったが臨時に旅客を扱い、海外の観光客を神戸港駅から直接京都などに輸送する役割も担ったという。

また、1924（大正13）年からはボート・トレインの運行もはじまっている。ボート・トレインとは、列車で港に向かってそのままホームから桟橋に進んで船に乗り換える、鉄道連絡船の海外航路版だ。国内では横浜や敦賀、長崎などで運行されており、神戸港駅ではヨーロッパに向かう航路と接続されていた。

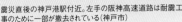

戦後は鉄鋼、小麦などを扱うようになり、ピーク時には年間120万t、200人を超える職員が働く巨大ターミナルだった。

しかし、鉄道貨物は1970年代から早くも斜陽にさしかかる。船への積み荷は鉄道ではなくトラックで直接コンテナを運ぶスタイルが確立されてゆくと、船舶との接続を第一に考えられていた神戸港駅も役割を縮小。1985（昭和60）年に湊

震災で駅舎が倒壊した六甲道駅。復旧に2年は要すると言われたが、軌道部分の損傷が軽微だったため、3ヶ月で営業再開にこぎ着けた（神戸市）

ちょっと寄り道

阪神・淡路大震災での鉄道復旧

阪神・淡路大震災により、神戸市内を走る鉄道はほぼすべてが甚大な被害を受けて運行を休止に追い込まれた。

最も早く復旧したのはJR西日本の各線で、最終的には震災から約3か月後の4月1日に全線で復旧。不通だった間は加古川以西から加古川線経由でバイパス輸送が行われている。次いで阪急や阪神などが6月中に復旧。最後まで残ったのは液状化現象が発生した埋め立て地を通る神戸新交通の六甲ライナーで、最終的な復旧は8月23日にまでずれ込んでいる。この六甲ライナーの復旧を持って、震災で被災した路線はすべて運転を再開した。いずれも比較的早期の復旧が実現したのは、大都市圏を走る需要の大きな路線ばかりだったことが大きい。

川駅が廃止されてからは国内航路に接続、ビールの原料の麦芽輸送などを担うなどして命脈をつないでいた。

そうした中で発生したのが、1995（平成7）年の阪神・淡路大震災だった。6000人以上が命を落とした震災では、鉄道も甚大な被害を受けた。特に被害が大きかったのは東海道本線六甲道駅で、駅舎が完全に倒壊してしまった。また、鷹取工場では建物が全壊し、留置されていた39両が脱線・転覆。鷹取工場は復旧することなく、市街地復興事業に伴って網干総合車両所に統合移転されている。

神戸港駅も被害を受けたが、震災後もしばらくは営業を続けた。ただ、そもそも貨物輸送において、鉄道と船を直接連絡することの意義が乏しくなってきていた時代のこと。末期には、神戸港駅にやってくる貨物列車は1日わずか10往復、取扱量は38万tにまで減少していた。

そうした中で、神戸市の土地区画整理対象区域に含まれることになり、2003（平成15）年に神戸港駅は廃止された（貨物駅機能は神戸貨物ターミナルに移転）。跡地は神戸震災復興記念公園に整備されることになり、2010（平成22）年1月17日、震災から15年の節目の日に、みなとの森公園がオープンしている。

結局、神戸の港湾沿いを走っていた神戸臨港線は、震災を遠因のひとつとしてすべて姿を消してしまった。港湾部の貨物輸送の名残は、わずかに山陽本線和田岬線（兵庫港駅に通じる兵庫臨港線の一部）にあるくらいだ。が、こちらもいまや川崎車両で製造された鉄道車両の甲種輸送に使われる程度で、港湾部の貨物路線のおもかげはない。

震災から15年目に貨物駅から生まれ変わったみなとの森公園に残る、古びたレールと時間の止まった時計台。それだけが、港町・神戸での鉄道貨物全盛の時代の記憶をとどめているのだ。

#42 流山

つくばエクスプレスで激変、人口増加日本一の街

DATA

1896年	日本鉄道土浦線田端〜土浦間が開業
1911年	千葉県営鉄道野田町〜柏間が開業
1916年	流山軽便鉄道馬橋〜流山間が開業
2005年	つくばエクスプレス開業

オオタカ舞う森に現れた新路線とマンション群

いろいろ異論はあろうかと思うが、有り体にいえばいまは鉄道にとって斜陽の時代である。コロナ禍があろうとなかろうと、とりわけ地方においては鉄道のお客は目に見えて減っている。都会では相変わらず圧倒的な存在感を保っているとはいえ、人口減少時代においてその未来は決して明るいものではない。

しかし、そんな時代にあっても、やはり鉄道のもたらすインパクトは大きい。いままで鉄道がなかった町に鉄道が通れば、それは町の発展にあまりに大きなインパクトを与える。たとえば、千葉県の流山である。

２００５（平成17）年の流山市の人口は15万２６４１人。それが２０２０（令和２）年には19万９８４９人にまで増えている。たかが5万人程度と思うかもしれないが、目下のところ流山市の人口増加率は全国でも事実上のナンバーワンだ。人口減少に歯止めがかからず困り果てている自治体が多い中で、これは快挙といっていい。

なぜこのように流山市は大幅な人口増加をつかみ取ることができたのか。もう答えはひとつ、２００５（平成17）年に開業したつくばエクスプレスだ。

東武アーバンパークラインと交わる流山おおたかの森駅は、つくばエクスプレスの駅の中では秋葉原・北千住駅に次ぐお客の数を誇る。つまりはつくばエクスプレスにおいて中核的な存在の駅ということだ。

単にこの駅が東武アーバンパークラインとの乗り換えの駅だから、というだけではない。駅前には「流山おおたかの森S・C」という大型ショッピングモールがある。２００７（平成19）年にオープンした高島屋系列の商業施設で、飲食店はもちろん小洒落た雑貨やアパレル店、そして映画館までが揃っているいわば流山のシンボルだ。駅舎との間には大きな芝生の広場も設けられていて、そこにはのんびり休日を過

駅の周囲には大型マンションが次々に生まれている

流山おおたかの森S・Cの広場。沿線の人々の憩いの場になっている

ごす家族連れ。この駅の周りに林立しているマンション群に暮らす人たちはもちろんのこと、同じく発展著しい周囲の駅から遊びや買い物に訪れる人も少なからずいるのだろう。とにかく、流山おおたかの森駅は想像以上にたくさんの人が集まる賑やかな駅である。

大型ショッピングモールだけではない。つくばエクスプレスと東武アーバンパークラインが十文字に交差する町の中心を囲むように、無数のマンションが建ち並ぶ。建設中のマンションもあるし、まだ駅の近くに空き地も目立つ。だからこれからまだまだ流山おおたかの森駅の周りにはマンションができて、引っ越してくる人も増えてゆく。発展途上というのはまさにその通りで、少なくとも向こう10年は成長が続きそうな雰囲気なのだ。

流山の発展ぶりは、駅の近隣に次々に小学校が開校しているという点でも明らかだ。２０２０（令和２）年度までは駅周辺に2つの小学校があったが、人口の増加に追いつかずにまったく足りていなかった。そこで令和３（２０２１）年春に新たにひとつ開校。さらに２０２４（令和６）年にもうひとつ開校する予定だという。

小学校不足という課題は地元住民にとっては極めて深刻な問題でも、都市部であっても小学校の統廃合が相次ぐ超少子化の時代にあってはもはや明るい話題といっていい。流山は、下振れする日本全体の流れに相反する、奇跡の町なのである。

もちろんこの流山の発展は、つくばエクスプレスが開業して以降のことである。東武アーバンパークラインの流山おおたかの森駅も、つくばエクスプレスにあわせて開業した。ならば、つくばエクスプレス以前はどうだったのか。

答えは〝おおたかの森〟という駅名がそのままに現している。

開業前、おおたかの森駅一帯は特に何があるわけでもなく、雑木林が点在している不毛の地であった。そしてその雑木林には実際にオオタカが生息していた。い

流鉄の流山駅。ローカル線の色が濃いが、古くからの流山の中心はこの駅の周りに広がる

2004年のおおたかの森駅付近。完成間近の駅が見えるが、周囲の開発はまだまだ（国土地理院の航空写真より）

までも駅近くの市野谷の森はオオタカの営巣地として開発対象から外されており、2005（平成17）年には駅の構内にオオタカが紛れ込んだという話もあった。スズメやカラスではなくオオタカ。このエピソードからも、かつてのおおたかの森がどんな場所だったのか想像がつくというものだ。

とはいえ、流山市の人口は1970（昭和45）年に約5万6000人程度だったところからわずか10年で10万人を超えるまでに増えている。流山という町を、単につくばエクスプレスだけで語ってはまったく片手落ち。なので、ここで古き流山にも目を向けねばなるまい。

河岸町にはじまる流山旧市街と流鉄流山線

地理的に流山は千葉県北西部、西に江戸川、東に利根川が流れ、その間を利根運河が結ぶという場所にある。

鉄道がない時代、物流の中核を担っていたのは舟運である。全国規模の商品流通が進んだ江戸時代、水辺の町には港町・河岸町が発展した。流山もそのひとつで、さらにみりんの生産も盛んな土地だった。江戸川・利根川の舟運を通じて世界有数の消費都市・江戸に直結していたことで、商業都市兼生産都市として発展することができたのだ。

そんな近世における流山の中心は、もちろんおおたかの森ではない。江戸川のほとり、いまでいうと流鉄流山線の終点、流山駅のあるあたりであった。

ところが、江戸時代以来の河岸町だった流山も鉄道には恵まれなかった。明治の半ばに日本鉄道によって現在の常磐線が建設されたが、流山は経由していない。東北本線の川口駅から東に分岐して流山を経る案もあったものの、それでは迂回が過

流鉄と流山キッコーマンの工場を結ぶ貨物線もあった。写真はその跡地

新撰組局長の近藤勇終焉の地でも知られる流山。休日には観光客の姿も

ぎてコスト高になることから現在の松戸・柏を通るルートになった。江戸時代から河岸町として栄えた流山は、明治に入って舟運に変わる輸送手段の鉄道を手にすることができなかったのだ。

流山にとって事実上はじめての鉄道は、1913（大正2）年創業の流山軽便鉄道（現在の流鉄）だ。鉄道に恵まれなかった不便さを解消するため、地元の人たちもこぞって出資した町民鉄道として設立された。ただ、1916（大正5）年に開業しているが、そのときのゲージは762㎜。安くは済むがそれでは1067㎜の常磐線との直通運転は叶わない。町民鉄道がゆえ、鉄道への理解が足りていなかったのだろう。

状況が変わったのは1924（大正13）年。沿線に陸軍糧秣本廠《りょうまつほんしょう》流山出張所（兵士の食料や軍馬の飼料の保管庫）が設けられ、それに合わせて流鉄は1067㎜に改軌する。これによって常磐線との直通運転が実現し、開業初年度には年間約5万人だった輸送量も、1925（大正14）年度には15万人を上回っている。

戦後の1949（昭和24）年には電化も完成。さらに流山市内に相次いで東京のベッドタウンが形成されたことも手伝って、昭和50年代には流鉄の年間のお客が400万人を突破し、1993（平成5）年には約610万人にまで達した。

この時期まで流鉄は、流山市内のほぼ唯一といっていい鉄道路線だった。そうした背景の中で、流山は古き河岸町を中心に流鉄とともに歴史を刻んできたのだ。それを一変させたのが、つくばエクスプレスである。

つくばエクスプレスは、昭和50年代に茨城・千葉両県からその構想が持ち上がったのがはじまり。昭和の末頃の常磐線の混雑率は250％を上回り、混雑緩和のためにも新線建設が強く求められるようになってゆく。

当時の秋元大吉郎流山市長は、「常磐線反対の失敗の経緯」を持ち出して、なんと

流山おおたかの森駅。まだまだ発展途上の“令和のニュータウン”だ

ちょっと寄り道

みりんと醤油と舟運と

流山はみりんの産地だが、すぐ北にある野田は日本一の醤油の産地。醤油とみりんという和食に不可欠な調味料が、隣り合った街で作られている。いずれも江戸時代以来の産地だが、これには利根川・江戸川の舟運が関係している。

江戸時代の物流はほぼすべて舟運に頼っていた。とりわけ利根川・江戸川は世界一の消費都市・江戸に物資を運ぶ大動脈。その河岸に開けたことで、野田と流山は醤油・みりんの一大生産地になり得たというわけだ。流鉄開業の目的がみりん輸送だったのと同じく、東武アーバンパークラインも野田の醤油輸送が最初の目的。鉄道が開業すると舟運からの移行が進み、いずれも河岸町の面影は失われた。そしていまでは鉄道での醤油・みりん輸送も行われていない。

しても新線の流山市内経由を求める方針を打ち出している。実際には流山が常磐線建設に反対した事実は確認できず、よくある〝鉄道忌避伝説〟に過ぎないと思われるが、少なくとも流山にとって、常磐線という大動脈のルートから外れたことが大きな傷になっていたことは間違いないだろう。

いずれにしても、この秋元市長らの活動が実ったのかどうか、1985（昭和60）年に流山市内を経由する新線のルートが決定。これを受けて流山は市を挙げて新線建設に協力し、駅周辺の開発に乗り出すことになった。これがいまの流山おおたかの森駅、というわけだ。

新線建設にあたって、旧来からの市中心部の地盤沈下を懸念する声も少なからずあったようだ。ただ、実際には流鉄の利用者は大きく減ってはいるものの、河岸町の歴史をもって観光地としての側面を強めつつある旧市街地と、急速に発展するおおたかの森という新市街は、端から見る限りはうまく共存しているように見える。

都心に直結する利便性に優れた鉄道があり、家族で楽しめる商業施設があって、緑も豊かで住みやすい。そういう町は、この時代にあっても成長してゆく。それを流山は示しているということか。

いま、全国各地で高度成長期に開発されたニュータウンの高齢化、〝オールドタウン化〟が社会問題になっている。流山も、このまま40～50年が過ぎれば同じ轍。住みやすい町は、一度住んでしまうと引っ越さない人が多いということ。住民が定着するのはいいことだが、裏を返せば町と同じように住民もそのまま年齢を重ねてしまう。その前に、新しい世代を取り込んでいく取り組みが欠かせない。

人口減少時代という現状は、高度成長期のニュータウンよりはるかに悪い。果たして、未来の流山はどうなっているのか。流山の未来は、日本の未来そのものなのかもしれない。

#43 釜石

日本で3番目の鉄道の地は、震災被害からも立ち上がる

DATA

1880年	釜石鉄道開業
1894年	釜石鉱山馬車鉄道開業
1911年	釜石馬車鉄道が蒸気機関による軽便鉄道に
1939年	山田線開業に際して釜石駅開業
1965年	鉱山鉄道廃止
2011年	東日本大震災

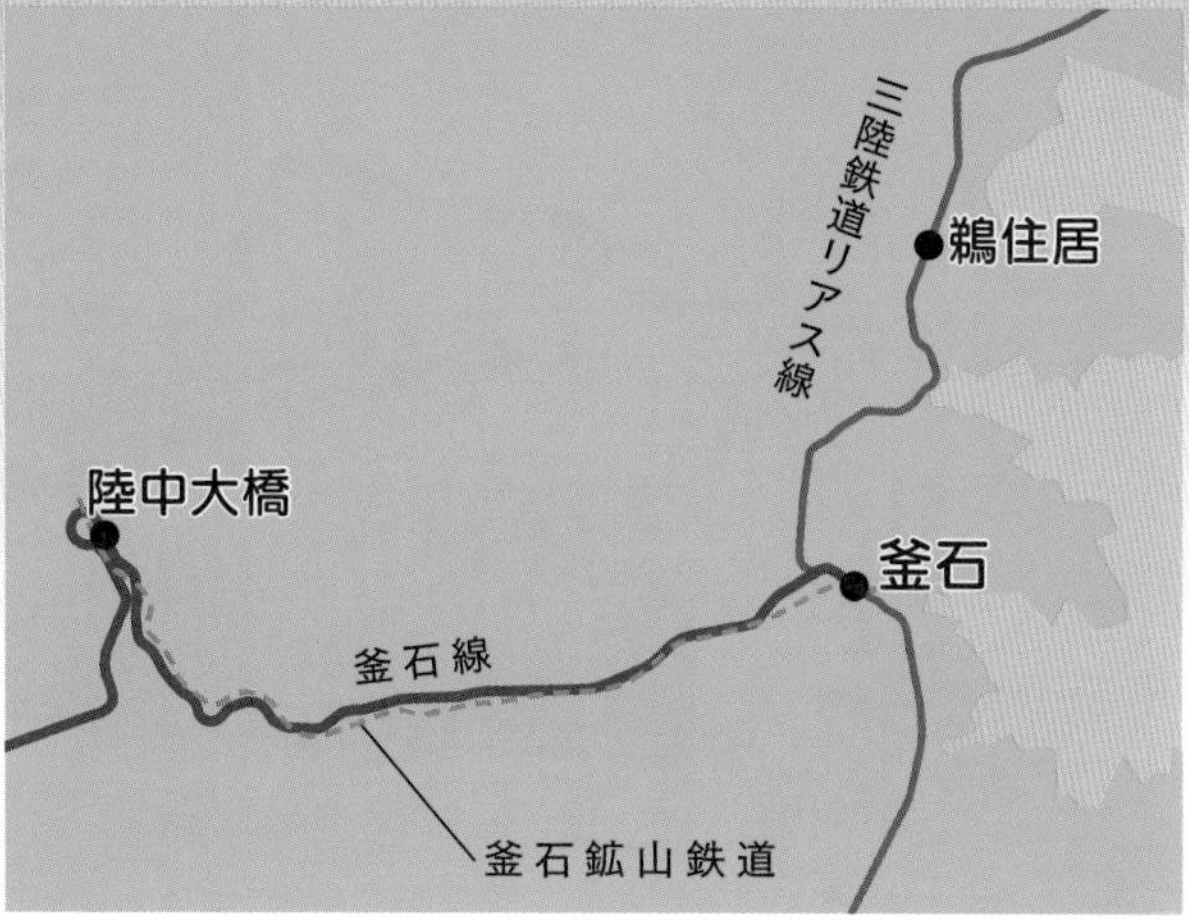

近代製鉄発祥の町で、鉱石輸送の鉄道が通った

もうすっかり昔話になってしまったが、「2位じゃだめなんですか?」と言った政治家がいた。この発言の是非をいまさらどうするつもりもないが、やっぱり1位と2位はまったく違う。2位と3位ならばなおさらだ。オリンピックの2位や3位は〝メダリスト〟というくくりがあるからまだいいが、そうしたくくりもないただの2番目、3番目はあっさり忘れ去られてしまうのだ。

日本でいちばん最初に開業した鉄道が、1872(明治5)年の新橋~横浜間ということは、教科書にも載っているほどだから誰もが知っている(はず)。では2番目に開業した鉄道はどこか。これくらいならば出てくる人も多いかもしれない。1874(明治7)年の大阪~神戸間。首都圏と京阪神、二大都市に最初に鉄道を通そうという、そういう思惑も透けてみえる。

では、3番目はどうか。ここまで来ると、よほど詳しい人しか知らないのではないか。もったいぶっても仕方がないので答えを明かすと、日本で3番目の鉄道が開業したのは、釜石だ。1880(明治13)年、工部省の釜石鉄道として営業をはじめたのが、それである。

釜石鉄道の役割は鉄鉱石の輸送、すなわち貨物専用の路線であった。838㎜という特殊な軌間を用いていたという。釜石は、近代製鉄のはじまった〝鉄の町〟。近代製鉄は、わが国の近代化、すなわち殖産興業・富国強兵の礎をなす。釜石の鉱山鉄道は、そうした期待のもとで運行をはじめたのであった。

それから142年後の釜石を訪れた。

岩手県の南東、三陸海岸沿いの港町・釜石は、東京から行こうとするとかなり難儀する場所にある。まっとうに行こうとすれば、新幹線で新花巻駅まで向かってそ

釜石駅前には日本製鉄の工場が待ち受ける。いまは高炉の火は消え、線材の生産に特化されている

釜石鉄道で使われた機関車。廃止後は機関車などが阪堺鉄道に譲渡されている（『日本国有鉄道百年史』）

こから釜石線に乗り継ぐ一手だ。指定席もある快速「はまゆり」に乗れば、新花巻駅から1時間半ほどで釜石駅に到着する。東京から通算すればざっと5時間だ。

　ほかにも釜石駅には三陸鉄道リアス線が通っているので、南は盛《さかり》、北は宮古や久慈から海を見ながらやってくる手もないことはないが、さすがに時間がかかりすぎる。東京からの夜行バスもあるにはあるが、おじさんの体には現実的ではない。

　というわけで、はるばる5時間かけて釜石にたどり着いた。釜石駅から出ると、目の前には日本製鉄の工場だ。その壁面には「鉄と魚とラグビーの町」。釜石鉄道でもそうであったように、釜石は歴史的にも現実的にもまったく鉄の町なのである。

　まずは釜石鉄道の痕跡を探さねばならない……といっても、それはもうほとんど不可能といっていい。何しろ、釜石鉄道はわずか3年で廃止された路線なのだ。

　釜石鉄道について知るためには、まずは釜石と鉄の関わりについて知らねばならない。それには江戸時代の中ごろまで時計の針を巻き戻す必要がある。

　１７２７（享保12）年に釜石の山中で磁鉄鉱が発見された。これが本当の意味での釜石と鉄の関わりのはじまりだ。それから時代が下って幕末の１８５７（安政４）年に、日本で初めての近代製鉄がスタートする。水戸藩の依頼を受けて、盛岡藩士の大島高任《おおしまたかとう》がその任を担った。

　ただ、このときの高炉（製鉄所）はいまでいう陸中大橋駅近く、つまり海沿いの釜石の町中ではなく遠く山の中に設けられている。というのも、大島高任による製鉄は木炭を大量に必要としていた。そのためには近くにたくさんの木材があり、さらに鉄鉱石の採掘場所にも近い山の中がうってつけだったのだ。

　そこから時代が下り、明治に入ると本格的な製鉄所の建設が求められる。大島は既存の高炉の場所での建設を主張したようだが、海運の活用を考えたドイツ人技師のルイス・ビアンヒーは沿岸部が適地と判断。結果、沿岸案が採用されて、１８７４（明

甲子川を渡る日本製鉄の専用線。このあたりにも鉱山鉄道が通っていた。トラス橋は三陸鉄道

左の線路は釜石線。この道路上をかつて釜石鉄道、釜石鉱山鉄道が通っていた

治7）年に官営釜石製鉄所が設立された。そして山中からの鉄鉱石輸送の効率化のために、1880（明治13）年に釜石鉄道が建設されたのである。

釜石鉄道が通っていたのは、釜石桟橋〜鈴子製鐵所〜大橋採鉱所間と現在の小佐野駅から分かれて小川山までの木炭輸送用支線、加えて工場内の支線など、総延長26・3㎞に及んでいた。

釜石鉄道の線路は、ちょうど釜石駅から見て甲子川を渡った先、いまはイオンモールがあるあたりに鈴子の駅を設けていた。そこから釜石駅前付近を通り、国道283号を辿るように山中に進み、あとはいまのJR釜石線とほぼ並走して大橋まで向かっていた。つまり、廃線跡として明確なのは国道283号と、釜石市街を走る日本製鉄の専用道路付近くらいなものである。

何度も津波の被害を受けて、それでも立ち上がった北の鉄人

かくして誕生した日本最初の近代製鉄所と3番目の鉄道だったが、肝心の製鉄所が奮わなかった。木炭が不足して操業を継続できなくなり、コークスを使う炉を建設するも良質なコークスの確保ができず、結局1882（明治15）年に製鉄所は操業を停止し、同時に釜石鉄道の運行も休止される。官営釜石製鉄所は1883（明治16）年に正式に廃業になり、釜石が見た近代製鉄の先駆けの地としての夢は、わずかな期間で終わりを告げたのである。

ところが、である。この製鉄所の払い下げを受けた商人の田中長兵衛らによって〝民間〟の製鉄所として再興されるのだ。当初はなかなか苦労があったようだが、1886（明治19）年10月16日、49回目のチャレンジの末に出銑に成功し、田中製鐵所がはじまった。田中製鐵所はのちに三井財閥下に入って、日本製鐵傘下となり、

「鉄の歴史館」に静態保存されている蒸気機関車は、釜石鉱山鉄道で使われていたもの

釜石市の中心市街地・大町。この付近も津波の被害を受けている

戦後は富士製鐵釜石工場、八幡製鉄所との合併で新日本製鐵、そして住友金属との合併と社名変更があって、いまでは日本製鉄になっている。

ともあれ、田中長兵衛ら民間の手によって釜石の製鉄は再スタートを切った。そして3年だけ走った釜石鉄道の跡地を利用して、1893（明治26）年に製鉄所と大橋鉱山を結ぶ馬車鉄道が運行を開始。1911（明治44）年に至って蒸気機関車を導入し、軌間762㎜の軽便鉄道に生まれ変わっている。これが、釜石鉱山鉄道である。

釜石鉱山鉄道は、田中製鐵所の変遷とともに所有・運営者も変わりつつ、最終的には富士製鐵の貨物専用線（〝社線〟と呼ばれた）となり、1965（昭和40）年に廃止された。旅客輸送を行っていたこともあったが、完全に並行する国鉄釜石線の開通やクルマの交通量が増えたことなどから、地元の人たちからも廃止を求める声があがっていたようだ。

つまり、日本で3番目の鉄道にルーツを持つ釜石鉱山鉄道〝社線〟は、釜石の町中を通るとはいえ釜石線とほとんど並行して走るという、かなり特殊な位置づけの鉄道だった。ふつうに考えると、釜石線建設に際して鉱山鉄道を転用してもよさそうなもの。でも、なぜかそうはなっていない。鉄鉱石輸送を最優先任務とする鉱山鉄道の地位が特別なものだったということだろうか。

鉱山鉄道が姿を消してから約34年後の1989（平成元）年、当時の新日本製鐵は釜石の高炉を停止している。いま、釜石の駅前で操業している日本製鉄の工場では、線材の生産をしているばかり。〝鉄の町〟の火をかろうじて灯し続けているといったところだろうか。

そんな釜石の町だが、鉄道がやってきて以来、何度も町そのものが存亡の危機に陥っている。最初は1896（明治29）年の明治三陸津波、二回目が1933（昭

被災直後の鵜住居地区。湾岸部の低地にあった住宅はほとんどが失われた（いわて震災津波アーカイブ／釜石市）

2018（平成30）年に落成した鵜住居復興スタジアム。2019（令和元）年のラグビーW杯でも試合会場になった

和8）年の昭和三陸津波。三回目は太平洋戦争末期の米軍による二度にわたる艦砲射撃だ。これで製鉄所を含む釜石市街は壊滅的な打撃を受けている。

そして四度目は、2011（平成23）年3月11日、東日本大震災である。

東日本大震災では、製鉄所を含む沿岸部の市街地のほとんどが津波に呑まれた。中心市街地のある県道4号線沿いの大町付近も釜石駅前もそこに含まれる。釜石市内の死者行方不明者は、1296人にのぼっている。

また、市街地ばかりではなく、大槌湾の奥に位置する鵜住居《うのすまい》地区も、平地部がほぼすべて被害を受けた。〝津波てんでんこ〟の防災教育が実って生徒ほぼ全員が助かった釜石東中学校の「釜石の奇跡」も、逆に低地部の防災センターで避難訓練をしていたことがたたって多くの犠牲を出した「釜石の悲劇」も鵜住居が舞台だった。

2018（平成30）年、この鵜住居地区に釜石鵜住居復興スタジアムが落成した。付近の住宅などは高台に移転、海近くの低地に生まれた新たなラグビー場。釜石は、1959（昭和34）年に富士鉄釜石ラグビー部が結成されて以来のラグビーの町だ。日本選手権7連覇の偉業を達成したこともある〝北の鉄人〟の地。そうした町の復興のシンボルのひとつが、鵜住居のラグビー場なのである。

復興スタジアムができた翌年の2019（平成31）年には、震災前までのJR山田線が復旧し、三陸鉄道に移管されて三陸鉄道リアス線となった。同年に復興スタジアムで行われたラグビーW杯でもリアス線は観客輸送で活躍し、復興がまた一歩進んだことを内外に示したのだ。

何度も津波に呑まれ、砲撃を受けて、壊滅的な被害を受けた。それでも立ち上がってきた釜石の町。復興を支えてきたのは、鉄の町としてのプライドと〝北の鉄人〟の底力。さらにその奥底に、近代製鉄が産声を上げたその時期に、日本で3番目に生まれた鉄道もちょっとだけ関係しているのかもしれない。

#44 金沢

アンノン族と北陸新幹線

DATA

1898年	金沢駅開業
1993年	北陸新幹線東京〜長野間開業
2015年	北陸新幹線金沢延伸開業

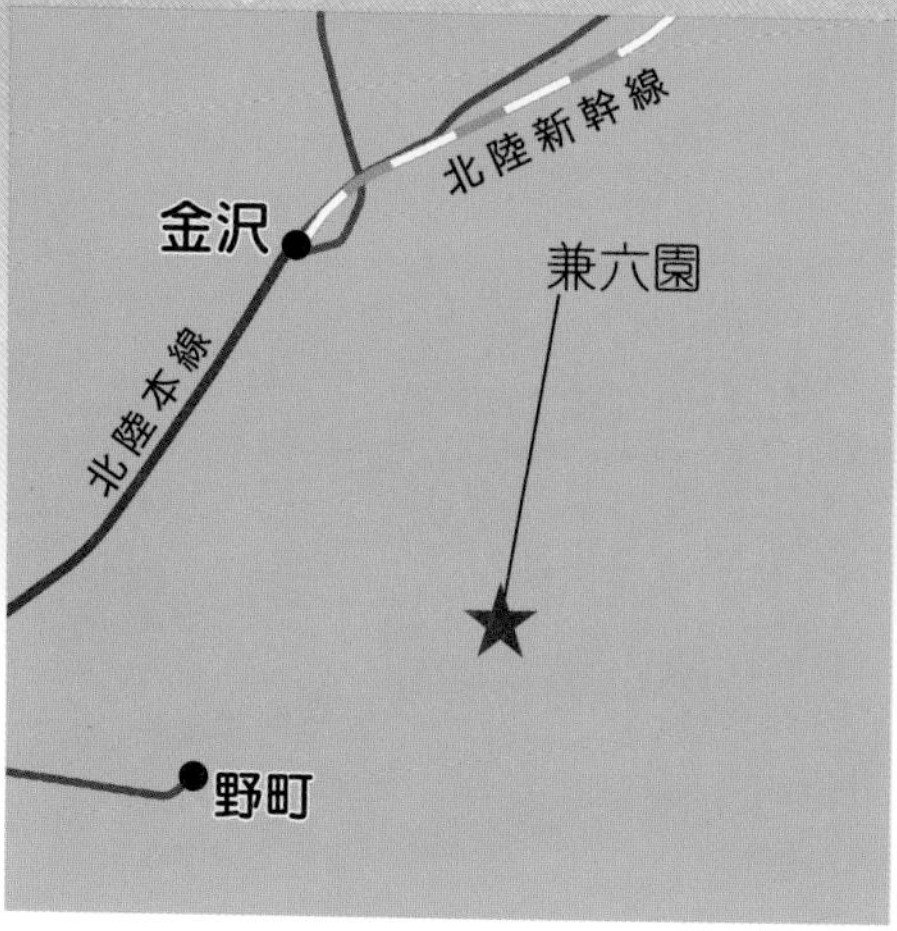

東京から2時間半、百万石の城下町

金沢駅の駅前広場に、駅舎以上のインパクトをもって鎮座している鼓門。なんでも、金沢の伝統芸能である能楽で使われる鼓をイメージしてデザインされたのだそうだ。

お目見えしたのは2005（平成17）年。そのときには、デザイン上の評判があまり良くなかったような記憶もある。が、それから10年後の2015（平成27）年に北陸新幹線が金沢まで開業し、金沢への観光客が増えるといつの間にか誰も何も言わなくなった。

そして気がつけば、鼓門はすっかり金沢のシンボルのひとつとして定着している。京都タワーだって古都のイメージにそぐわないだのなんだのとさんざんケチをつけられたが、今では京都駅前の風景に溶け込んでいる。世の中とはあんがいそんなものなのだ。高輪ゲートウェイ駅の駅名に、いまも文句を言っている人、いないでしょう……。

それはともかく、新幹線で金沢にやってきて、金沢の町を歩こうと思うと鼓門を避けては通れない。町中へと歩いて行こうとすれば、鼓門をくぐってその先へ進んでいくことになる。

が、金沢の中心市街地は駅からはちょっと離れている。駅の南西2㎞弱のところに加賀百万石のお城、金沢城。すぐ隣には日本三大庭園のひとつに数えられる兼六園が広がる。金沢駅東口の「兼六園口」はもちろんそれにちなんだものだ。

そして金沢城を取り巻くように市街地が広がる。歩いても行けないことはないが、不慣れな町だとさすがにバスに乗った方がいいだろう。金沢の町はシェアサイクルが充実しているから、あちこちを巡るつもりならばそれを選ぶのも悪くない。

金沢においてとりわけ繁華街として名高いのは、金沢城南西側、国道157号沿

香林坊交差点。右側に見えるのが東急スクエア。首都圏以外への東急スクエア初進出だった

金沢駅前の「鼓門」。シンボルとしてすっかり定着しており、多くの観光客が写真を撮っていた

いの香林坊や片町と呼ばれる一帯だ。

比叡山の僧侶・香林坊が還俗してこの地に暮らしたことが地名の由来という香林坊は、江戸時代から北陸街道沿いの商業地として賑わった。明治に入って旧制第四高等学校が開校すると、映画館やカフェができて繁華街化し、大正時代には百貨店も進出。1985（昭和60）年には東急系列のKOHRINBO109がオープン。金沢でいちばんの若者の町になったが、2016（平成28）年に東急スクエアにリニューアルして、いまは〝オトナの町〟なのだとか。

実際に金沢の町を歩いていて、地元の人たちが多く集まり賑わっているのは、やはり香林坊や片町の一帯であることは間違いがない。片町交差点の周辺は、裏路地を含めてどこをどう歩いても大小の飲食店が肩を寄せ合うように建ち、日が暮れると酒を飲もうと老若男女がこぞってやってくる。どの町の繁華街にも共通している風景だ。

いっぽう、観光客が多くやってくる町というと兼六園、近江町の市場、あとはひがし茶屋街だろう。

浅野川の右岸に位置するひがし茶屋街は、江戸時代からの茶屋街の面影をいまにとどめる歴史的な町並みだ。もちろんこちらにも老若男女、観光客が右へ左へ歩いている。建物には江戸情緒が溢れているが、中身は若い女性が好みそうなスイーツなどを扱っていたりもするので、そうしたグループやカップルも多い。

こういった観光客も香林坊や片町の繁華街に繰り出すことはあるのだろうが、金沢の町は基本的には、観光客向けのゾーンと地元の人たちのゾーンがうまく分かれて棲み分けられているといえるのかもしれない。

北陸新幹線が通り、金沢を訪れる観光客は大きく増えたという。それまでは上越新幹線と特急「はくたか」を乗り継いで東京から4時間近くかかっていたところ、「か

JR金沢駅長（右端）らの合図で出発する一番列車の「かがやき500号」（朝日新聞社）

片町付近、金沢の繁華街。裏路地にも飲食店がひしめく

がやき」に乗れば2時間半。時短効果はバツグンで、新幹線が開業した2015（平成27）年度の石川県観光入込数は過去最多の約25万人に及んだ。開業から半年間で北陸新幹線の利用客は約482万人で、上越新幹線＆「はくたか」時代の3倍にまで増えている。

半世紀前のアンノン族が切り開いた未来

新幹線不要論者はだいたい、既存の鉄道のお客の数では採算が取れない、意味がないと主張する。しかし現実には、新幹線が通るとそれまでにはなかったお客が使うようになるということを、北陸新幹線は示したのだ。もちろんその裏では飛行機の利用者が減少し、羽田・小松便が減便されるなどの影響があった。誰もが幸せになるわけではないことには注意が必要だが、新幹線開業には新たな需要を喚起するという明確な効果があるのだ。

これだけでは開業直後のご祝儀相場の類いだと思われるかも知れない。ところが、金沢の場合はそれから先もほとんど観光入込数に変化がない。せいぜい微減といったところだ。それもこれも、金沢という町が観光客を楽しませることにかけては一級品だということが理由だろう。兼六園に美術館、昔ながらの町並みに武家屋敷、伝統技術、そしてメシもだいたい旨い。そこに東京から日帰りもできる2時間半という時間距離とくれば、そりゃあ何度でも来たくなるに決まっている。さすが、百万石の城下町である。

ちなみに2020（令和2）年には大きく減少しているが、これは流行り病のせいであって、新幹線も金沢の魅力もまったく関係がない。ご時世が解消されれば、もとの状況を取り戻すことだろう。

金沢市内にはそこかしこに写真のような町並みが残る。城下町時代の面影が色濃い都市だ

近江町市場は観光客も集まる金沢の台所。日本海の海鮮類を食べさせる店も多い

このように金沢という町は、新幹線開業から数年経ってもその勢いを活かし続けている希有な町、ということができる。だからその後新幹線がやってきた町や、これからやってくる町がまったく同じことを期待してもそれは無理筋だ。開業直後のご祝儀相場も束の間、厳しい反動にショックを受けるに違いない。

なぜ金沢はこのような〝継続的な魅力〟を獲得し得たのだろうか。もちろん百万石の城下町という歴史がなせる部分が大きい。明治のはじめには東京・大阪・京都に次ぐ国内第4の都市だったくらいだから、ポテンシャルは充分だ。

そしてそれに加え、1970年代から若い女性たちの旅先のひとつに定着していたという点も、見逃してはならないと思っている。

1970（昭和45）年、国鉄が「ディスカバー・ジャパン」というキャンペーンをはじめた。キャッチコピーは「美しい日本と私」。東海道新幹線が開業し、オリンピックと万博を経験し浮かれ気分が一段落したところで、継続的にお客を確保するために打ち出したキャンペーンだ。

このキャンペーンのポスターに登場したのが雨の日の金沢。ひがし茶屋街の少し北の住宅地の中にある俵屋の店先と、旅をしている若い女性2人組というものだ。それは、若い女性でも気軽に全国あちこちに旅することができる、そういう時代がやってきたことを象徴していた。

さらにちょうど同じ頃、20代の女性をターゲットにしたファッション誌『an・an』『non-no』が相次いで刊行される。おじさんから見るとやたらとセックス特集ばかりしているようなイメージがある最近の『an・an』とは違い、当時は毎号のように旅をテーマにした特集記事を展開していた。それも出会いを求めてうんぬんみたいな浮ついた旅ではなくて、地元の人と話して地元の文化に触れて、といったどちらかというと硬派な旅だ。

ディスカバージャパンのポスターにも登場した「俵屋」

特急「しらさぎ」は金沢～富山間の電化を受けて登場した電車特急
（『日本国有鉄道百年史』）

この『an・an』『non-no』の旅特集がきっかけとなって、20代の女性たち、アンノン族が全国の観光地に飛び出した。両誌に最も多く取り上げられた観光地は京都の36回。次いで北海道や奈良といったおなじみの観光地が続くが、ほかに津和野、萩、飛騨高山などの小さな町も特集された。

金沢もそうした町のひとつとして、たとえば1973（昭和48）年12月20日号で「冬、訪ねたい城下町　金沢」と題して特集が組まれている。いまにしてみれば通り一遍のおなじみの観光地を紹介しているにすぎないという批判もあるかもしれないが、こういったファッション誌の旅特集によって、多くの若い女性が旅に出て、金沢にも訪れたのである。

1973（昭和48）年当時、東京から金沢まではどれくらい時間がかかったのだろうか。上越線経由で運転されていた電車特急「はくたか」は、朝7時50分に上野駅を出発すると14時25分に金沢駅に着いた。東海道新幹線「ひかり」で米原経由「しらさぎ」乗り継ぎのルートを使うと、7時15分に東京駅を出発して11時58分金沢駅着。今とは比べものにならないくらい時間がかかっている。それでも新幹線を使えば週末の1泊旅行でも充分だろう。そうした時代背景で、金沢は若い世代にも受け入れられる観光地に育っていったといっていい。

そして北陸新幹線が開業した2015（平成27）年。アンノン族の女性たちは60歳を超え、再び旅に出る余裕を手にしていた。タイミングがかみ合った、とでもいえばいいだろうか。新幹線開業後の金沢の賑わいは、40年以上前のこのような歴史が関係していたというわけだ。

いま、金沢のひがし茶屋町を歩けば、若いカップルの姿も目立つ。若い世代に少しでも町の魅力を知ってもらうこと。それは、数十年後になって再び花開くことにつながるのである。

品川

#45

150年間で最も変わった“鉄道の町”

DATA

1872年	品川駅開業
1953年	現在の高輪口駅舎完成
1998年	橋上駅舎化
2003年	東海道新幹線品川駅開業
2020年	高輪ゲートウェイ駅開業

リニアの開業で名実ともに東京の玄関口へ

もう間に合わないとJR東海も認めているので実際にそうなのだろうが、一応2027（令和9）年には中央新幹線、リニアが開通する予定だ。最終的には大阪を目指すが、まずは名古屋まで。その起点となる東京方のターミナルが、品川駅である。実際に品川駅では2016（平成28）年から工事が始まっている。リニアの駅はいま東海道新幹線のホームがある場所の直下、地下40mに設けられる。

リニアが開業すれば、品川駅は名実ともに東京を代表するターミナルになる。いまは東海道新幹線にどこから乗るかで、品川派・東京派が抗争を繰り広げている最中だが（妄想です）、リニアが加われば圧倒的に品川派が優勢になるに違いない。

さらに品川には京急がある。京急線の存在感を高めているのは、下町の超特急とも言われる猛スピード……だけではなく、羽田空港への連絡だ。品川駅から羽田空港第1・第2ターミナルまでおよそ15分。山手線に乗って品川駅から東京駅まで向かうのと、それほど変わらない時間で空港に行くことができる。

空港駅で京急線の地下ホームから駆け足を繰り出せば、出発30分前に到着していても余裕綽々で間に合うではないか。つまり品川周辺に住んでおけば（それが可能なお財布事情かはともかく）、新幹線も飛行機も選び放題というわけだ。

2003（平成15）年に東海道新幹線の品川駅が開業したが、これも大きなインパクトを与えた。それまでは飛行機を選んでいた人も、結構な数が新幹線に流れたのではないかと思う。新幹線VS飛行機。その戦いの最前線は、どちらにも直結している品川駅なのかもしれない。

かくのごとく、いまでもすでに充分ターミナルとしての存在感を示す品川駅。そこにリニアが加われば、鬼に金棒である。

現在の旧品川宿。品川駅の南にあり、いまも人通りの多い商店街だ

開業当時の品川駅付近。海の際に駅が設けられた(国会図書館デジタルコレクション)

ただ、歴史的に見ると品川が東京の玄関口、ターミナルになったのはかなり最近のことだ。

いま、東京には各方面に向かうためのターミナルとしての機能を持つ駅が複数ある。ひとつは、文句なしの中央停車場、東京駅だ。他には上野駅。さすがに近年は存在感を低下させているが、北の玄関口たる雰囲気はいまも健在だ。西には池袋・新宿・渋谷のビッグ3。東京駅や上野駅ほど遠方に向かうターミナルではないが、郊外路線のターミナルとしての役割を充分に果たしている。

そして品川駅、と言いたいところなのだが、やはりどうしても弱い。何しろ、品川駅でなければならない理由がないのだ。新幹線が……といっても東京駅がある。それは上野駅も同じなのだが、あちらは最初は上野駅が唯一の玄関口で、のちのち東京駅まで伸びただけ。逆に品川はあとから新幹線が停まるようになったわけで、東京駅の補完的な役割という印象が否めない。

つまり何が言いたいかというと、東京のターミナル群の中で、これまでは〝品川駅だけ〟と胸を張れるような機能を持っていなかったのである。

それは歴史を振り返っても明らかだ。1872(明治5)年5月7日(新暦6月12日)に、品川~横浜間でわが国の鉄道は仮開業を果たした。このときは品川駅が仮の起点であった。わが国最初の駅は、品川駅と横浜駅のふたつだけだ。

けれど、このときはあくまでも仮開業。9月12日(新暦10月14日)に新橋~品川間を含めて本開業すると、品川駅はしがない途中駅に立場を落とす。

その当時、1日の乗車人員は250人程度だったという。そのお客の数からしても、開業時の品川には大ターミナルへの成長の期待など、ろくにかけられていなかったのではなかろうか。生まれ落ちたときからそんな扱いでは、普通なら真っ当には育たない。が、品川駅は堅忍不抜、耐え難きを耐えて、ようやく誰にも文句の言えな

品川インターシティは港南口一体の再開発に先鞭をつけた

港南口の駅前広場は2001（平成13）年に供用開始された

いターミナルになろうとしているというわけだ。

実は、鉄道の時代からもう少しさかのぼると、品川はむしろ最大のターミナルになりうる素養を持っていた。

江戸から地方に向かう街道筋のうち、いちばん最初の宿場町は江戸四宿と呼ばれていた。奥州・日光街道が千住宿、中山道が板橋宿、甲州街道が内藤新宿、そして東海道が品川宿。このうち、いちばん賑わっていたのが品川宿だったのだ。

ただ、惜しむらくは品川宿と品川駅は別の場所、ということだ。

東海道品川宿があったのは、京急線の北品川駅の東側。品川駅からだと駅前の第一京浜を南に歩いて八ツ山橋を渡った先だ。いまでは品川宿は品川区にあるのに、品川駅は港区と、区も跨ぐことになる。品川駅が設けられたのも品川宿のおかげという部分もあろうから文句ばかりではいけないが、少なくともかようにも品川駅は150年前にはあまり恵まれた駅ではなかったのである。

港南口の大開発と高輪口のプリンスホテル

いまの品川駅を歩いてみよう。

JRの駅舎は1998（平成10）年に完成した橋上駅舎。東側に並行する新幹線とは橋上通路でつながっている。新幹線を挟んでアトレの間を抜けて外に出ると、テレビドラマの待ち合わせシーンなどでもよく目にする港南口の駅前広場だ。

駅前広場からまっすぐ東側の一角は小さな繁華街になっているが、ほかはまったくといっていいほどオフィスビルばかりが建ち並ぶゾーンだ。特に東口の南側は、ペデストリアンデッキで駅からつながる品川インターシティというオフィスビル街。1994（平成6）年に完成、港南口一帯の再開発の先鞭をつけたエリアだ。

川駅付近では工事用クレーンの姿が目立つ。
まはクレーンの間を列車が走る

海上を埋め立てて車両基地として、品川駅構内が拡張していった(『日本国有鉄道百年史』)

いまの港南口の姿からは想像もつかないが、橋上駅舎になるまでの港南口には小さな駅舎がひとつあるだけで、あとは駅前に倉庫やら工場やらが建ち並ぶような場所だった。もともとこのあたりは昭和に入って埋め立てられてできた土地で、さらに線路に沿って北に向かっては広大な機関区・操車場・車両基地が広がっていた。つまり、港南口は車両基地を挟んだ反対側の工場ばかりの埋め立て地、という存在に過ぎなかった。こんな言葉を使うと怒られそうだが、つまりは〝駅裏〟であった。

それがここ30年ばかりで急速に姿を変え、いまや品川駅の正面らしさすら持つようになったのだ。

そしてまだまだ変化は続く。港南口のオフィス街と同じく埋め立て地の上に設けられた車両基地。そこでは目下大工事が行われていて、グローバルゲートウェイ品川として2024(令和6)年頃に完成する予定なのだ。その中核にあり、すでに開業しているのがご存知、高輪ゲートウェイ駅である。

つまりおおざっぱにまとめると、開業当時はすぐ東側が海だった品川駅も、徐々に埋め立てが進んで車両基地ができ、工場街や倉庫街ができ、それが再開発でオフィス街へと変貌、車両基地も新たな再開発エリアとして生まれ変わる予定、となる。

なお、工事の過程では、海上に線路を通した際の高輪築堤の遺構が発見された。保存を求める声が上がるも、JR東日本は「すでに開発計画が決まっているから」と現地保存には消極的だった。最終的には再開発の計画を変更して一部分を現地保存することになったが、こういった振る舞いをしながら一方では「鉄道150年!」と鉄道の歴史をPRするというのは、筆者としては矛盾を感じずにはいられない。

それはともかく、いま品川駅でいちばんアツいのは、駅の北側に広がる車両基地の跡地一帯の再開発エリアということになろう。

対して、開業当時から駅舎が設けられていた高輪口はどうだろうか。京急線の駅

高輪口前には第一京浜。旧東海道を受け継ぐ、東京・横浜間の大動脈だ

高輪口駅舎は約70年の歴史を持つ。背後の高層ビルは港南口

があるのもこちら側だ。だからきっと立派な……。

訪れたことがある人ならわかるでしょう、品川駅の高輪口駅舎は、１９５３（昭和28）年に完成した実に古い駅舎なのだ。とうぜん駅ビルがあるわけでもなく、完成当時は立派だったのかも知れないが、どことなくくたびれた印象すら漂っている。まるでいまの高輪口は、駅舎だけを見れば〝駅裏〟の雰囲気すら漂っている。

品川駅が開業した当時、港南口側は海だった。だから駅の正面は否応なしに高輪口に置かれたのだが、その正面には東海道を挟んで竹田宮邸や毛利邸といった皇族・華族の大邸宅が並んでいた。その跡地が戦後になって開発されて、高輪台に向けて登っていく柘榴坂《ざくろざか》沿いにはプリンスホテル群が建ち並ぶ。港南口には小さな駅舎しかなかった頃、まさに高輪口がプリンスホテルの聖地・品川だったのだ。

２０００年代に入って立場はすっかり逆転してしまったが、おかげで品川駅は〝プリンスホテルの町〟から新しいオフィス街の玄関口となり、ターミナルとしての機能を備えるに至った。表裏の逆転劇は、品川のターミナル化の象徴といっていい。

そしていま、高輪口の逆襲もはじまろうとしている。

プリンスホテル群やすでに取り壊しがはじまっているシナガワグースを含む、西口一帯を中心とした再開発計画がある。第一京浜の上に人工地盤を設けて駅直結のデッキにするとか、プリンスホテル跡地にはホテルはもちろん、オフィスや商業施設も入る新しい超高層複合ビルができるとか。竣工予定は２０２７（令和9）年度前後で、リニアが開業（予定）するのと同じ時期である。

オフィス需要も冷え込み、インバウンドも先行きが見えない情勢下でどこまで構想通りにことが運ぶかはわからない。が、少なくともこの計画で再び高輪口が盛り返すことになれば、いっそうターミナルとしての存在感を高めることは間違いなさそうだ。

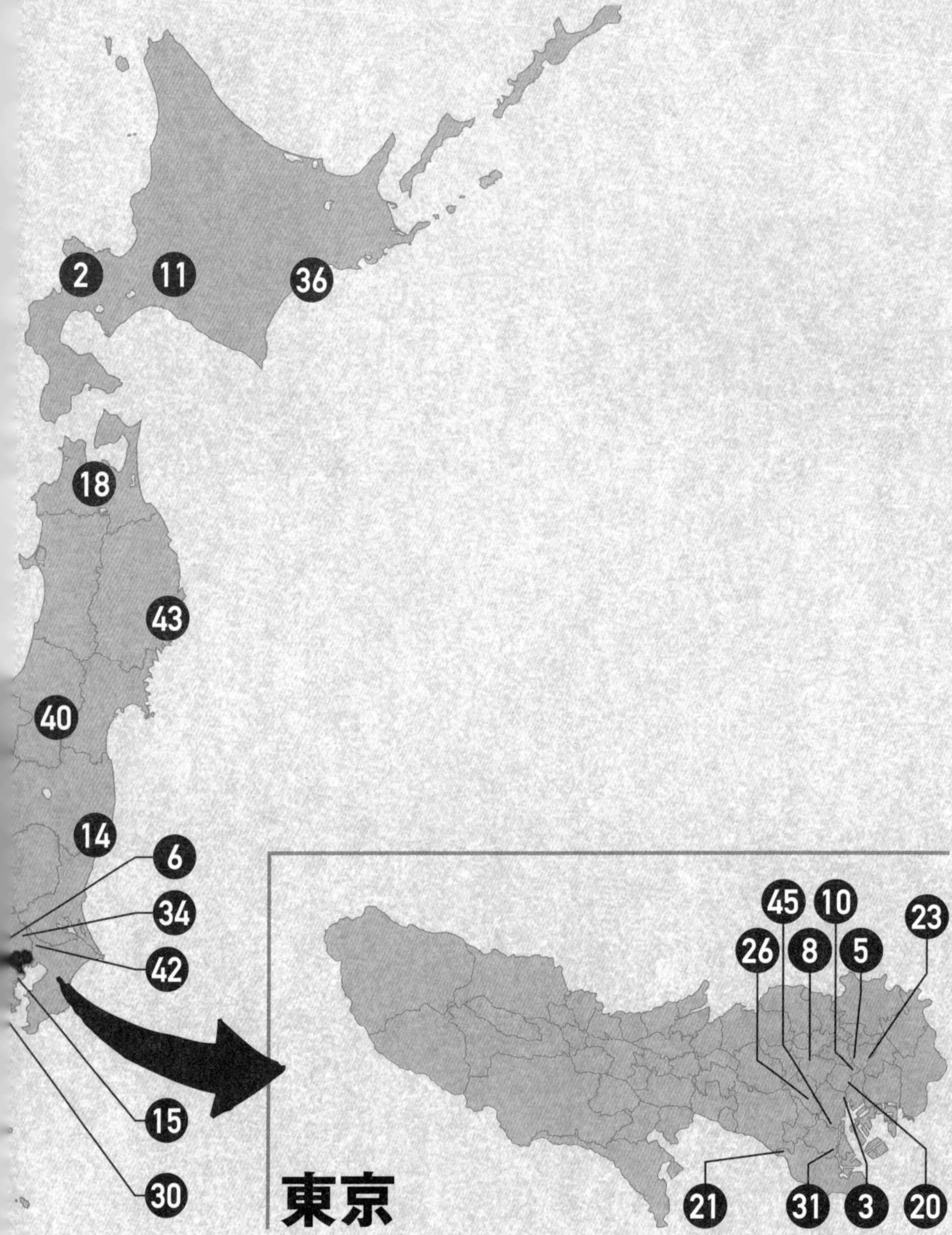
2
11
36
18
43
40
14
6
34
42
15
30
東京
45
10
23
26
8
5
21
31
3
20

地図索引

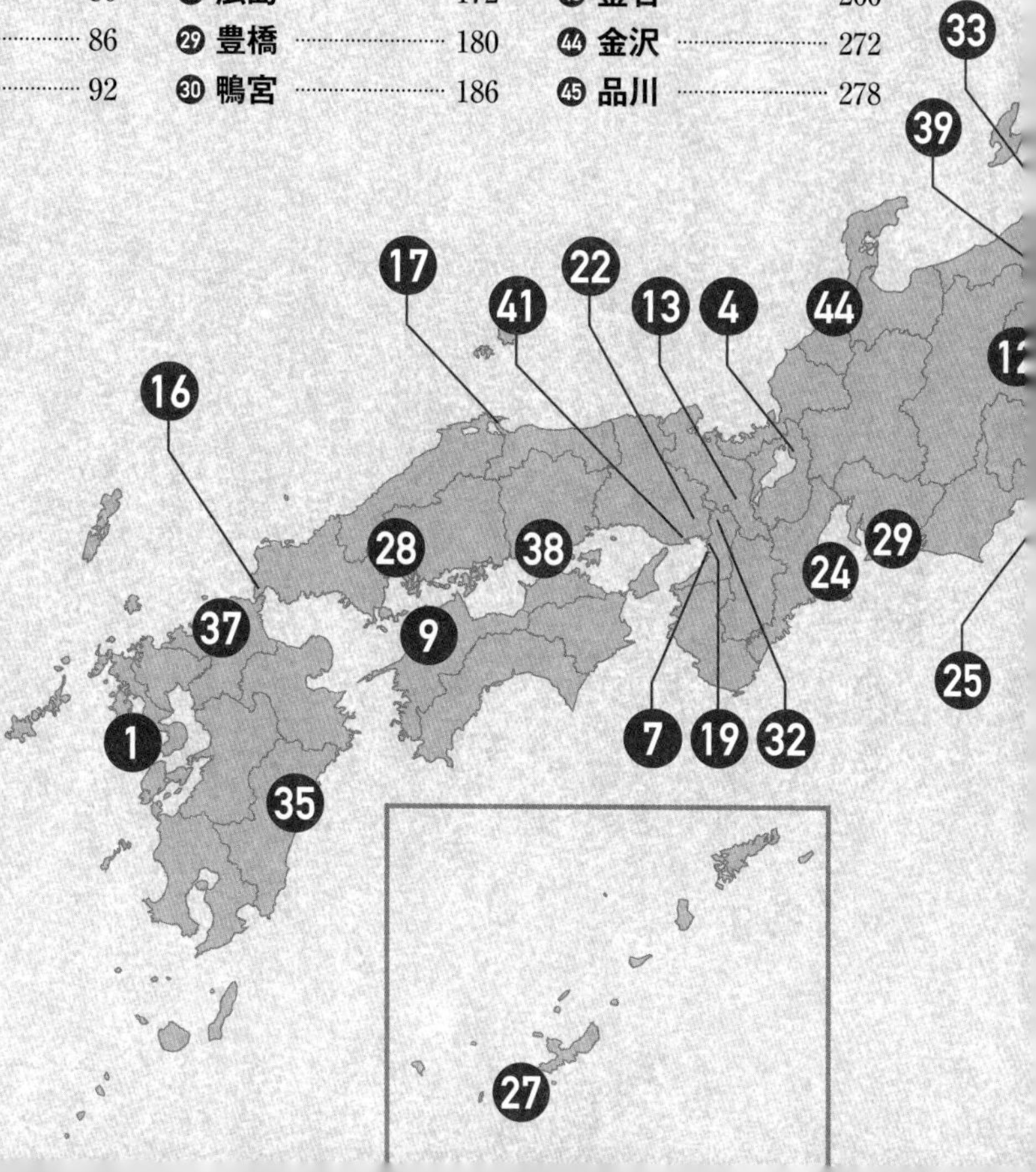

主要参考文献（順不同）

『日本鉄道史　上・中・下編』鉄道省、１９２１
『炭礦めぐり　第2』久保山雄三、公論社、１９５０
『開礦百年史』茅沼炭化礦業茅沼鉱業所、１９５６
『夕張市史』更科源蔵・富樫酋壱郎、夕張市、１９５９
『新修広島市史　第3巻』広島市、１９５９
『新修　渋谷区史　下巻』渋谷区、１９６６
『新修　新宿区史』新宿区史編纂委員会、１９６７
『日本国有鉄道百年史』日本国有鉄道、１９６９～１９７４
『千里ニュータウンの建設』大阪府、１９７０
『武蔵野操車場新設工事工事記録』日本国有鉄道東京システム開発工事局、１９７２
『東京急行電鉄50年史』東京急行電鉄、１９７３
『広鉄運転80年のあゆみ』日本鉄道運転協会広島支部、１９７３
『函南町誌』函南町、１９７４
『坊っちゃん列車と伊予鉄道の歩み』伊予鉄道、１９７７
『直方市史　下巻』直方市、１９７８
『関釜連絡船史』日本国有鉄道広島鉄道管理局、１９７９
『上野駅物語』塩田通夫、弘済出版社、１９８２
『下関市史　市制施行-終戦』下関市、１９８３
『近代沖縄の鉄道と海運』金城功、ひるぎ社、１９８３
『新宿駅１００年のあゆみ』日本国有鉄道新宿駅、１９８５
『南海電気鉄道百年史』南海電気鉄道、１９８５
『大宮駅１００年史』反町昭治、日本国有鉄道大宮駅、１９８５
『渋谷駅１００年史』日本国有鉄道渋谷駅、１９８５
『境港市史　上巻』境港市、１９８６
『総武流山電鉄七十年史』総武流山電鉄、１９８６
『伊予鉄道百年史』伊予鉄道、１９８７
『ドキュメント瀬戸大橋』山陽新聞社、１９８７
『鉄道連絡船１００年の航跡』古川達郎、成山堂書店、１９８８
『営団地下鉄五十年史』帝都高速度交通営団、１９９１
『人物と事件でつづる　私鉄百年史』和久田康雄、鉄道図書刊行会、１９９１
『リニア新幹線物語』久野万太郎、同友館、１９９２
『京浜急行百年史』京浜急行電鉄、１９９３
『いわき市史　第3巻　近代1』いわき市史編纂委員会、１９９３
『松山市史　第三巻』松山市、１９９５
『川崎市史　通史編　3　近代』川崎市、１９９５
『長岡市史　通史編　下巻』長岡市、１９９６
『日本史小百科　近代　鉄道』老川慶喜、東京堂出版、１９９６
『京都駅１２０年のあゆみ』荒川清彦、留那工房、１９９７
『台東区史　通史編　3』台東区史編纂専門委員会、２０００
『長浜市史　第4巻』長浜市、２０００
『泊村史2』泊村史編纂委員会編、２００１
『下関駅百年』斎藤哲雄、新人物往来社、２００１
『釧路炭田産炭史』北海道産炭地域振興センター、２００３
『新修　倉敷市史　近代（下）』倉敷市、２００４
『甲子園球場物語』玉城通夫、文藝春秋、２００４
『モノレールと新交通システム』佐藤信之、グランプリ出版、２００４
『新橋駅発掘』福田敏一、雄山閣、２００４
『阪神電気鉄道百年史』阪神電気鉄道、２００５
『浅草　戦後篇』堀切直人、右文書院、２００５
『新修　米子市史　第3巻（通史編　近代）』米子市史編さん協議会、２００７

『流山近代史』山形紘、崙書房出版、２００８
『豊橋市百年史』豊橋市、２００８
『京都駅物語』荒川清彦、淡交社、２００８
『山陽鉄道物語』長船友則、ＪＴＢパブリッシング、２００８
『足寄百年史 下巻』足寄町史編さん委員会、２０１０
『豊橋駅発見傳』豊橋市広報広聴課、２０１０
『オランダ風説書』松方冬子、中央公論新社、２０１０
『鉄道と旅する身体の近代』野村典彦、青弓社、２０１１
『「動く大地」の鉄道トンネル』峯﨑淳、交通新聞社、２０１１
『伊勢市史 第４巻（近代編）』伊勢市、２０１２
『広島電鉄開業１００年・創立70年史』広島電鉄、２０１２
『鉄道が変えた社寺参詣』平山昇、交通新聞社、２０１２
『鉄道と国家』小牟田哲彦、講談社、２０１２
『政友会と民政党』井上寿一、中央公論新社、２０１２
『田中角栄』早野透、中央公論新社、２０１２
『進化する東京駅』野崎哲夫、成山堂書店、２０１２
『青函連絡船物語』大神隆、交通新聞社、２０１４
『わが町新宿』田辺茂一、紀伊國屋書店、２０１４
『日本鉄道史　幕末・明治篇』老川慶喜、中央公論新社、２０１４
『常磐線中心主義』五十嵐泰正・開沼博、河出書房新社、２０１５
『碓氷峠を越えたアプト式鉄道』清水昇、交通新聞社、２０１５
『鉄道技術の日本史』児島英俊、中央公論新社、２０１５
『日本鉄道史　大正・昭和戦前篇』老川慶喜、中央公論新社、２０１６
『さいたま市史 鉄道編』さいたま市、２０１７
『北大阪急行50年史』北大阪急行、２０１８
『ニュータウン誕生』吹田市立博物館・多摩市文化振興財団、パルテノン多摩、２０１８
『県都物語』西村幸夫、有斐閣、２０１８
『電鉄は聖地をめざす』鈴木勇一郎、講談社、２０１９
『大阪』加藤政洋、筑摩書房、２０１９
『日本鉄道史　昭和戦後・平成篇』老川慶喜、中央公論新社、２０１９
『下津井電鉄（上・下）』寺田裕一、ネコパブリッシング、２０２０
『渋谷上空のロープウェイ』夫馬信一、柏書房、２０２０
『五輪と万博』畑中章弘、春秋社、２０２０
『原敬』清水唯一朗、中央公論新社、２０２１
『「日本列島改造論」と鉄道』小牟田哲彦、交通新聞社、２０２２
『週刊エコノミスト』毎日新聞出版　各号
『週刊東洋経済』東洋経済新報社　各号
『週刊ダイヤモンド』ダイヤモンド社　各号
『週刊プレイボーイ』集英社　各号
『サンデー毎日』毎日新聞出版　各号
『週刊文春』文藝春秋　各号
『週刊新潮』新潮社　各号
『週刊読売』読売新聞社　各号
『運輸と経済』交通経済研究所　各号
『地理』古今書院　各号
『潮』潮出版社　各号
『酪農事情』酪農事情社　各号
『鉄道ジャーナル』鉄道ジャーナル社　各号
『鉄道ピクトリアル』電気車研究会　各号
「朝日新聞」「読売新聞」「毎日新聞」「西日本新聞」「山形新聞」「茨城新聞」ほか各紙

著者プロフィール
鼠入昌史
1981年東京都生まれ。週刊誌・月刊誌などにあらゆるジャンルの記事を書き散らしつつ、鉄道関係の取材・執筆も継続的に行っている。阪神タイガースファンだが好きな私鉄は西武鉄道。好きな車両は乗り心地がいいというだけの理由でJR東日本E233系。著書に『特急・急行 トレインマーク図鑑』（双葉社）、『終着駅巡礼』（イカロス出版）など。

鉄道の歴史を変えた街45

2022年10月10日発行

著者　鼠入昌史

編集　大野達也

表紙デザイン　滝本欣明

本文デザイン　滝本欣明
木澤誠二(イカロス出版)

DTP　西崎章夫

発行人　山手章弘

発行所　イカロス出版株式会社
〒105-0051
東京都千代田区神田神保町1-105
TEL：03-6837-4661(出版営業部)

印刷　図書印刷株式会社